「长春记忆」历史文化丛书

长春老商号名录

杨屹◎主 编

王明旭 王 川◎副主编

长春出版社

全国百佳图书出版单位

图书在版编目（CIP）数据

长春老商号名录 / 杨屹主编. -- 长春 : 长春出版社, 2024. 12. -- （"长春记忆"历史文化丛书）.
ISBN 978-7-5445-7710-6

Ⅰ . F729-62

中国国家版本馆 CIP 数据核字第 2024YM8927 号

长春老商号名录

主　　编　杨　屹
副主编　王明旭　王　川
责任编辑　孙振波
封面设计　宁荣刚

出版发行　长春出版社
总编室　0431-88563443
市场营销　0431-88561180
网络营销　0431-88587345
地　　址　吉林省长春市朝阳区硅谷大街 7277 号
邮　　编　130103
网　　址　www.cccbs.net

制　　版　荣辉图文
印　　刷　长春天行健印刷有限公司

开　　本　170毫米×240毫米　1/16
字　　数　423千字
印　　张　27.25
版　　次　2024年12月第1版
印　　次　2024年12月第1次印刷
定　　价　88.00元

编辑说明

一、本书内容皆从原始文献数据整理而来，其中1889-1911年长春老商号数据信息来源于1912年泉廉治编写的《长春事情》；1912-1945年长春老商号数据信息整合了《民国长春南北大街商号分布图》、1932年《"新京"案内地图》和1943年《"新京"电话番号簿》三种史料；1946-1949年长春老商号数据信息来源于1949年的《长春市工商业名录》。

二、本书的编纂以长春老商号及其主要背景信息为中心，主要包括商号名称、地址、经营内容、店主姓名四项。原始资料在编纂过程中还有出资方、固定资金、流动资金、用工数量等附属信息，本次整理为保证历史信息完整，未做删削，仅按本书体例调整了次序。

三、1946—1949年长春老商号部分数量庞大，碍于本书体量限制，只选取了与市民生活紧密联系的商业部分，工业生产和家庭小作坊等类别与长春老商号主题较远，未做收录。

四、本书在编纂过程中为了便于读者查找，按照时间次序划分为1889—1911年长春老商号、1912—1945年长春老商号、1946—1949年长春老商号三部分，各部分中老商号条目采用汉语拼音排序。

五、本书在编写时尊重历史，据实辑录，不加褒贬。为尊重史料原貌，书稿中出现的新市街、头道沟等非正式街路名称的地名也做了相应保留，未做修改，但对明显的文字讹误和表述不妥之处进行了替换或标注，如"支那""新京"等词语。因底本漫漶，未能识读的字，用"□"代替。

目　录

何以长春——长春老商号与城市发展纵览 / 001

1889—1911年长春老商号 / 013

1912—1945年长春老商号 / 039

1946—1949年长春老商号 / 103

长春市部分街路新旧名称对照表 / 421

参考文献 / 428

后　记 / 429

何以长春

——长春老商号与城市发展纵览

商号是指商人组建的店铺、企业等商品生产、交易的场所及组织，是传统中国商业发展的重要形态。东北地区商号以其独特的管理机制和经营方式，在东北地区得到了迅速的发展和壮大，并且近代东北商号顺应时代发展潮流，完成了近代化的嬗变。

长春老商号见证城市勃兴

长春作为中国东北地区的地理中心城市，素有"三省辐辏""关左冲衢"之称，其城市的产生和发展与中国近代史紧密相连，更与老商号有着千丝万缕的联系。长春老商号是了解我们城市发展史的一把钥匙。①

初代移民的身份：蒙古王公主动招纳商业垦民。清乾隆五十六年（1791年），蒙古郭尔罗斯前旗王公恭格拉布坦经过招纳，民人冲破封禁进入前旗开荒，后世写志修史时也将此年作为郭尔罗斯前旗招民垦种的起始之年，这些民人也是最早进入长春地区开垦的移民。在以往的研究中，人们大多认为这些移民都是农业流民，因为关内战乱或自然灾害，逃荒来到长春。但是根据最新公布的档案看，乾隆五十六年

---

① 本书中的商号是传统意义上的中国商号，但是为了全面展示清末至新中国成立长春地区的政治经济发展态势，我们也将外国资本在长春设立的洋行、商场、会社等商业形态名称纳入其中。

（1791年）这次招纳的垦民并不是自发逃难"越边"而来的流民，而是蒙古王公主动招纳来的商业移民。而且据《郭尔罗斯前旗蒙地调查报告》记载，最早响应蒙古王公招纳的八人中，王君宠、张立绪、张廷仁、朱克旺四人成为长春地区代替蒙古王公管理土地和招垦的"四大揽头"。

其中张立绪原本在河北建昌县开设客栈，其客栈正处在蒙古王公定期进京觐见的官道之上。恭格拉布坦路过此地，总是住宿在张立绪的客栈，因此和张颇为熟识。乾隆五十四年（1789年），恭格拉布坦再次下榻这家客栈，并主动派手下人与张立绪联络："我家公爷所拥有的郭尔罗斯前旗，在其东南，有一片区域，地势平坦，土质肥沃，非常适用于农耕，现在打算招人垦殖，可否有意参与？"身为商人的张立绪，敏锐地意识到这是发财的大好机会，很是心动，于是在乾隆五十五年（1790年）五月间，亲往查看，果然"地田甚佳"。此处张立绪所查看的土地，就是今天长春所在地，当时还是辽阔的草原，根据档案记载此地仅有蒙古族牧民十余人。返回建昌后，张立绪又立即找到自己的朋友王俊崇，说到这片土地"甚可耕种"。听闻之下，王俊崇也情愿结伴前往，并约带了朋友刘永法。

乾隆五十六年（1791年）正月，恭格拉布坦再次前往京城觐见，张立绪等三人也想进一步商议开垦之事，于是也来到京城拜见恭格拉布坦，明确表示想前往草原，承领荒地，招民种地。此时的恭格拉布坦又显得十分犹豫，一方面在当时清政府严厉的封禁政策下，主动招纳垦民，毕竟事属违例，他不敢直接答应；另一方面，随着王府开支的加大，原本的草场收益已经难以满足，向汉人支借又迫在眉睫。所以他只是回复说："我有一处已荒闭的烧锅，你等先行典买，于彼处坐贾，至于拓荒之事，则先暂缓商议。"这样答复，既能从张立绪等人那里拿到一笔银子，也是给张立绪等人提供相应的机会。张立绪同意了这个建议，商定烧锅的价银为七百两，双方当即签订了合同文书。张立绪返回建昌县城后，他将前往郭尔罗斯前旗包领草原开垦种田之事迅速传开。又有姜恒、王良宽、杜忠禄、方植等人，"亦言自愿结伙前往"。

清末长春郊外的村落

　　由此，蒙古王公以交易下辖"烧锅"为名目，私自突破了当时清政府对东北地区的封禁政策，从此长春地区流民日聚，一发不可收。嘉庆五年（1800年），嘉庆皇帝不得不一面严惩蒙古王公和张立绪等人，一面在长春"借地养民"，设置长春厅，自此才有了现代长春城市的起源。

　　出现以商号为名的早期移民聚居点。张立绪等人在蒙古王公处承租的烧锅名称现在已经不可查考，但是毫无疑问这是长春城市史上最早的一批商号之一。其后，在城市发展的初始状态，以从事农业开垦为主要生产形式的居民点逐渐出现，这些居民点或因交通、或因贸易逐渐聚集，形成村落。其中更是存在很多以商号命名的村落，即从事某种手工业和经商的移民，凭着手工业和商业的特长建立商号，进而建村立业，由此这些商号名称长期被人用店名代指村名，产生了具有行业性特点的自然村名，如兴茂号、拐脖店、烧锅店等。还有把姓氏与其所从事的生意相结合的，如葛家粉房、于家油坊等。从这些村落名称中不难看出，这一时期长春地区的商业形态，还是依托于传统农业生产而存在的。比如因为处在粮食主产区，烧锅、油坊、粉坊等以生产原料为导向的产业比较兴盛；早期移民较少且分散，为满足生活所需，出现比较多的杂货店或者客栈等。这些村落进一步聚集，就会形成具有一定经济功能的集镇，辐射周边，并随之产生像当铺、钱庄等更加高级形态的商号，也出现了如清和堂、兴顺号、三合成这样商业色彩浓重的村落名称。这一时期，长春地区出现了比较大的中心型村镇——宽城子。

经济中心吸引政治中心转移，老商号构建了早期长春城市秩序。清嘉庆五年（1800年），清政府设立长春厅，治所设在"长春堡"。长春堡（今新立城附近）地处柳条边外，近伊通边门，这一时期治所的设置，其政治动因大于经济导向，但是随着时间的推移，宽城子经济地位逐渐提高，偏远的长春堡已经很难通过行政控制距离较远的宽城子，相反宽城子发达的经济，不断吸引着长春厅行政中心的转移。清道光五年（1825年），清政府将长春厅治所从长春堡迁移到宽城子，自此长春境内实现了政治中心和经济中心的统一，长春城市迎来了一个新的发展期。

这一时期的长春商号，规模逐渐壮大，对地方建设和公益事业起到了比较大的促进作用。例如，同治四年（1865年），农民起义军马傻子攻打长春，长春商民奋起反击，并捐建长春城墙。在这片约7平方公里的老城内，商号林立，崛起了昌盛一时的"西岭八大家"。与此同时，钱庄、旅店、饭店、酒坊等传统商业也更加兴旺起来。同治十一年（1872年），清政府批准长春建立文庙，长春官绅商学各界捐资9万吊（折合白银3万两）。在社会治安方面，为了保护商路，补充清政府在基层治安中的漏洞，长春商会主动构建了武装组织——商团，在保护自身商业运输和经营的同时，还配合地方政府缉拿盗匪，维持治安。

民国初年的东北大车店

义和团运动期间，长春商团就在时任朱家城子分防照磨张熙的组织下清理各处流匪。

军事防御设施的建立、文教慈善事业的早期构建、基层治安组织的襄助，以及长春城市建立初期城市秩序确立的方方面面都离不开长春商号的身影。从经营形态上看，这一时期的长春商业已经脱离了依托农业生产的原始形态，逐渐具有了更多的金融和贸易属性。在史书中，长春商号也摆脱了"士绅""乡绅"等笼统的表述，出现了一批带有明确商号名的商业。如在"西岭八大家"中不仅有义发合、仁和栈等传统的杂货业，更有发达的当铺和银号。这一时期大车成为主要的运输工具，每天都有数千辆大车在宽城子聚集，供赶车人食宿、骡马歇息的大车店达百余家之多，成为当时的长春一景。在经营模式上，自然发展状态下的长春老商号多采用前店后厂、多种经营的方式。前店后厂的经营模式决定了其兼营产业的经营方式，有的商号兼营粮业、杂货业，有的商号兼营钱业、服务业等，例如玉茗斋商号前屋是门市零售和批发各种茶食，后屋负责生产。其分号玉茗魁以经营布匹为主，兼营鞋帽和其他百货。后来，兼营工业、商业和金融业的长春老商号就越来越多，如公升合兼营粮栈、油坊、杂货、当铺、钱庄等，裕升庆兼营杂货、当铺、钱庄等，顺升合兼营杂货、当铺、钱庄等，万发合兼营粮栈、油坊、杂货、当铺等。

被动接触列强，自开商埠，完成近代化嬗变。传统中国的商业处于一种自然发展的状态，虽然东北地区特有的自然气候和生产条件，产生了特色的商业形态和商号，但是从本质上看，东北商号还是中原内地商号经营模式的延伸，是国内大市场的一小部分。鸦片战争以来，列强通过武力打开中国国门，原本封闭的东北地区也随之被动地接触世界。咸丰八年（1858年），英国通过《天津条约》攫取了在东北地区牛庄等地开埠的权利，后转而在营口强行开埠，外国资本开始侵入中国东北地区。日俄战争后，光绪三十一年十一月廿六日（1905年12月22日），日本政府与清政府签订了《中日会议东三省事宜正约》及其附约，规定中国在东北自行开埠16处，其中吉林省为长春（即宽城子）、吉林省城、哈尔滨、宁古塔、珲春、三姓。1907年1月，长春与吉林、哈尔滨、满洲里四地同时开埠。

光绪二十二年（1896年），中俄政府签订了《中俄合办东省铁路公司合同章程》。随着中东铁路的修建，俄国商业资本随之侵入中国东北地区，到此经商的俄国商人日益增多。1897年，俄国商人向吉林市场出售的纺织品有白漂布、粗布、未漂布、鼠皮布、细平布、百布、兰大布等。[1]1905年，哈尔滨秋林公司在宽城子（今长春市）设立支公司（俗称秋林洋行），以经营百货为主，兼营杂品及粮食贩卖业务。1909年，英商怡德洋行、怡和洋行在长春经营贩卖大豆生意。1919年，英美烟草公司在长春开设了18个经销店。1920年，在长春经营纺织品的日本洋行共有18家。资本主义列强在长春广设洋行，作为其掠夺资源和倾销商品的阵地，使东北地区自给自足的自然经济受到冲击。当时国人评价这些外国资本："外人之至东三省营业者，俄人为盛，日人次之。"[2]传统的长春老商号和近代化的外国资本企业长期并存共生，是时代赋予近代长春商业样态的鲜明底色。

清末到民国初期，铁路的修建、商埠的开设给长春的商业发展带来了挑战，也带来了机遇。其中最为传奇的就是王荆山和裕昌源火磨的故事。1903年，中东铁路修到长春，俄籍塞尔维亚人、中东铁路工程师苏伯金看到长春周边盛产粮豆、小麦，便从德国引进以蒸汽机为动力的面粉加工机械，在长春宽城子火车站的西北方投资兴建了亚乔辛火磨。

苏伯金早年便与王荆山相识，并且聘用其为"买办"。1904年，日俄战争爆发，俄国战败。火磨的主人苏伯金怕日本占领长春，便把工厂委托给长春人王荆山看管，自己逃到了哈尔滨避难。日俄战争之后，亚乔辛火磨重新开工。为报答在战争期间的护厂之恩，苏伯金将火磨生产的面粉全部交给王荆山包销。1914年6月，奥匈帝国皇储斐迪南被刺杀，塞尔维亚爆发战争，苏伯金急于回到祖国，便将工厂以49000卢

[1] 王福华：《清末民初东北地区商号研究》，东北师范大学博士毕业论文，2017年，第10—11页。

[2] 徐世昌等编纂，李澍田等点校：《东三省政略》，长春：吉林文史出版社，1989年，第598页。

布的低价卖给了王荆山。1915年12月12日的《盛京时报》曾给予报道："（长春）本埠巨商裕昌源机器面粉公司，近年来获利数万，因其经理人王荆山君调度有方……至今又将二道沟旧有火磨兑买到手，现已用妥人员开办矣。"

在经营模式上，长春老商号依托乐亭商帮、山西商帮等雄厚的人脉和资本，建立了独具东北特色的联号机制。联号也称连号，是东北地区商号的一种特殊经营方式，即一个或者几个投资者使用同一资本或不同的资本，在同一个城市或多个城市开设两个以上相同种类或者不同种类的工商业商号，他们在会计上实行独立核算，但在利润分配上存在连锁关系。奉天天合盛总号分号有公主岭的天合盛、长春的天合盛、哈尔滨的天合盛、安达的天合盛、开原的天合兴代理处等。

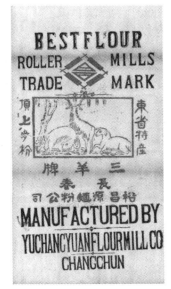

长春市档案馆藏民国长春裕昌源面粉公司三羊牌面粉包装设计稿

长春益发合是一个典型的跨地域、跨行业的联号机制商号。京东刘家在长春开设的益发合商号开始主要从事商业，后也兴办工业、金融业，将部分商业资本转化为工业、金融资本，促成了商业资本、金融资本与工业资本的三结合，形成了产、供、销一条龙的经营发展模式。1879年河北刘家在余庆（今黑龙江省大庆市）开设了东发合杂货铺，兼营烧锅、油坊。1882年又在宁古塔（今黑龙江宁安市）开设泰发合当铺，1884年在农安开设了泰发当、泰发合杂货铺，还有开原县的萃发合、营口的润发合等。除经营上下杂货外，还兼营油坊、烧锅和码子房（专门制作、贩卖迷信品的作坊）。益发合钱庄在东宁、营口、沈阳、哈尔滨、齐齐哈尔等处设有分号，到了1920年，分号扩展到100多个。1919年，益发合与其他商号合办益通商业银行，1926年又在哈尔滨创立益发银行，使益发合商号实现了工、商、金融三业一体的经营模式，并凭借其兼营模式的优势，成为东北地区最著名的商号之一。

长春大马路上的泰发合百货

　　清末到民国初期，长春老商号已经与此前自然经济状态下的发展样貌截然不同。原本在清末《长春事情》记载中的二等商号东发合、五等商号世一堂、六等商号玉茗魁、八等商号德庆裕（钰）等，民国时期都成为长春地区首屈一指的代表性商号。①从经营形态上看，初期长春老商号还是依托铁路、商埠开办交通运输、期货贸易等产业，随着中国商人对近代金融制度学习和理解的深入，逐渐出现了像益发银行这样的区域性金融机构。长春老商号的近代化转型与纷繁复杂的社会环境之间，并未出现明显的界限，而是长期并存的状态。长春老商号在发展变革中有所坚守，有所嬗变。所谓坚守是坚守独特的经营技术、经营理念等，传承着旧式经营体制和管理方式，最大程度地保持传统经营风格；所谓嬗变是在保留自身独特之处外，采用西方资本主义经营管理方式，根据市场变化进行制度、技术及产品、服务质量的革新，以适应社会的发展和变化。自此长春的城市发展才脱离原始的城乡经济状态，以其便利的交通、繁荣的经济和在地缘政治中的显著地位，一举成为吉林省乃至东北的经济、政治中心之一。

　　东北沦陷，遏制了民族工商业发展，长春老商号发展进入倒退期。民国后期的长春和长春老商号面临的最大挑战就是日本的侵略战争，无数商号在风雨飘摇的国运中沉浮。1931年九一八事变，日本强占中

---

①泉廉治：《长春事情》，长春：满洲长春日报社，1912年，第160—164页。

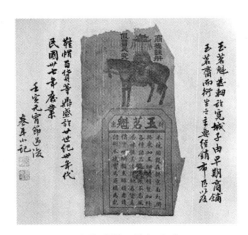

伪满时期玉茗魁广告

国东北，炮制伪满洲国，长春作为伪满洲国的"首都"，在其商业上也要体现出"日满协和"的原则。与清末民初时期外国资本的洋行与传统中国的老商号共存共生，在相对公平的竞争下发展不同，此时的长春老商号越来越受到日本资本的冲击。从这一时期的统计中不难看出，1500余条商号信息中，日本商号占近七成，可见传统商号衰落之严重。这种冲击还体现在商号的命名上，出现了满洲亲和木材株式会社、协和商会、五色街社宅管理事务所这样的殖民色彩商号名称。这种现象是一种民族意识的丧失，也是日本对中国工商业侵略的罪证。伪满后期，越来越多的长春老商号被迫与日本资本合营，组建以日本商店为主体的、强制管理的、行会性质的"统制组合"，以控制中国资本，服务于日本侵略战争。这种营商环境上的高压政策和赤裸裸的经济掠夺，导致了玉茗魁等一批长春老商号的消亡。

名城光复，长春老商号在整顿中复苏。1948年10月17日，人民解放军和平解放长春，这座饱经战火的城市又一次回到人民的手中。根据1948年12月长春市人民政府工商局编写的《长春市工商业名录》记载，此时的长春工商业共有一百三十余个类别、一万余家，其体量和规模空前，远超清末民国和沦陷时期的总数。①

在经营主体上看，所有的资本方都来自人民政府或中国资本，沦陷

---

① 长春市人民政府工商局编：《长春市工商业名录》，内部出版物，1948年。

伪满皇宫博物院"有民斯兴：长春城市历史实物展"展览中的1945年"骏业维新——玉发祥宝号新张纪念"牌匾

时期以日本资本为主体的工商业样态一去不复返。更值得注意的是，真不同饭店、东发合杂货等传统老商号依然存在，这是长春商业文化历久弥新、传承积淀的宝贵财富。

长春老商号名录整理及其意义

长春城市的勃兴一开始就离不开长春老商号的发展，长春老商号史料的收集和整理也是城市史研究的重要组成部分。本书经过几位编者多年搜集，精心甄选了具有代表性的方志材料、原始档案、调查资料、电话号码簿、老地图等史料，将有效的长春老商号信息进行数字化抽取和整理，共分1889—1911年长春老商号、1912—1945长春老商号、1946—1949年长春老商号三部分，商号信息5700余条。以这种形式将长春老商号的名称、地址、经营内容、经营者信息进行准确明晰的梳理，尚属首次。

研究和整理长春老商号，有利于明确各时期政府的经济政策以及对地区经济的影响。商号作为中国近代特殊的经济形态，在区域发展中因其地理位置和环境因素更具有特殊性，系统研究商号内部发展特点，可以更好地了解商号这一特殊经济产物。长春老商号在城市产生的初期就扮演着不可或缺的角色，蒙古王公主动招纳而来的商业垦民成为长春的初代移民。在历史发展中不断革新，长春老商号继承和发展了传统商号的经营体制和经营策略，同时吸收了西方资本主义公司发展的经验策略，使得区域商号跨入近代化的门槛。

不少长春老商号发展至今成为百年老字号。通过名录整理和汇集，形成一定规模的长春老商号数据库，为后来的城市史研究者和老商号认定溯源工作提供严谨、便利的史料工具，这有利于了解东北地区经济发展的真实状态和发展规律，为当今东北地区社会经济，特别是商业发展提供借鉴。这些老字号是长春城市经济发展的活化石，更是诚实守信、货真价实传统商业文化传承的最佳典范，已经成为我们这个城市不可或缺的文化名片。同时，弘扬长春老字号的传统文化，有利于为当今长春老字号提供更好的发展平台，使"老字号"能够走向世界，永葆活力。

长春老商号

1889—1911 年

A

店铺名称	地址	经营内容	店主姓名	资方信息
阿曾古物商		古玩店		
阿曾时计店	新市街	时钟、自行车、贵金属、宝石、美术品制作、眼镜、外来百货		
阿苏组		运输		
安宅商会		特产		

B

店铺名称	地址	经营内容	店主姓名	资方信息
八千代馆	新市街	料理		
坂根写真馆		照相馆		
半田煤局		煤炭		
北田商会		杂货		
本庄质店	新市街	典当、抵押		
布屋质店		典当、抵押		

C

店铺名称	地址	经营内容	店主姓名	资方信息
诚昌当		典当、抵押		
池田洋服店	新市街	服装店		
长春滨木活版所				
长春轩		杂货，特约东京日胜亭贩卖部		
长升合	东三道街	钱铺		吉林牛姓
赤木洋行	长春市东十三区一号地角	食用杂货商、典当、抵押		

注释：本部分新市街指满铁附属地。

店铺名称	地址	经营内容	店主姓名	资方信息
初音旅馆	长春站前	商人夜宿		
村冈吴服店		布匹、丝绸		
村冈质店	新市街	典当、抵押		
村田鱼店		鱼商		
村田支店	新市街	鲜鱼蔬菜商		

D

店铺名称	地址	经营内容	店主姓名	资方信息
大昌公司		煤炭		
大成栈		粮栈	戚舒廷	海城县车兰阶
大谷商店		杂货		
大和旅馆		旅馆		
大和屋旅馆（三义旅馆改）	长春站前	南满铁道会社指定旅馆		
大和轩	新市街			
大通栈		运输	孙俊杰	抚宁县孙季芝
大通栈		客栈	孙秀芝	
大信组		油漆		
大幸	新市街	料理		
大盐弘养堂	新市街	药店		
大有通		运输		
岛屋	新市街	典当、抵押		
德发粮栈		粮栈	何耀章	万宝山贾翰宗
德庆裕	北大街	药房		奉天支店
第一美久仁汤		洗浴		
东发合		客栈	范子春	

续 表

店铺名称	地址	经营内容	店主姓名	资方信息
东发同	西三道街	钱铺		乐亭县刘姓
东发栈		粮栈	梁景扬	乐亭县刘梦斗
东广顺当	东三道街	当铺		山东省昌邑县赵姓
东顺昌公司		运输		
东顺栈		粮栈	贾向阳	长春东兴隆沟赵文波
东洋堂		糕点		
东永茂		运输	李焕章	广东潘玉田

E

店铺名称	地址	经营内容	店主姓名	资方信息
二叶	新市街	料理		

F

店铺名称	地址	经营内容	店主姓名	资方信息
发记		粮栈	王振声	
发记东	头道沟	粮栈	安明远	乐亭县刘应辅
福顺号		煤炭		
福顺栈		客栈	王瑞清	
福泰店	东三道街	粮栈		王姓
福通栈	头道沟	粮栈兼油坊	李子骞	伊通州闽荣
福屋		糕点		
福兴当	西三道街	当铺		伊通州王姓
福兴德	西三道街	钱铺		伊通州王姓
福兴号		钱铺	姚春亭	福兴德
福兴义		钱铺	才友亭	伊通州闵臣

店铺名称	地址	经营内容	店主姓名	资方信息
福兴栈		客栈	李福臣	
福兴贞	西头道街	钱铺		乐亭县李姓
福益栈 （广通栈改）	头道街	粮栈		乐亭县刘姓
复泰栈		客栈	姜汝金	
副岛时计店	新市街	钟表店		

G

店铺名称	地址	经营内容	店主姓名	资方信息
甘泉堂		糕点		
冈女庵	新市街	糕点		
高桥材木店		木材		
公升当	北大街	当铺		吉林牛姓
公升合	北大街	烧酒、钱铺、杂货铺		吉林牛姓
公升长		粮栈	钟汉臣	吉林牛子厚
广岛屋	新市街	牛肉火锅		
广合发	南大街	杂货铺		乐亭县刘姓
广隆栈		运输	王翰臣	铁岭制粉公司
广盛店	东三道街	粮栈		乐亭县李姓
广盛店	头道沟	粮栈	徐汉亭	长春石头城子谷子恒
广顺号	南街	钱铺		山东齐姓
广顺隆	三道街口	估衣		山东齐姓
广顺太	西三道街	粮栈		乐亭县张姓
广顺泰		粮栈	李慎言	山东昌邑县齐增良
广顺永	南街	杂货铺		

店铺名称	地址	经营内容	店主姓名	资方信息
广益店	东二道街	粮栈		何姓
广益栈		粮栈	王荣廷	长春官地何希梁
广源栈	东三道街	粮栈		郭老君
广远店		粮栈	巩德恒	江东五常堡孙殿林
龟冈商店		油漆		

H

店铺名称	地址	经营内容	店主姓名	资方信息
合发店	南关	粮栈		孔老怀
和登商行	新市街	金属器具、建筑砖瓦制造、冶炼		
和田保商会		特产		
恒庆永		运输	周子丹	山海关田子星
虎屋		糕点		
回春当		典当、抵押		
会昌源		粮栈	惠景周	抚宁县张瑞云
会成东	西大道街	钱铺		乐亭县李姓
会成兴		钱铺	张庆祥	乐亭县公绪风
会成源	北大街	钱铺		乐亭县李姓

J

店铺名称	地址	经营内容	店主姓名	资方信息
吉光药房	新市街	药店		
吉盛福		钱铺	张云吉	旅顺张贞吉

店铺名称	地址	经营内容	店主姓名	资方信息
吉盛栈		粮栈	常穉南	大连会长刘兆伊
吉长祥		粮栈	李奎辰	抚宁县李奎臣
加藤写真馆		照相馆		
加藤洋行		百货		
金城药	南大街	药房		山东齐姓
金泰洋行		百货		
金子洋服店	新市街	服装店		
锦和庆	西三道街	药房		河南孙姓
近江屋洋行		百货		
晋泰丰		粮栈	赵景云	山西太谷县吴文田
景星东		钱铺	祖佐卿	抚宁县祖澄源
九洲馆		料理		
酒井古物商		古玩店		
酒井质店	新市街	典当、抵押		
臼井洋行		特产		
菊水洋行		酱油、味噌酿造		
巨阜达		粮栈	刘云五	招股
巨阜栈 （万发兴改）	东头道街	粮栈		乐亭县李姓
聚升义		钱铺	丁开梅	海城县丁开梅

K

店铺名称	地址	经营内容	店主姓名	资方信息
开花料理	新市街	料理		
科埜洋行		金属器具		
宽城旅馆	新市街	料理		
宽福当		典当、抵押		
宽福堂		药店		

L

店铺名称	地址	经营内容	店主姓名	资方信息
濑尾质店	新市街	典当、抵押		
林洋行		百货		
柳洋行		百货		

M

店铺名称	地址	经营内容	店主姓名	资方信息
满月堂		糕点		
满洲轩		糕点		
满洲制粉株式会社		特产		
梅田商会		百货		
梅月		糕点		
名古屋馆		旅馆		
名古屋旅馆		南满铁道会社指定旅馆		
明坂吴服店		布匹、丝绸		
明治家	公园侧	日本料理		

店铺名称	地址	经营内容	店主姓名	资方信息
木村吴服店		布匹、丝绸		
木下古物商		古玩店		
木下时计店	新市街	钟表店		

N

店铺名称	地址	经营内容	店主姓名	资方信息
内平古物商		古玩店		
内田回春堂		药店		
内田济生堂		药店		
能地商店		百货		

P

店铺名称	地址	经营内容	店主姓名	资方信息
平冈公司		运输		
泊商会		木材		

Q

店铺名称	地址	经营内容	店主姓名	资方信息
千鸟	新市街	日本料理		
谦益东	头道沟	粮栈	赵香亭	临榆县徐敬修长春王子明
谦益庆		钱铺	史麟阁	临榆县徐敬修
谦益泰		钱铺	李耀先	招股
谦益祥		钱铺	姚庆年	抚宁县李耀先
清水谷商店	新市街	鲜鱼蔬菜商		
庆福堂	西三道街	药房		李甲三

店铺名称	地址	经营内容	店主姓名	资方信息
庆升栈	头道沟	粮栈		
庆升金	西三道街	钱铺		昌黎县张姓
庆升栈		粮栈	杨辅臣	长春城内汤克忠
泉井旅馆	新市街	料理		

R

店铺名称	地址	经营内容	店主姓名	资方信息
日清豆粕会社		特产		
日清馆	长春站前	南满洲铁道会社指定旅馆		
日清堂		糕点		
日清油坊		粮栈	杨兆兰	大连日清豆粕会社
日清组		运输		
日升栈		客栈	杨焕亭	

S

店铺名称	地址	经营内容	店主姓名	资方信息
三井洋行		特产		
三盛栈		粮栈	李春圃	
三矢商店	新市街	鲜鱼蔬菜商		
桑田靴店	新市街	制鞋		
森野商店	新市街	百货		
山口公司		运输		
山下商会		酱油、味噌酿造		
胜山庵		糕点		

店铺名称	地址	经营内容	店主姓名	资方信息
盛仓洋行		百货		
时宝堂		钟表店		
实松公司	新市街	典当、抵押		
食道乐巴	新市街	料理		
矢守商店		百货		
世昌恒	西三道街	药房		张姓
世合栈	头道沟	运输		
世合栈		运输	谭子久	昌黎县马俊卿
世鸿泰	西三道街	钱铺		昌黎县马康
世一堂	南大街	药房		吉林牛姓
世增庆	西三道口	钱铺		长春李姓
市仓洋行		瓷器		
守平洋行	新市街	金属器具、建筑砖瓦制造		
双和栈		粮栈	王荣亭	金州丛人纲
顺升当	南大街	当铺		吉林牛姓
顺升合	南大街	钱铺		吉林牛姓
顺兴栈		客栈	刘春九	
松本仁寿堂		药店		
松村洋行		典当、抵押		
松茂洋行		运输、百货、煤炭		
松乃屋		服装店		
松田洋服店	新市街	服装店		
松永靴店	长春北门外	制鞋		
穗积洋行		玻璃贩卖		

T

店铺名称	地址	经营内容	店主姓名	资方信息
汤浅商会		特产		
藤阪写真馆		照相馆		
藤三洋行	新市街	金属器具		
藤田诚昌堂	新市街	药店		
天德堂	南大街	药房		长春张姓
天德涌		粮栈	米兴源	小合隆江万清
天丰成	南大街	钱铺		张姓
天合北	南街	杂货铺		直隶王姓
天合庆	北街	杂货铺		山东李姓
天胜号	新市街	玻璃贩卖		
天寿堂药房	新市街	药店		
天兴福		粮栈	邵乾一	金州邵乾一
天野商店		油漆		
天野硝子店	新市街	玻璃贩卖		
天益庆	北大街	杂货铺		毛玉
天育堂	南大街	药房		抚宁县吴姓
田边商店		瓷器		
田森杏林堂		药店		
田中东亚药房	新市街	药店		
铁平公司		运输		
同春堂	北街南	药房		奉天省和堂支店
同发和	三道街口	药房		奉天支店
同顺成	南大街	钱铺		刘姓

店铺名称	地址	经营内容	店主姓名	资方信息
同兴隆	南街	杂货铺		山东单姓
同兴西	南街二道街	杂货铺		山东李姓
同义栈	头道沟	运输		
同义栈		运输	李春泉	临榆县朱焕廷
头川顺天堂		药店		

W

店铺名称	地址	经营内容	店主姓名	资方信息
丸平洋行		百货		
丸重洋行		运输		
万德公		粮栈	李荫棠	乐亭县王老福
万德庆	南街	估衣		长春刘姓
万德栈	西三道街	粮栈		乐亭县张姓
万发当	南街北门	当铺		乐亭县赵姓
万发东		粮栈	张辑五	乐亭县赵太阶
万发号	二道街	杂货铺		乐亭县刘姓
万发合	南大街	估衣、钱铺		乐亭县刘姓
万发兴		粮栈	云聘儒	乐亭县赵太阶
万发栈	北大街	粮栈		乐亭县张姓
万泰栈		粮栈	傅品三	长春城内王荫轩
万兴隆	南街	杂货铺		直隶干姓
万兴栈		粮栈	牛云峰	抚宁县单子纯
万亿栈	西三道街	粮栈		抚宁县李姓
万亿栈	西四道街	钱铺		山西万德兴支店
万亿栈		粮栈	郭申甫	山西祁县渠姓
万增庆	西三道街	钱铺		乐亭县孙姓

店铺名称	地址	经营内容	店主姓名	资方信息
万增庆		钱铺	孙桂林	长春边里朱万一
万增栈	头道沟	粮栈		
万增栈	西三道街	粮栈		乐亭县刘姓
梶原洋行		百货		

X

店铺名称	地址	经营内容	店主姓名	资方信息
西川洋服店	新市街	服装店		
西村洋行	新市街	典当、抵押、百货		
西肋古物商		古玩店		
西肋洋行	新市街	金属器具		
西原商店		酱油、味噌酿造		
香川洋行		百货		
小寺洋行		特产		
小西商店		瓷器		
协成玉	北大街	钱铺		乐亭县张老兆
协成玉		钱铺	刘恩普	长春毛子和
协和栈		粮栈、特产	马玉轩	
协亭贞		钱铺	刘冠群	乐亭县刘冠群
新泰兴		运输	阎子翼	天津宁星甫
信泰公司		特产		
兴隆北	南街北	杂货铺		
兴隆号	南街	杂货铺		乐亭县徐姓
兴顺成	西三道街	药房		山东
兴顺号	南街	杂货铺		山东单姓

店铺名称	地址	经营内容	店主姓名	资方信息
兴顺茂		粮栈	宋际昌	山东黄县单兴顺
熊谷靴店	新市街	制鞋		

Y

店铺名称	地址	经营内容	店主姓名	资方信息
亚东洋行	新市街	钟表店		
延寿当		典当、抵押		
延寿堂		药店		
一六馒头		糕点		
伊关商店		百货		
义昌公司		客栈	杨香圃	
义德栈		粮栈	傅芳莘	长春小八家子曹辅廷
义恭号	新市街	金属器具		
义和公	南大街	钱铺		乐亭县刘姓
义和长		钱铺	李鹤千	吉林高月亭
义升庆		钱铺	杨清山	营口县杨清山
义升盛	南街	估衣		抚宁县刘姓
义升盛	南大街	钱铺		临榆县刘姓
益发合		粮栈	白彭三	乐亭县刘梦斗
益发钱	西三道街	钱铺		乐亭县刘姓
永乐馆（梅月馆改）	新市街	日本料理		
永盛源		钱铺	高佐周	抚宁县张寿山
永顺洋行		特产		
永兴号		钱铺	周运昌	抚宁县安荫乡

店铺名称	地址	经营内容	店主姓名	资方信息
永玉达		钱铺	祖达三	抚宁县祖达三
永源长		钱铺	王锡三	盖平县王庆海
涌发合	东三道街	烧酒		乐亭县刘姓
涌发栈	东头道街	粮栈		乐亭县张姓
涌巨号	南街	杂货铺		山东张姓
宇户洋服店	新市街	服装		
玉乃屋		和洋料理		
玉置硝子店	新市街	玻璃贩卖		
裕昌源	头道沟	粮栈	刘麟阁	长春城内王荆山
裕丰恒	西三道口	钱铺		临榆张姓
裕升当	四道街口	当铺		吉林牛姓
裕升庆	西四道口	钱铺、百货		吉林牛姓
裕兴号	南大街	杂货铺		徐姓
裕长栈		客栈	齐守九	
远藤商店	新市街	鲜鱼蔬菜商		
远藤鱼店		鱼商		
悦来栈		客栈	租章义	
允升栈	西四道街	粮栈		毕姓

Z

店铺名称	地址	经营内容	店主姓名	资方信息
则武木材局		木材		
增升栈	南关	粮栈		李姓
枕水	新市街	料理		
指谷鱼店		鱼商		
竹岛书籍店	新市街	书店		
朝日温泉		洗浴		

附录一 清代长春城内商铺等级及代表商号①

长春城内之商店，现在确知资本最高者约为百万吊，普通第一流商店资本约四五十万吊上下。现按照商务总会制定等级，将长春城内重要商店胪列如下：

商号等级	商号名称	主要经营项目
一等	公升合	当铺、钱铺、杂货店、油坊
	裕升庆	当铺、钱铺、杂货店
	顺升合	当铺、钱铺、杂货店
	万发合	当铺、店行、粮栈、油坊
	涌发合	烧锅、粮栈
二等	东广顺	当铺、杂货店
	天合庆	杂货店
	同兴号	杂货店
	兴顺号	杂货店
	涌聚号	杂货店
	广顺号	杂货店
三等	东发店	店行、油坊
	益发合	店行、油坊
	长升合	布行
	兴隆号	杂货店

① 泉廉治：《长春事情》，长春：满洲长春日报社，1912年，第160—164页。

商号等级	商号名称	主要经营项目
三等	世鸿泰	布行、油坊
四等	义全盛	陶瓷器、铁器店
	兴发长	杂货店
	万亿栈	钱铺
	万发兴	店行、粮栈、油坊
	万德栈	店行
	广远店	店行
	合发木	材木店
	合义成	钱铺
	兴顺茂	杂货店
	广盛店	店行
	德源号	杂货店
五等	广益店	店行
	同兴隆	杂货店
	同和号	杂货店
	世一堂	药铺
	广顺泰	店行
	会成兴	杂货店、钱铺
六等	裕发栈	店行
	世增庆	钱铺
	玉茗魁	杂货店
	天德堂	药铺
	合兴号	杂货店
	广源栈	店行、油坊
	万德号	杂货店

商号等级	商号名称	主要经营项目
六等	义升盛	钱铺
	万兴栈	粮栈、油坊
	祥顺德	杂货店
	源通聚	钱铺
	谦益庆	钱铺
	万发号	钱铺
七等	祥顺栈	材木店
	发记	粮栈
	福泰店	店行
	同源泰	杂货店
	源通号	杂货店
	广合成	吴服店
	增顺源	苏打店
	永亨利	镜店
	衍庆昌	陶瓷器店、石硋店
	永顺长	粮栈、油坊
	永胜利	吴服店
	万德店	店行
	玉茗齐	果子、蜡烛店
	顺成东	店行
	万发源	杂货店
八等	祥和发	钱铺
	恒兴泰	陶瓷器店
	永和木	材木店
	兴顺药	药铺

商号等级	商号名称	主要经营项目
八等	源升厚	钱铺
	同发号	粮栈、油坊
	成发栈	店行、油坊
	复兴成	铁器店
	世聚涌	酒屋
	德庆裕	药铺
	东合店	店行
	裕兴号	吴服店
	永集成	粮栈
	巨发木	材木店
	广合发	杂货店
	天成顺	杂货店
	广源成	吴服店
	广顺合	洗染店
	同义成	吴服店
	振升木	材木店
	同春堂	药铺
	同顺成	钱铺
	远香齐	果子、蜡烛店
	合发店	店行、油坊
	锦和庆	药铺
	复和隆	洗染店
	复兴顺	苏打店
	广发成	吴服店
	同和堂	药铺
	万聚昌	粮栈
	王皮铺	皮店

附录二　清代长春城内著名商贾[①]

字　号	营业种类	街　名	资　本	资　本
公升当	当铺	北大街	60万吊	吉林牛姓
裕升当	当铺	四道街口	60万吊	吉林牛姓
万发当	当铺	南街北门	40万吊	乐亭县赵姓
东广顺当	当铺	东三道街	60万吊	山东省昌邑县赵姓
福兴当	当铺	西三道街	50万吊	伊通州王姓
顺升当	当铺	南大街	60万吊	吉林牛姓
公升合	烧酒	北大街	60万吊	吉林牛姓
涌发合	烧酒	东三道街	70万吊	乐亭县刘姓
福益栈（广通栈改）	粮栈	头道街	15万吊	乐亭县刘姓
广益店	粮栈	东二道街	30万吊	何姓
万兴栈	粮栈	南关	20万吊	兴顺茂
万增栈	粮栈	西三道街		乐亭县刘姓
万亿栈	粮栈	西三道街	5万吊	抚宁县李姓
允升栈	粮栈	西四道街	1万吊	毕姓
广顺太	粮栈	西三道街	3万吊	乐亭县张姓
增升栈	粮栈	南关	10万吊	李姓
万德栈	粮栈	西三道街	2万8千吊	乐亭县张姓
万发栈	粮栈	北大街	5万吊	乐亭县张姓
涌发栈	粮栈	东头道街	6万吊	乐亭县张姓

① 泉廉治：《长春事情》，长春：满洲长春日报社，1912年，第168-176页。

续表

字　号	营业种类	街　名	资　本	资　本
巨阜栈（万发兴改）	粮栈	东头道街	2万5千吊	乐亭县李姓
广源栈	粮栈	东三道街	1万5千吊	郭老君
福泰店	粮栈	东三道街	1万吊	王姓
合发店	粮栈	南关	1万5千吊	孔老怀
广盛店	粮栈	东三道街	15万吊	乐亭县李姓
公升合	钱铺	北大街	50万吊	吉林牛姓
裕升庆	钱铺	西四道口	10万吊	吉林牛姓
顺升合	钱铺	南大街	50万吊	吉林牛姓
长升合	钱铺	东三道街	20万吊	吉林牛姓
益发钱	钱铺	西三道街	30万吊	乐亭县刘姓
东发同	钱铺	西三道街	30万吊	乐亭县刘姓
福兴德	钱铺	西三道街	40万吊	伊通州王姓
世鸿泰	钱铺	西三道街	20万吊	昌黎县马康
万亿栈	钱铺	西四道街	30万吊	山西万德兴支店
万发合	钱铺	南关	40万吊	乐亭县刘姓
福兴义	钱铺	北大街	30万吊	福兴德支店
义升盛	钱铺	南大街	30万吊	临榆刘姓
裕丰恒	钱铺	西三道口	20万吊	临榆张姓
世增庆	钱铺	西三道口	8万吊	长春李姓
谦益庆	钱铺	西三道街	20万吊	福兴德支店
会成兴	钱铺	南街	10万吊	乐亭县张姓
广顺号	钱铺	南街	60万吊	山东齐姓
兴顺茂	钱铺	二道街	60万吊	山东单姓
广盛店	钱铺	东三道街	15万吊	乐亭县
义和公	钱铺	南大街	20万吊	乐亭县刘姓

字 号	营业种类	街 名	资 本	资 本
协成玉	钱铺	北大街	10万吊	乐亭县张老兆
福兴贞	钱铺	西大道街	15万吊	乐亭县李姓
会成东	钱铺	西大道街	12万吊	乐亭县李姓
会成源	钱铺	北大街	8万吊	乐亭县李姓
万增庆	钱铺	西三道街	20万吊	乐亭县孙姓
同顺成	钱铺	南大街	15万吊	刘姓
天丰成	钱铺	南大街	1万吊	张姓
庆升金	钱铺	西三道街	1万5千吊	昌黎县张姓
公升合	杂货铺	北大街	50万吊	吉林牛姓
裕升庆	杂货铺	四道街口	50万吊	吉林牛姓
天益庆	杂货铺	北大街	20万吊	毛玉
广合发	杂货铺	南大街	15万吊	乐亭县刘姓
裕兴号	杂货铺	南大街	3万吊	徐姓
东广顺	杂货铺	东三道街	20万吊	山东赵姓
兴隆北	杂货铺	南街北向	10万吊	
会成东	杂货铺	南街	10万吊	
同兴隆	杂货铺	南街	40万吊	山东单姓
兴隆号	杂货铺	南街	40万吊	乐亭县徐姓
广顺永	杂货铺	南街	10万吊	
天合庆	杂货铺	北街	40万吊	山东李姓
涌巨号	杂货铺	南街	50万吊	山东张姓
同兴西	杂货铺	南街二道街	50万吊	山东李姓
广顺号	杂货铺	南街	60万吊	山东齐姓
万发号	杂货铺	二道街	10万吊	乐亭县刘姓
万兴隆	杂货铺	南街	10万吊	直隶干姓

字　号	营业种类	街　名	资　本	资　本
天合北	杂货铺	南街	10万吊	直隶王姓
兴顺号	杂货铺	南街	70万吊	山东单姓
兴顺茂	杂货铺	二道街	60万吊	山东单姓
世一堂	药局	南大街	5万吊	吉林牛姓
天德堂	药局	南大街	4万5千吊	长春张姓
天育堂	药局	南大街	4万8千吊	抚宁县吴姓
同春堂	药局	北街南	3万8千吊	奉天省和堂支店
同发和	药局	三道街口	6万吊	奉天支店
德庆裕	药局	北大街	5万吊	奉天支店
世昌恒	药局	西三道街	1万吊	张姓
兴顺成	药局	西三道街	4万吊	山东
锦和庆	药局	西三道街	5万吊	河南孙姓
金城药	药局	南大街	2万8千吊	山东齐姓
庆福堂	药局	西三道街	3万吊	李甲三
万发合	估衣	南大街	3万吊	乐亭县刘姓
万德庆	估衣	南街	2万吊	长春刘姓
广顺隆	估衣	三道街口	3万吊	山东齐姓
义升盛	估衣	南街	3万吊	抚宁县刘姓

附录三　清代公主岭主要商号①

以下商号，经营资本在小洋三千元至十万元，主要经营业主为中国人。

字号	营业种类	街名
天兴隆	粮栈	河南街（中国街）
富兴栈	粮栈	河南街（中国街）
广诚海	粮栈、酒屋	河南街（中国街）
德升长	粮栈	河南街（中国街）
广诚永	粮栈、油坊	河南街（中国街）
人和栈	粮栈	河南街（中国街）
福兴达	粮栈	河南街（中国街）
东和增	粮栈	河南街（中国街）
永福泉	粮栈	河南街（中国街）
复盛厚	粮栈	河南街（中国街）
德顺隆	粮栈、杂货	河南街（中国街）
同聚栈	粮栈、杂货	河南街（中国街）
益兴长	粮栈、杂货	河南街（中国街）
天成公	粮栈、杂货、油坊	河南街（中国街）
天合义	首饰楼	河南街（中国街）

---

① 泉廉治：《长春事情》，长春：满洲长春日报社，1912年，第369-377页。

1912—1945年
长春老商号

A

店铺名称	地址	经营内容	店主姓名
阿曾时计店	吉野町1丁目		
爱光表局	北门外东三马路		
安达好	慈光路		
安达药房	西四马路		
安惠栈合名会社	吉野町4		

B

店铺名称	地址	经营内容	店主姓名
白方洋行	西四马路154	和洋家具	
白宫旅社	西四马路		汪中正
百家床子	南大街		
柏林洋行	东门路		崔秀山
柏龄大药房	大马路		李夜九
柏协洋行	西三道街北		
坂本电气商会	吉野町1丁目	电气器具	
坂井忠商店株式会社	兴安大路30（支店）	水暖器械	
邦荣商事株式会社支店	丰乐路	机械电机、度量衡	
宝昌源	入船町4		董子山
宝成信	北大街	钱铺	
宝和堂	五马路		李普唐
宝华	北大街	鞋店	
宝聚丰	东四大街南		
宝林祥	三笠町4		刘宝林
宝隆和	北大街	钱铺	

店铺名称	地址	经营内容	店主姓名
宝隆洋行	宝清路		李向阳
宝隆洋行	富士町4		范友三
宝隆洋行支店	丰乐路		
宝山百货店	新发路		
宝泰昌	北门外西三马路南		
宝喜堂	北门外东三马路		
北满礼葬社	室町2丁目15	葬仪、花环	
北满洋行	西五马路	军方指定进口商	
北平旅馆	东四条通		王润久
北洋表局	北门外西五马路北		
北中商店	富士町5		胡新五
别染屋京染店	吉野町1丁目		
宾宴楼	东三条通		刘昆山
宾宴楼外栈	大和通		刘纫斋
博文印书馆	西三马路		
卜劳威大菜馆	大和通		孙象鼎
布店	南大街		
布店理发店	南大街		
布路洋行	日本桥通		

C

店铺名称	地址	经营内容	店主姓名
菜羹香川苏南菜馆	长春大街		庄麟盛
长保洋行支店	祝町2		
长春书店	至善路		李桦
长春洋服店	祝町2		孙庆年

店铺名称	地址	经营内容	店主姓名
长春窑业合资会社	曙町2		
长春影戏院	东三马路		许树辕
长春浴池	大和通		刘国斋
长春栈	北门南		
长登祥余记	吉林大路		黄余庆
长发合丰记	三笠町6		江子珍
长发玉	大和通		张春雨
长记药局	北门外七马路		
长记栈	春日町6		王信之
长记栈制米工场	春日町6		薄润斋
长聚福	朝日通		姜书聚
长崎屋牛肉店	日出町2		王树春
长生药房	北门外西五马路北		
长胜公司	西五马路		长桥胜
长盛兴	长通路		吴佐臣
长兴福商店	西四马路		赵宝山
成春义	北门外西五马路南		
成泰公司	东二条通		梁世经
成文厚	北大街		侯鑫三
成文印书局	五马路		冯裕华
池上洋行合资会社	大经路宝山前	电气器具、扩声装置	
池畑自转车店	曙町2丁目27	自行车贩卖修理	
赤木洋行	三笠町3	和洋百货	
崇智庄	崇智胡同		

店铺名称	地址	经营内容	店主姓名
春发东	三笠町4		宋仙亭
春发福	曙町3		孙长春
春发合	南大街	杂货	
春和商会	西三马路		韩春台
春满公司米谷部	大经路（"新京"银行一侧）	大米、煤炭配给	
春日旅馆	兴安通		
春升和	永春路		郭绋廷
春生茂	西三道街		李德宜
春顺长	北大街	洋铁店	
春远久	南大街		庐宅仁
纯璞馆	东三道街南		
纯余久合名会社	日本桥通		
瓷器店	南大街		
萃芳商店	西四道街北		

D

店铺名称	地址	经营内容	店主姓名
大安电影院	永春路		毛凤山
大阪屋	兴安大路	糕点	
大宝旅馆	富士町2-26		
大北洋行支店	日本桥通		赵维周
大仓组	北门外西五马路北		
大昌表局	西三道街北		
大昌宾馆	西三道街北		
大昌货栈	富士町7		韩惠凡

店铺名称	地址	经营内容	店主姓名
大德堂	北门外西五马路北		
大东表局	北门外西五马路南		
大东楼	祝町4		林月轩
大东贸易公司	丰乐胡同		周悔衷
大东商行	东五马路		郝永亭
大福旅馆	西四马路220		
大和屋旅馆	东二条通58		
大和新馆	东二条通55		
大和兴业株式会社	建和胡同		
大和洋行	日本桥通		
大和运输公司	日出町9		藤芳一
大华表局	大马路		孙国华
大华表行	北门外东五马路		
大隆号	西四道街		陈凤阁
大陆酱园合名会社	东三马路		
大陆商店	北门外西五马路南		
大陆商行	西五马路		苏魁文
大陆书局	北大街		孙子方
大荣旅馆	西四马路80		
大升馆	北门外西五马路北		
大顺昌	北大街		
大通公司	东三马路		张启发
大同公司	入船町1		
大同旅社	曙町4		李瑞五
大同洋服	北门外西四马路南		

店铺名称	地址	经营内容	店主姓名
大丸乐器店	曙町2-31	乐器	
大丸旅馆	日本桥通10		
大丸新馆	锦町1-5		
大新旅馆	新发路104		
大信成	南大街		李品一
大信洋行	东三道街南		
大兴昌	长通路		张晓峰
大义全	东三条通		高文元
大有号	北大街	杂货	
大政乐器店	入船町2-1	乐器	
大中洋行	曙町2		刘松岩
稻香村南百货店	东三马路		葛甲生
得利号	南大街		赵辉堂
德本商店	蓬莱町1-3	军用食品供应商	
德昌公司支店	日本桥通		
德成和合名会社	东三条通		
德成信	祝町7		杨润卿
德春和	北门外东三马路		
德春泉	富士町4		赵春茂
德丰号	东五马路		包余三
德和春	五马路		陈佩璋
德和祥	西四道街北		
德和义	北门外西三马路南		
德和义生记	三马路		李鸿宾
德和园	北大街	饭店	

店铺名称	地址	经营内容	店主姓名
德厚长	信和街		赵国玺
德华斋	北大街	鞋铺	
德利洋行	平治街		阎子扬
德隆商行	三笠町3		王心亭
德美斋	北大街	水果	
德凝盛	南关大街		朱长兴
德庆药店	西四道街北		
德庆药局	北门外西四马路北		
德庆钰	北大街		赵龙云
德泉当	东三马路		同绍文
德泉堂	北门外东四马路		
德山鱼店	吉野町2		赵书翰
德盛和	富士町3		张泽德
德盛楼	东三马路		孚明远
德盛水局	北门外西五马路北		
德盛祥	东五马路		赵福昌
德盛兴	北大街	钱铺	
德盛涌	东五马路		陆仕元
德顺成	北大街	洋货	
德顺发记	南大街	面粉	
德顺福	东安屯		王秀德
德顺五金行	二马路		于世泰
德泰东涂装硝子店	入船町3		孙耀堂
德泰盛	三笠町4		姚德生
德泰祥	东五条通		刘馨斋

店铺名称	地址	经营内容	店主姓名
德田商店	日本桥通		赵书梅
德田鱼店	吉野町2		马奎臣
德祥号果实店	富士町2		郭雁峰
德兴成	北门外西五马路南		
德兴当	西二道街		高文阁
德兴福	曙町2		侯元贞
德兴隆	南大街	瓷器店	
德兴漆店	北门外西五马路北		
德兴裕	南大街	洋货	
德一鱼店	日本桥通		张玉山
德义商店	三笠町4		徐相戊
德永洋服店	西五马路		王赞臣
德玉春	北门外东四马路		
德育生药店	大和通		尚明齐
德裕号	三笠町5		邹献瑞
德源盛	大经路		李宝祯
德源长	西三马路		汤永江
德增金店	南关大街北		
德增盛	吉林大马路		周瑞轩
德增源支店	全安街		陶仲达
槙乃旅馆	富士町2-3		
丁子屋洋服店	老松町		
鼎丰真	大马路		高金富
鼎馨公司	永春路		陈子敏
东北商行	大和通		

店铺名称	地址	经营内容	店主姓名
东北印书局	北门外东三马路		
东昌商行	西四道街		陈祚周
东昌洋行	丰乐路		
东昌源	太平街		张培基
东发合	日出町1		范国祥
东发长	东安屯		陈瑞石
东方汽车行	北门外七马路		
东方洋行	日本桥通52	和洋家具制造贩卖	
东方印刷株式会社	梅枝町1		
东海天金店	东三马路		徐致臣
东海物产株式会社	日本桥通		
东和家具店	大经路		张培顺
东和祥	三笠町6		谭履祥
东和洋行	日本桥通		关旭东
东和印刷制本所	西四马路		林治平
东华贸易公司	清和胡同		青木熙
东华窑业合资会社	吉野町3		
东记	南大街	烟纸店	
东记玻璃店	吉野町5		任绍东
东京洋行	大马路		冯祥阁
东京银城连锁店	吉野町2		
东聚兴	大马路		徐振东
东来修理部	东安屯		袁恕堂
东利制作所	东四马路		白至忠

店铺名称	地址	经营内容	店主姓名
东蒙贸易株式会社	兴安大路		
东升表行	北门外东四马路		
东升泉	北门外东四马路		
东胜金	北大街	钱铺	
东盛号自转车行	长春大街		张云樘
东盛和	兴运路		刘惠民
东盛祥粉房	向阳街		张福珍
东盛源	小五马路		王廷秀
东盛源	住吉町5		金翰臣
东盛斋	北大街	面粉	
东顺昌	祝町5		张继武
东顺昌	东四大街南		
东顺福烟行	北大街		张维周
东顺兴	二道河子		贾绍颇
东泰公司	二道河子		杨有仁
东泰洋行	祝町2		林正人
东兴记商行	富士町3		
东兴泰	吉林大路		陈国隆
东兴泰家具店	东四马路		张进盘
东兴五金行	六马路		孙子耕
东兴印刷所	桃源路		马万洪
东兴浴池	吉林大路		陈国隆
东亚公司	东大桥		石磊
东亚贸易公司	三笠町4		葛春登

续 表

店铺名称	地址	经营内容	店主姓名
东亚曲子酿造株式会社	春日町6、吉林大马路		
东亚汽水公司	东长春大街		张维中
东亚商店	祝町5		景向阳
东亚商会	梅枝町4		梁在淳
东亚商事合资会社	长春大街		
东亚物产合资会社	北大街		
东亚物产洋行	长春大街		徐神忠
东亚烟草株式会社贩卖所	八岛通		
东亚印书局	大马路		赵玺廷
东洋旅馆	中央通13		
东洋木材株式会社	吉野9		
东一商店	西四马路		徐季云
东益兴	北大街		
东玉兴	北门外东四马路		
多以良书房	兴安大路124	新刊杂志	

E

店铺名称	地址	经营内容	店主姓名
二和商行合资会社	日本桥通		
二见楼	北门外东三马路		

F

店铺名称	地址	经营内容	店主姓名
发记运搬公司	东长春大街		曹耀发

店铺名称	地址	经营内容	店主姓名
饭富洋行	东长春大街		王修德
饭富洋行	祝町2丁目15	和洋家具	
芳林堂制本所	东三马路		林芳昌
丰记洋行	西二道街北		
丰聚东	富士町2		孙世登
丰乐剧场	丰乐路		
丰乐路药局	丰乐路	药品、化妆品	
丰隆号	朝日通		
丰盛德	北大街	杂货	
丰盛东	三笠町3		李仁册
丰顺号洋服店	大马路		周翰卿
丰泰	富士町3		张忠谟
丰源盛	大马路		孟琢之
风月庵		高级糕点	
峰长春堂	吉野町2丁目、日本桥通、祝町2	糕点	峰直
凤翔金店	北大街		
奉天酱园贩卖株式会社支店	慈光路、三笠町4、南大街		
奉天铅字局支店	西小五马路		李景昆
服部商事株式会社	百汇街		
福昌公司	八岛通		
福昌兴	东二道街		芝卢
福成永	北大街	皮店	
福德车行	永长路		林福德

店铺名称	地址	经营内容	店主姓名
福德公司	城后路		
福德金	南大街	钱铺	
福德堂	东四大街南		
福德修理部	东四马路		林福德
福发永	南大街		
福丰号百货店	西长春大街		张聘五
福峰旅社	西三马路		鄢宝祥
福合表局	西三道街北		
福合顺	西三道街		潘自有
福合兴	吉野町		刘星五
福和源	北大街	杂货	
福厚成	南大街		薛香坡
福华药行	北门外七马路		
福聚成	北门外	杂货	
福聚东	平治街		赵有财
福来长	东三道街南		
福茂德	东三道街南		
福庆公司	大经路		赵子明
福庆恒	南大街		
福庆旅社	祝町4		李吴氏
福山洋行	西长春大街		王寿山
福升合	南关		李麟阁
福升顺	长通路		姚连顺
福生木材株式会社	八岛通		

店铺名称	地址	经营内容	店主姓名
福盛德	日本桥通		丁祝三
福盛德	东一条通		王明新
福盛合	北大街		齐兴泉
福盛洋行	祝町3		
福盛洋行白米部	祝町3-5	米、炭、精豆油	
福盛斋	南大街		
福顺厚	日出町8		
福顺鑢局	富士町3		杨德荣
福顺栈	日出町1		王东升
福田屋豆腐店	朝日通		王子喻
福田支店	日本桥通	食品	
福文书局	北门南		
福祥号	北大街	杂货	
福兴昌	祝町6		张九浦
福兴东	东四马路		王宝兴
福兴公司	东长春大街		冯梦鱼
福兴号	东四马路		李永温
福兴和	小五马路		王殿鳌
福兴久	西四道街		狄占元
福兴隆	北门外西五马路北		
福兴楼	北门外东三马路		
福幸公司支店	兴安大路		
福玉栈	北门外东五马路		
福源兴	南大街	钱铺	

店铺名称	地址	经营内容	店主姓名
福源涌	三笠町4		徐子衡
福增达	南大街		
福增钱	西四道街北		
福增长	东四大街南		
福长公司	西长春大街		
福昭洋行	东朝阳路		
福助贩卖株式会社支店	西五马路		
福佐食品工业株式会社"新京"支店	日本桥通86番地	咸菜	
复隆商行	信和大街		张泽民
复生祥	吉林大路		张雨三
复兴昌	南大街	帽店	
复兴商店	南大街		田心斋
复兴长	富士町4		李尊九
复兴长	东六马路		韩瀛池
复源盛	东四马路		王希田
富山芳春	梅枝町3		
富士商店株式会社	富士町4丁目20-2	杂货、洋酒	
富士屋旅馆	中央通5		
富田泰造	祝町3		
富兴盛	东四马路		李树柽
富裕厚	东头道街南		

G

店铺名称	地址	经营内容	店主姓名
干本洋行	吉野町 4		
冈田酱园"新京"支店	东四条通		
冈田眼镜店	吉野町 2 丁目		
高输商会	东三条通 47	自行车贩卖、修理	
工商汽车行盛记	西四马路		张儒林
工藤商会	祝町 2 丁目 18	自行车贩卖、修理	
工业洋行	大经路		方振铨
公记饭店	祝町 4		刘韧齐
公茂号写真材料店	三马路		刘仲三
公懋洋行	北门外东五马路		
公盛号	弥生町 2		王振柏
公顺和	日出町 6		李子修
公顺堂药局	北门外东四马路		
公亿盛	西二道街		周公甫
公义厚同记	日出町 3		朱梦森
公益泰	富士町 4		孙翰乡
功成玉	东三道街南		
宫地洋服店	吉野町 2-20	毛织物、服装	
宫崎洋行	北门外东五马路		
宫田商店	曙町 4		宫田明
共进印刷所	东四马路		王作栋
共田商店	入船町 3		伊树盛

续　表

店铺名称	地址	经营内容	店主姓名
共同商行	西三马路		刘学礼
共益公司	长通路		姜学德
谷丰号精米所	永春路		尹继权
关爱照相	北门外东五马路		
关东洋行	永春路		潘凌云
光隆洋行	永乐町3	和洋家具	
光明影戏院	永春路		
广本洋行	日本桥通		
广成铜	南大街		
广大洋行	日本桥通		杨辑五
广发德	东三道街		王德
广合顺	利国街		王济刚
广合顺合资会社	住吉町6		王济刚
广和成	南大街		
广聚木材店	梅枝町4		张子廷
广隆栈	三笠町5		鲁国栋
广顺号	南大街		
广泰东玻璃庄	西四马路		迟维禄
广泰恒	住吉町8		安桂舟
广兴顺	富士町5		杜兴权
广义隆琛记	三笠町4		冯效愚
广源居	吉林大马路		尤国贤
广源盛	永春路		郭尚朝
广远义	北大街		
广增福	北大街	铜器铺	

店铺名称	地址	经营内容	店主姓名
广增永	北门外	铁锅席铺	
国都饭店	丰乐路		孙育生
国都影戏院	长春大街		展子祥
国泰电影院	东五马路		韩邦建
国泰饭店	东三马路		刘天恩

H

店铺名称	地址	经营内容	店主姓名
哈利洋行	东一条通		
合发东	南大街		
合记钱店	西二道街北		
合利洋行	丰乐路		刘基民
合信公司	西长春大街		张绩卿
合信商店	西四马路		刘云俊
合兴公司	东一条通		刘子侯
合兴长	南大街		孙汝才
和发祥	东长春大街		王斌祥
和盛德	日本桥通		孙中福
和盛祥	日本桥通		王邦振
和盛祥支店	吉野町2		孙春阳
和顺洋行	三笠町2		李柏臣
和泰昌	祝町4		郑子衡
和田号	日本桥通		高立业
和田恒商店	永春路		和田恒
和田商店	日本桥通		任松山

续表

店铺名称	地址	经营内容	店主姓名
和田商行本店	吉野町2		潘瑞周
和兴利	富士町3		王尚古
和兴洋行	东二条通		郭长春
河野洋行	吉林大马路		
鹤岩商店	东安屯		李绍臣
亨达利钟表行	大马路		周岐光
亨利铁行	丰乐路		袁士贵
恒昌客栈	北大街		
恒发和	北大街	钱铺	
恒记鸡卵庄	永春路		徐寿山
恒记商店	吉林大马路		孙凤书
恒利酱园	东三道街		吕志起
恒盛东	三笠町4		孙云发
恒盛木局	北门外西五马路南		
恒顺昌	吉野町4		王英三
恒顺泰	东二条通		田瑞堂
恒泰兴	东三道街		王庆福
恒信合资会社	东四条通		
恒兴泰	南大街		郭雨亭
红屋吴服店	日本桥通29		
宏昌旅馆	北门外东三马路		
宏盛永	南大街		
洪昌盛合名会社	三笠町3		
洪发东	高砂町5		史温如
洪发长	北大街	杂货	

店铺名称	地址	经营内容	店主姓名
洪利号	西二道街北		
洪生泉	三笠町4		邱云高
洪泰商店	三笠町4		单午桥
洪兴茂	三笠町4		姚敬之
鸿昌和	北门外	钱铺	
鸿发烧锅	南关东大桥		张啸桐
鸿记硝子店	吉野町4		侯鸿举
鸿记鱼行	永春路		杨鸿章
鸿庆合	东五条通		赵镜齐
鸿生涌	富士町3		邱云高
鸿祥	北门外东四马路		
鸿兴	北门外	金店	
鸿兴金店	西二道街北		
鸿兴林	北门外七马路		
鸿兴洋行	丰乐路		刘元宾
鸿兴永家具店	大经路		刘墨林
鸿源长	北门南		
厚德福饭店	大和通		陈连堂
厚德隆	东三道街		杨静修
厚德长	尾上町5		孙化南
胡魁章文具书店	长春大街		李佐廷
花园会馆	大和通		
华北印刷社	大马路		张子祥
华东表局	北门外东四马路		
华丰号	东四大街南		

店铺名称	地址	经营内容	店主姓名
华盛东	三笠町3		仲文质
华文堂	北门外东三马路		
华兴表局	北门外东三马路		
皇后园咖啡店	北门外东五马路		
回宝堂	北门外西三马路南		
会昌泰	三笠町4		赵金镕
会成隆	北大街	水果	
会成钱号	北大街		
会成兴	北大街	钱铺	
会发公	日出町7		赵绍武
会发合	南大街	钱铺	
会合昌	祝町5		刘青阳
会合公	北大街	钱铺	
会合全	南大街		刘兴运
会合长	西二道街		孙承和
会记号	北大街		高允恭
会庆木局	北门外西四马路北		
会通达	北大街		何芳亭
会通盛	吉野町4		何芳亭
会文印刷	北门外东五马路		
会源成	南大街		张耀宗
惠大商店从记	入舟町2		孙智山
惠丰商店	大马路		吴贤宾
惠复兴	富士町3		郭楫舟
惠合钱	西二道街北		
惠隆当	北门外西四马路南		

J

店铺名称	地址	经营内容	店主姓名
积得玉	祝町5		王心坦
积德泉	富士町8、西四马路、利国街		孙尚臣
及时表镜	北门外西三马路北		
及时公司	大马路		方春荣
吉川商会木材部	老松町		
吉川商会株式会社	老松町7番地	家具装饰	
吉盛和	北门外	铁铺	
吉盛兴	西二道街		杨友笙
吉顺发	兴运路		吴寿瀛
吉田屋本店	三笠町2-8		
吉田屋支店	三笠町2		
吉祥栈	北门外		
吉兴顺	北门内		王起成
吉野洋行	吉野町2		尚镇河
吉原洋服店	丰乐路714		
极东号	大马路		徐吉泉
集升齐	北门外		李煜林
济成当	北门外西五马路南		
加藤陶器店	祝町2-2		
甲阳旅馆	大经路171		
菅沼写真馆	日本桥通		
金城馆	北门外西五马路南		

店铺名称	地址	经营内容	店主姓名
金城旅社	吉野町4		梁贾氏
金店	北门外		
金发祥	北大街	茶食	
金华旅馆	中央通15		
金生德	东二条通		谭仙洲
金生源	三笠町4		苗浡然
金盛源	平治街		李金平
金时表行	北门外东四马路		
金兴商会	东安屯		杨永瑞
金兴纸店	南大街		张宗五
锦昌洋服	北门外西五马路北		
锦和庆	西三道街		程幕堂
锦和庆药局	南大街		
进义洋行	东三马路		刘清恩
近和洋行	羽衣町1		
近藤吴服店	吉野町1-17		
晋柜堂	北门外东四马路		
晋隆洋行	西三道街北		
京明纬商店	东三道街		王寿萱
精得金号	西头道街北		
精益印局	北门外七马路		
景育祥	三笠町6		齐景育
景洲旅社	祝町4		倪马氏
静观庄	安达街		
九江泉	北门外七马路		

店铺名称	地址	经营内容	店主姓名
九索兴	北门外	茶食铁铺	
久昌堂账簿所	东长春大街		邹文久
久大商行	全安街		李国选
久聚钱	北大街		
久康唐	西三道街北		
菊水	北门外西五马路南		
巨昌兴粮栈	三笠町8		张雅修
巨兴钱庄	西二道街北		
聚成兴	北大街		
聚发合	南大街		
聚丰号	东长春大街		田景澄
聚合发	北大街	茶食店	
聚合盛	南大街	钱铺	
聚盛昌	二道河子		冯慰三
聚盛长	西三道街		段喜春
聚顺木	西四马路		刘顺起
聚兴东	东头道街南		
聚兴长	北门外西四马路南		
聚源盛	西二道街北		
聚源兴福记	三笠町6		李雅轩
俊发祥	东三马路		庐秉璋
俊亭表局	北门外东五马路		
俊兴号	西四道街		王家济
峻源久	大马路		郑宣三

K

店铺名称	地址	经营内容	店主姓名
开明图书公司	西三马路		王凯德
康和电器商会	西三马路		刘之祐
快马车行	东六马路		李彦贞
坤孺药局	北门外西四马路北		

L

店铺名称	地址	经营内容	店主姓名
老德和昶	三马路		李肆三
老晋隆	北大街		
老精萃眼镜店	祝町 2-17		
老精华眼镜店	祝町 2		杜向欣
老茂生	北门外西五马路北		
老美华	北门外	茶食	
老天合	北门外西三马路南		
老物华金店	北门外西四马路南		
理发铺	北大街		
立昌洋服	北门外西三马路南		
立元洋行	西五马路		张子珍
利达洋行支店	兴安大路		金德惠
利丰洋行	祝町 2		王宗贤
利丰源	东三道街		赵彦如
利华洋行	丰乐南胡同		沙焕章
利源五金行	大马路		刀殿臣
笠井叠商会	清和街 802	榻榻米、床上用品	

店铺名称	地址	经营内容	店主姓名
连盛德	日本桥通		王兴富
连盛德支店	日本桥通		王兴维
两昌隆	北门外东五马路		
林兼商店满洲支店	兴安大路		
林满商店	东三道街		王松山
林商会	曙町4		林阳介
林洋行本店	日本桥通		林金次
林洋行株式会社	日本桥通20	文具、事务用品、制图器、诸账簿	
林增祥	西二道街		李沛林
鳞东商行	东四条通		崔志超
龙口亭	北门外东三马路		
隆昌海味行	西三道街		冯尧同
隆昌商店	吉野町2		张敬坡
隆丰商店	富士町7		武品卿
隆胜公司	西五马路		贾韵书
鹿鸣春饭店	大马路		吴士杰
罗福葆	东顺治路		

M

店铺名称	地址	经营内容	店主姓名
马家牧场	西四马路		马廷振
满德洋行	祝町2丁目19	洋酒、烟草、果子罐	赵重九
满发源	东四马路		张金儒

店铺名称	地址	经营内容	店主姓名
满京栈	北门外西五马路北		
满静馆	祝町212		
满蒙旅馆	大和通3		
满蒙棉花株式会社支店	三笠町4		
满蒙商事株式会社	朝日通		
满人饮食店组合	东长春大街		刘纫斋
满日亚麻纺织株式会社	长春大街、曙町4		
满泰洋行株式会社	中央通16番地	国内外化妆品和洋酒、烟草、果子罐	
满喜屋吴服店	老松町		
满洲馆	北门外西五马路北		
满洲参精株式会社	兴安通606	参精、红参精、参精茶、糖参	
满洲诚文堂	西三马路51	文具、印刷业	
满洲蓄音器株式会社	兴安大路		
满洲打字机公司	东七马路		
满洲大阪电气商会支店	昌平街		
满洲大信洋行支店	日本桥通		
满洲丁子屋株式会社	老松町4番地	纺织品、服装、杂货	
满洲改良荷马车协会	长春大街		
满洲干电池株式会社	大同大街康德会馆250号	灯火用、无线用、通信用各种干电池	
满洲管乐器株式会社	永昌路		
满洲国光剧场株式会社	西二道街		

店铺名称	地址	经营内容	店主姓名
满洲航空株式会社	长春大街		
满洲化妆品贩卖株式会社	日本桥通		
满洲酱油	富士町4		
满洲旧麻袋株式会社	八岛通		
满洲旅社	大马路		舒廷良
满洲暖水瓶株式会社	富士町5		
满洲生活必需品株式会社	大同大街		
满洲石井洋行	大经路43	竹梯子、竹扫帚制造贩卖	
满洲水产贩卖株式会社支店	入舟町3		
满洲陶瓷株式会社	西三道街		
满洲陶瓷株式会社	东二道街		
满洲苇席联合会	入舟町2		
满洲小津商事株式会社	西顺治路		
满洲盐业株式会社	大同大街		
满洲洋服商组合联合会	老松町		
满洲衣料制作株式会社	民丰街		
满洲运动用品株式会社	东盛大街		
满洲制果株式会社	大马路		
茂德公司	日本桥通		王子安
茂隆洋行	长春大街		
茂隆洋行支店	长春大街		范希舜
梅屋旅馆	八岛通27-5		
美尔多	长春大街		臧玉林

店铺名称	地址	经营内容	店主姓名
美孚洋行	西三道街北		
美浮煤油公司	北大街		
美加月	北门外东三马路		
美良写真馆	大马路		关宗礼
美藤食堂	入船町4		
绵安商店	祝町5丁目6		
面粉分销处	南大街		
民生药品公司	西四道街		邢之璞
名济新	大经路		梁明忱
明华公司	北门外东五马路		
明记茶叶	北门外东三马路		
明远旅馆	北门外东三马路		
明治牛乳	飞行场南、梅枝町1		
明治屋	日本桥通53南广场	糕点	
木村洋行	中央通36	照相器材	

N

店铺名称	地址	经营内容	店主姓名
南北兴业株式会社	入舟町3		
南美华斋	北大街	洋货店	
南味齐饭店	大和通		李宗义
楠木洋行	大和通47	家具玩具	
内田洋行支店	中央通	事务用品、制图测量器	
鲇川印刷部	大经路		赵塾

O

店铺名称	地址	经营内容	店主姓名
欧林比克	宽城子		姜希默
欧林比克支店	日本桥通		

P

店铺名称	地址	经营内容	店主姓名
朋友商会支店	丰乐路		
蓬莱馆	三笠町1-4		
皮店	南大街		
品川洋行	日本桥通	家居装饰	
平安洋行	北门外西五马路北		
平生药局	北门外西五马路北		
普丰达隆记	日出町2		刘国梁

Q

店铺名称	地址	经营内容	店主姓名
启智书店	西长春大街		宋小濂
汽巴洋行	西四道街北		
千福商事株式会社	日本桥通		
谦益东无限公司	祝町5		
乾卯商店支店	日本桥通		
青年洋服店	北门外西五马路北		
清林庄	富士町2-16		
清眼堂眼镜	吉野町2		
庆德发	南关大街北		

续 表

店铺名称	地址	经营内容	店主姓名
庆丰钱	西三道街北		
庆丰祥鲢力店	长通路		战庆林
庆丰长制材所	吉林大马路		孙品三
庆海春	西三道街北		
庆和祥	南大街		房子兴
庆华洋行	西四马路		王世庆
庆记当	北门外西五马路北		
庆升福	北门外	烟草面粉店	
庆源盛	西三马路		周庆源
庆源泰合名会社	吉野町 4		张煜明
全德永	南大街	面粉	
全满石油贩卖联合会	大同大街、锦町 3		
全盛永	北大街	杂货	

R

店铺名称	地址	经营内容	店主姓名
人和	北大街	钱铺	
人和发	北大街	水果	
人和药局	北门外东五马路		
仁昌洋行支店	东四马路		王墨乡
仁大商会	蓬莱町 1		梁忠厚
仁丰洋行	三笠町 4		王尚义
仁和洋行	三笠町 3		
仁记洋行	南大街		

店铺名称	地址	经营内容	店主姓名
仁生和支店	西二道街		王毓梓
仁生恒	大和通		孙仁甫
日本蓄音器商会支店	兴安大路		
日本自动车株式会社支店	曙町 3		
日东公司支店	吉野町 5		
日东制粉株式会社	住吉町 3		
日光楼	北门外西五马路北		
日华电气商会	三笠町 4		桥祥书
日进洋行	西四马路		王凤亨
日满木工兴业	梅枝町 1 丁目 1	木制品、建筑金具代用品、窗把手等	
日清燐寸株式会社	西二道街		
日清实业株式会社	富士町 4		
日清兴信所支社	祝町 3		
日商株式会社支店	大同大街		
日升栈运输无限公司	日本桥通		
日鲜精米所营业所	朝日通		
日新大旅社	小五马路		刘振勋
日新公司	北门外西四马路北		
日新号	西四道街		王得利
日新面店	三笠町 3		林祯集
日新商会	建和胡同		
日信洋行	吉野町 1-25	音响、西洋乐器	
日增合	大马路		牛焕三

店铺名称	地址	经营内容	店主姓名
日增长记	富士町4		马景南
日长生水局	西二道街北		
荣昌盛	大和通		王显庭
荣华旅馆	西三道街北		
荣记盛度量衡器五金行	东四马路		李振泰
荣记五金	东四大街南		
荣楼	北门外西五马路南		
荣升合	北门外	水果	
荣升泉	北门外	澡堂	
荣业商店	南大街		刘子清
荣业长	南大街		
瑞昌兴	西四道街北		
瑞记洋服	北门外东四马路		
瑞记印刷所	西四马路		杨柏年
瑞林祥	北大街		
瑞兴号	南大街		
瑞兴货店	东三条通		王秀章

S

店铺名称	地址	经营内容	店主姓名
三番祥	日出町5		王绍武
三福楼	北门外西五马路南		
三福洋行	东三道街南		
三光贸易	梅枝町4		单百川
三合成	南大街		

店铺名称	地址	经营内容	店主姓名
三合当	北门南		
三合德	东头道街南		
三合永	日本桥通		高云
三进魁	北门外东四马路		
三井物产株式会社	大同大街		
三笠旅馆	笠町3-5		
三笠商会	兴亚街		
三隆商行	西四道街		左兴周
三木合资会社支店	崇智胡同		
三杉	北门外西五马路北		
三盛公	吉野町2		毕自卿
三盛兴支店	东三马路		李海泉
三轮快车营业所	东天街		曹清波
三顺发	西二道街北		
三顺永	南大街		王子祥
三泰产业株式会社支店杂货部	朝日通		
三田豆腐店	浪速町2		王长廉
三新旅馆	西四道街北		
三星商会	西六马路		
三杨社写真场	中央通本城大厦		
三义福	大经路		李广彩
三元栈	北门外西四马路南		
三原洋行	西五马路		刘树林

店铺名称	地址	经营内容	店主姓名
三中井百货店	大同大街		
森川金物店	安达街320	土工用具	
森洋行	中央通48		
森洋行支店	中央通		
森野商店	吉野町1丁目22	图书、地图、出版，发卖"满洲国"测量局地图	
森野书店	吉野町1丁目	地图文具	
山本写真馆	中央通25、儿玉公园前		
山村叠店	朝日通领事馆西入	榻榻米、床上用品、装饰品	
山三商会	三笠町3丁16	和洋纸及国产文房具、"满洲"油墨株式会社代理店	
山阳公司	大经路		
山叶商会合名会社	兴安大路408	和洋家具室内装饰	
山叶洋行株式会社	梅枝町2丁目	乐器家具	
衫山旅馆	三笠町3-12		
扇利洋行	北大街		
上田制果店	梅枝町2丁目27	糕点	
上州屋	北门外西五马路南		
慎昌公司	大马路		方春荣
慎发祥	富士町5		王星垣

店铺名称	地址	经营内容	店主姓名
生光窑业	富士町2		初光
胜利洋行	西五马路		王新田
胜新洋行	大经路		刘松坡
石川旅馆	日出町2-12		
石川洋行	吉野町1		宋锡令
石山运输公司	日出町3		刘焕章
时代公司	四马路		丛滋盛
史镜斋	平治街		
世光商店	日出町7		陈子祥
世合发	南大街	钱铺	
世合隆	北大街	杂货	
世美行	三笠町4		
世兴金店	北大街		唐锡光
世一堂	南大街		魏志昌
世一堂	北门外		蒋秀涛
世增盛	北门外东四马路		
书林堂	北大街	钱铺	
双合利春记	兴盛路		胜润之
双聚福	东长春大街		于德全
双泉堂	西四马路		刘级三
双盛栈	东头道街		李岐山
双义和	东四马路		张竹楼
水果店	南大街		

店铺名称	地址	经营内容	店主姓名
顺德商场	西四马路		
顺发福	北大街	杂货	
顺发合	南大街		张永丰
顺发和	南大街	碗店	
顺和成	西四道街北		
顺和盛	北门外	水果	
顺天旅馆	百汇街510		
顺天堂药局	百汇街民政部里	处方调剂、化妆品	
顺往号	北门外西三马路北		
司马洋行被服部			
思和药局	北门外东三马路		
思义洋行	东三马路		乔德良
四宝堂	大马路		姜希文
四海春饭店	西三马路		柳竹村
四海盛	西三马路		徐赉堂
四海盛记	北门外西四马路南		
四合窑业	东安屯		陈润泽
松本糖庄	长通路		孙爵臣
松和洋行	东四条通		
松龙洋行本店	老松町		
松茂洋行	蓬莱町1-2	和洋家具装饰	
松茂洋行本店	蓬莱町1		
松茂洋行本店家具制作贩卖店			
松山商店	西四马路		赵松山

店铺名称	地址	经营内容	店主姓名
松田清商店支店	新发路		
松田商行	长春大街		
松屋洋服店	吉野町3丁目5		
松园文具	同光路		
松泽商会	北安南胡同		
松竹梅饭店	大马路		郭庆亨
淞江浴池	西五马路		孙育生
孙家炉	东三道街		孙忠国

T

店铺名称	地址	经营内容	店主姓名
太和写真馆	三笠町4		姜新三
太阳看板店	西四马路		王相芝
泰昌公司	西五马路		
泰东商事	东三条通		宇子青
泰发合百货店	四马路		
泰发源	祝町5		张凤仪
泰发栈	北大街		
泰丰五金行	东三马路		王少斌
泰和成	西三道街		王瑞林
泰和祥	北门外西四马路北		
泰和洋行	永长路		任金霖
泰和义	三笠町4		田华圃
泰山成	日出町6		郑寿山

续 表

店铺名称	地址	经营内容	店主姓名
泰山成	长通路		冯本荣
泰山当	六马路		赵援宸
泰山公司	北门外东三马路		
藤山叠店	朝日通		
藤尾商店	西四马路70-2	榻榻米、床上用品	
天宝金	北门外东四马路		
天宝金店	东长春大街		许权三
天保堂	西四道街北		
天宝洋行	三笠町2		
天保堂	西四道街		张蔚林
天昶永	富士町4		王惠普
天成唱机行	东四马路		盛占才
天成顺	南大街		
天成玉金店	西三道街北		
天德成木局	东四马路		张德宣
天德金	南大街		
天德堂	南大街	药店	
天德堂药店	东二道街		邓连三
天丰洋行	西五马路		孙金西
天号顺	南关大街北		
天合	南大街	钱铺	
天合北号	南大街		
天合成	北大街	水果	
天合发	南大街	杂货	
天合公	南大街	钱铺	

店铺名称	地址	经营内容	店主姓名
天合洪	北大街	杂货	
天合旅馆	吉野町4		朱子言
天合庆	日出町6		赵雨亭
天合庆	南大街		王杰臣
天合商店	吉野町2		朱守勤
天合顺	南大街		
天合祥	祝町2		宋辅林
天合兴	北门南		
天合源	西二道街北		
天和长	北大街	杂货	
天华泰	北门南		
天华斋	北门外	茶食	
天聚园	三笠町4		刘玉珂
天利和	南大街	钱铺	
天禄茶房	北门外西五马路南		
天启昌	西四马路		刘丙祥
天升洋行	老松町		
天盛长	南大街		刘子安
天锡昌	北门外西五马路南		
天锡昌记	四马路		孙兆恩
天锡公	北大街	钱铺	
天锡祥公司	东三马路		沈锡九
天祥商店	日出町7		高锦竹
天信洋行	蓬莱町1		
天兴成	北大街	钱铺	

续 表

店铺名称	地址	经营内容	店主姓名
天兴公	南大街		
天兴久	东四马路		张丹藻
天一泉	北门外西五马路北		
天一时计店	大马路		张振远
天一堂	西三道街北		
天益兴	吉野町5		朱省三
天益兴株式会社支店	西二道街		
天益洋行	北大街	洋货店	
天佑贸易公司	日出町3		
天育药局	南大街		
天增号	东三马路		刘薰香
天增利	北门外东五马路		
天增炉钰记	东三道街		李晏芳
天增庆	五马路、西四马路		周开儒
天增顺	北大街		
天增泰	大马路		张金铎
天增钰	三马路、西四马路		崔晋芳
田中屋旅馆	安达街205		
畑中洋行	东三道街南		
条原叠店	二笠町1-26		
贴川洋行	北门外西五马路北		
通记	东五条通		高振声
同昌店	西四道街北		
同昌隆合名会社	三笠町4		
同昌盛	西四道街北		

店铺名称	地址	经营内容	店主姓名
同昌源	日本桥通		齐国栋
同大银号	北大街		
同德	北大街	药店	
同德福	尾上町6		张佐周
同德精米所	尾上町4		刘峻山
同德盛	南大街		
同发福	北门外西五马路南		
同发公司	东莱南街		童连仁
同发合	东五条通		
同发和	北大街	药店	
同发和药店	西二道街北		
同发和源记药店	西二道街		金万城
同发木局	北门外西四马路北		
同发窑业	东莱南街		童连信
同方照	北门外东三马路		
同丰泰	吉野町5		董伟然
同丰唐果公司	大马路		叶景朴
同和成	二道街		谈瑞五
同和发	北大街	水果	
同和木局	北门外西四马路南		
同和商会	八岛通营业所	自行车修理贩卖、小型汽车修理贩卖	
同和盛	东三条通		赵锡铭
同和盛	富士町3		魏索廷
同和兴	南大街	瓷器	

店铺名称	地址	经营内容	店主姓名
同和洋行	大经路		战庆林
同和印书	日本桥通		
同记商店	西四马路		朱云亭
同记靴店	三笠町3		徐音清
同竞合	北门外西五马路北		
同聚兴	北大街	铜器铺	
同聚永	南大街		
同利商行	羽衣町2		姜权甫
同利洋行	平治街		卢慎亭
同生福	日本桥通		曲寿山
同生祥	大马路		张峻宇
同生祥	吉野町4		杨潜之
同生像馆	北门外东三马路		
同盛德	大和通		赵书琨
同盛泰	东四马路		许春魁
同顺成	南大街	钱铺	
同顺泰鲜货茶食店	东安屯		周孟礼
同泰成	西二道街		孙世富
同泰旅馆	西头道街北		
同泰洋行	永春路		初兰亭
同兴东	南大街		
同兴和	北门外西四马路南		
同兴和允记公司	西四道街		
同兴茂	三马路		孙子光
同兴泉	北大街		

店铺名称	地址	经营内容	店主姓名
同兴盛西服百货店	北大街		
同兴泰	东三道街		范级三
同兴永	富士町 3		邵子丰
同义成五金行	西三马路		果砚耕
同义合	南大街	碗店	
同义隆合资会社	四道街		
同义帽庄	日出町 7		高景典
同义盛	三道街		阴星五
同义顺	三笠町 5		许锡九
同义兴	富士町 4		李岳五
同义兴材木店	东二道街		赵臣宝
同义洋行	祝町 2		
同益合	二道河子		王国珍
同益合支店	西三道街		孙玉荆
同育堂药店	西三马路		王名远
同源泰	西二道街		何子寿

W

店铺名称	地址	经营内容	店主姓名
丸三吴服本店	吉野町市场前		
丸三吴服本店"新京"竞卖所	祝町 3 丁目		
丸山洋行支店	兴安通		
碗店	南大街		
万德庆	北大街	衣庄	
万发金	北大街	钱铺	

店铺名称	地址	经营内容	店主姓名
万发木局	北门外七马路		
万发兴	东四道街南		
万发永硝子店	大和通		孙云江
万发源	东四马路		张金儒
万发栈	北门外东五马路		
万丰南酱园	桃源路		张俊德
万福号	六马路		张万山
万合发	东二道街南		
万和商店	日本桥通		赵书春
万康酱园	大马路		罗银璨
万莱栈	日出町6		牛清泉
万生成	长春北胡同		由万治
万生堂	北大街		
万盛东	西四道街北		
万泰祥	富士町7		李子良
万通酱园本店	东三道街		张师矩
万通酱园信记	西三道街		张师矩
万屋旅馆	日本桥通80		
万养商事株式会社	老松町		
万涌裕	北大街	钱铺	
维新公司	北大街		李维纲
文宝表局	北门外西五马路北		
文萃堂	南大街		
文古堂印房	东一条通消防队横	印章	
文和客馆	北门外西五马路北		

店铺名称	地址	经营内容	店主姓名
文记号	北门外东五马路		
文礼洋服店	永乐町 3		傅文礼
文瑞成东记	南大街		衣维周
文兴	吉林大马路		久许文
文业官纸局	北门南		
文漪表局	北门南		
文元合	四马路		李星甫
五品商行支店	崇智胡同		
五三洋行	兴安大路 508	洋品百货	
五香居	祝町 4		刘瑗台
五州药店	北门外西三马路南		
五洲洋行	西三道街		栾明忱
务本堂	三马路		王奂清
物华兴	北门外西四马路南		

X

店铺名称	地址	经营内容	店主姓名
西田商店	北门外七马路		
西田栈本店	北门外西四马路南		
西尾洋行	西二道街北		
锡德堂	东三道街		陈国钓
锡泰昌长记	吉林大马路		赵麟阁
喜多旅馆	羽衣町 1-2		
喜久屋旅馆	吉野町 4-5		
祥茂号洋服	北门外西四马路南		

续表

店铺名称	地址	经营内容	店主姓名
祥顺德	东四道街南		
协丰	三笠町4		董世平
协和春	北门外西四马路南		
协和福	北大街	杂货	
协和公司	三笠町4		侯泽普
协和旅馆	日出町2-16		
协和商场	北门南		
协和商店	日本桥通		孙中福
协和商会	北安路		宋宗周
协和商会	入船町4		孙文卿
协和书苑	吉野町1丁目	图书	
协和兴	东四马路		张元池
协隆洋行合资会社	吉野町1丁目21	电气设备	
协隆洋行三菱电机贩卖所	吉野町1		
协盛兴	北门外东五马路		
鞋铺	北大街		
新安洋行支店	长春大街		
新昌号	北大街	衣庄	
新昌盛	东五条通		侯金声
新达电气五金商行	东三马路		王和先
新大号制本所	西五马路		王守贵
新大洋行	西五马路		杨竹亭
新当	北门外七马路		
新都旅馆	大和通74		
新都窑业营业所	三道沟		吴德厚
新发成	长通路		康香齐

店铺名称	地址	经营内容	店主姓名
新发福酱园	三笠町 4		胜子新
新发合	北大街	钱铺	
新发盛	东三马路		张冠廷
新丰号	六马路		郑宣三
新福楼	北门外西五马路南		
"新京"仓库运输株式会社	西四条通		
"新京"车行	东四马路		泰忠汉
"新京"地区医药品配给统治组合共同配给所	西四马路		
"新京"地区纸配给组合事务所	三笠町 3		
"新京"地区自转车配给统治组合	老松町		
"新京"第一商场事务所	大马路		黄敬凡
"新京"房产介绍事务所	西五马路		李乃亭
"新京"福祉会馆	高砂町 4		
"新京"国产自动车株式会社营业所	永春路		
"新京"果子制面包商工组合	祝町 2		
"新京"合同洗染株式会社	西四马路 159	洗染	
"新京"合同洗染株式会社营业所	西四马路		
"新京"货物自动车运送事业组合	西四道街		
"新京"吉野町市场食料品株式会社	吉野町 2		
"新京"酱油酿造营业所	八岛通		张毓峰

店铺名称	地址	经营内容	店主姓名
"新京"料理店组合三笠支部	富士町 2		
"新京"料理店组合事务所	西五马路		
"新京"旅馆组合	中央通		
"新京"米谷配给组合	东二条通		
"新京"平户洋行	朝日通		
"新京"汽水公司	西三道街		华世维
"新京"商店	入舟町 3		于培莲
"新京"生鲜食粮品配给统制组合	住吉町 6		
"新京"石材共同贩卖组合	西三马路		
"新京"石炭株式会社	东五条通		
"新京"饲料配给组合	东三马路		
"新京"特别市粮栈组合	日出町 5		
"新京"特别市肉商组合	南关		
"新京"特别市兴农合作社购利事业部	民康大路		
"新京"纤维制品贩卖商组合	祝町 5		
"新京"洋行	大和通		孙学颜
"新京"窑业公司	三笠町 3		濑下金
"新京"药局	东三条通领事馆前	处方调剂 卫生材料	
"新京"药品株式会社	丰乐路		
"新京"饮料合资会社	富士町 3		
"新京"饮食店组合事务所	吉野町 1		
"新京"映画剧场	祝町 2		

店铺名称	地址	经营内容	店主姓名
"新京"葬仪社	兴安大路335	花环	
"新京"针织业组合	南关大街		
"新京"殖产合资会社	入船町2		
"新京"制冰所蓬莱町贩卖所	蓬莱町		
"新京"制冰所长春大街贩卖所	长春大街		
"新京"制冰所住吉町本店	住吉町9		
"新京"制材所	高砂町2		
"新京"制稻株式会社工场	常盘町1		
"新京"主要谷物配给组合	日出町5		
"新京"主要粮谷配给组合	富士町5		
新光公司	西三马路		齐光第
新华旅社	吉野町3		陈景周
新茂生	南大街		张品三
新美华金店	北门外西五马路南		
新生茂	三笠町2		张江龄
新泰号	西四道街		陆文卿
新泰商店	吉野町4		王砚章
新泰兴	日出町3		赵卓三
新泰兴公司	日出町3		阎子隽
新泰洋行	西四马路		马文琴
新心商店	祝町5		关雨农
新新旅馆	东四马路		鲍咸一
新兴东	东三道街		赵鹏年
新兴号	平治街		李俊峰

店铺名称	地址	经营内容	店主姓名
新兴酱园	东安屯		丁友堂
新兴株式会社	朝日通		
新亚洋服所	西四道街北		
新亚药房	西四道街北		
新叶春	北门外东五马路		
新源商店	三笠町4		韩文甫
信昌德	富士町2		李振广
信昌旅馆	北大街		
信成公司	吉林大路		张秉衡
信德公司	长通路		王锦堂
信和商会合资会社"新京"支店	欢乐地桃源路304-3	自行车、载重马车、各种机器贩卖修理	
信义成	北门外西四马路南		
信元成	南大街		李廷武
信元久瑞记	东四道街		张景仲
行庆福	南大街	面粉	
兴本表局	西三道街北		
兴昌洋服	北门外东四马路		
兴和发	北大街	钱铺	
兴和盛	北门南		
兴华池	吉野町4		孙叙九
兴隆号	西头道街北		
兴满硝子店	东三条通		王阶平
兴荣号	入船町3		
兴荣号株式会社	敷岛区入船町3丁目11番地	杂货、清酒	

店铺名称	地址	经营内容	店主姓名
兴善公司	北门外七马路		
兴盛公司	吉林大马路		张绍鹏
兴顺北	南大街	杂货	
兴顺号百货店	东头道街		单致远
兴顺西	东二道街南		
兴顺药房	北门外西四马路北		
兴顺药局	南关大街北		
兴顺增	日本桥通		胜汝辅
兴顺增百货店	日本桥通		于善庭
兴顺增吉野町支店	吉野町1		解紫廷
兴亚	北大街		
兴亚公司	东天街		李子容
兴亚社	千鸟町1		
兴业公司	北门外东三马路		
杏泰盛	北大街	杂货	
杏兴顺	北大街		
幸田工作所	祝町5-14	家具建具制作贩卖	

Y

店铺名称	地址	经营内容	店主姓名
亚细亚火油公司	西三道街北		
亚细亚煤油公司	北十条通		
亚新洋行	东三马路		委平钧
亚洲旅社	大和通		张治祥
岩昌鱼店	慈光路		曹兴昌

店铺名称	地址	经营内容	店主姓名
岩间时计店	中央通53		
岩见屋寝具店	新发路		
岩松堂书店株式会社	东一条通16		
衍庆丰	东四条通		王润卿
衍庆丰	南大街	洋货	
燕北印刷所	北门外西五马路北		
燕春茶园	北门外东四马路		
漾海泉	北门外西四马路南		
耀廷药房	大马路		王德轩
耀廷药局	北门外七马路		
衣庄	北大街		
怡春大菜馆	吉野町4		王绍庭
怡恒表局	北大街		
颐和堂药局	北门外西四马路南		
彝宝斋	大马路		张汝和
义昌兴	西三道街		袁文珂
义发木局	北门外西四马路南		
义发石炭公司	西三道街		李朝清
义发祥	永春路		田瑞符
义发长	南大街		
义合公	西二道街北		
义合永	东三道街		吕志起
义和隆	西二道街		尹国相
义和谦	大马路		泰庆芝
义和谦	大和通		郭际运

店铺名称	地址	经营内容	店主姓名
义聚成	大马路		袁文彬
义聚发	北大街	鲜果局	
义聚栈	日出町5		刘润田
义聚栈	吉野町7		
义生隆	三笠町4		田频生
义盛和	平治街		王鑫浦
义盛祥	西三马路		徐东祥
义盛永	东六马路		韩瀛池
义盛原	西三道街北		
义盛长	北大街	皮店	
义顺发	南大街		
义顺和	东五马路		张振东
义顺恒	东三马路		安秀山
义顺隆	南关大街		郁福臣
义泰和	东四马路		王春泰
义信鸿记印刷所	四道街		曲鸿功
义兴公	南大街	竹器店	
义兴商会	西四马路		戴宽文
艺文书房	东长春大街		徐长吉
益昌公司	东头道街		韩炽昌
益昌盛	北门南		
益昌兴	富士町4		李兴周
益昌杂货堆栈	富士町4		丁耀庭
益成功	三笠町5		张敬宇
益发合	北门外西四马路南		

店铺名称	地址	经营内容	店主姓名
益发合株式会社	住吉町4		
益发长	富士町4		王坤芳
益丰厚	北门外西五马路南		
益隆泰	东五条通		王百年
益庆长	北门外西四马路南		
益生德	祝町5		宋钧衡
益顺东	大经路		吴寿桐
益泰春	三笠町4		赵庆云
益泰恒	富士町5		周瑞符
益泰祥	三道街		郭义臣
益泰长	三马路		李益三
益兴金	南大街		
益兴楼饭店	大和通		王仙洲
益智书店	北大街		宋毅
英孚洋行	东四条通		刘松轩
英华金店	北大街		
永安旅馆	北门外东三马路		
永昌厚	北门外西三马路南		
永昌木器合资会社	仁寿街		
永昌盛	日出町4		聂子珞
永昌洋服	北门外西四马路南		
永发东	老市场		陈华堂
永丰五金行	大马路		郑负初
永丰兴	东四道街南		
永丰裕	北大街	钱铺	

店铺名称	地址	经营内容	店主姓名
永福商店	吉野町2		徐永福
永和发	东头道街南		
永和福	南大街	烟纸店	
永和商店	百汇街		王岳亭
永衡当	北大街		
永衡德	北大街	粮栈	
永衡德当	西四道街北		
永衡东当	南大街		
永衡当	北门外七马路		
永衡茂	北大街	当铺	
永衡茂当	西三道街北		
永衡茂东当	吉林大马路		谢兆铺
永衡茂记	北大街		
永衡南当	南关大街		
永衡谦	西四道街北		
永衡烧锅	北门外		
永衡升	北大街		
永衡银号	西三道街北		
永聚福	富士町7		蔡廷亭
永利成	东三马路		徐守田
永隆号精米所	东三马路		
永清写真馆	日本桥通47		
永庆长	西二道街北		
永升旅馆	北门外东五马路		
永生号	西四道街		迟芳林

店铺名称	地址	经营内容	店主姓名
永生利	北门外西四马路北		
永顺号	东二道街南		
永顺利	南大街		
永顺汽车公司	西五马路		费云峰
永顺兴	东四马路		王德山
永田洋行	六马路76-4	和洋纸、文房用具	
永兴隆商店	三笠町3		戚乘茂
永兴商会	长通路		朱圣文
永兴顺	东一条通		邹常丰
永裕成	全安街		孙克裕
永远达	日出町4		孙耀五
永长青	永长路		高荣武
涌聚东	南大街		谷星楼
涌聚号	南大街		
涌聚西	南大街	茶庄	
友三商店	永春路		张世钧
有道公司	北门外东五马路		
有明芙蓉	北门外西五马路北		
有明楼	北门外西五马路北		
祐泰五金行	西五马路		
雨时堂	东三道街南		
玉成功	西三道街		纪圣功
玉成功木局	北门外西五马路南		

店铺名称	地址	经营内容	店主姓名
玉成兴	南关大街		华连春
玉成栈	富士町3		刘玉堂
玉发盛铁商	东六马路		曹喜发
玉鸿魁	长春大街		白象贤
玉记栈	梅枝町4		王郁周
玉民商店	西四马路		王裕民
玉茗北	南大街		陈锡三
玉茗魁	南大街		陈锡三
玉茗盛	南大街		
玉茗斋	南大街		鲁曜临
玉茗栈	祝町5		陈锡三
玉田表局	北门外西五马路北		
玉屋果子店	永乐町1		
玉兴发	南大街	金店	
玉兴商店	三笠町4		刘克善
玉源隆	西二道街		赵蓝野
玉增福	日出町6		雷玉林
玉增兴	高砂町5		曹炳平
裕昌商行	吉野町5		李恩普
裕成当	南大街		王雨清
裕成涌	高砂町8		侯杰人
裕大公司	西长春大街		
裕德长	富士町3		胡文轩
裕东公司	西三道街北		
裕东煤矿批发处	西三道街		泰祥亭

店铺名称	地址	经营内容	店主姓名
裕发合	日出町4		周惠卿
裕发酱园合名会社	东三马路		
裕发酱园支店	西二道街		张镇亭
裕丰德	三笠町4		王贯一
裕丰长	北大街		谢裕民
裕和商店	富士町3		武继惠
裕和商店	日本桥通		孙中福
裕庆长	东三马路		蒋玉庆
裕生源	三笠町4		丁志远
裕盛昌	北门外西四马路北		
裕盛东	南关大街北		
裕盛合木局	梅枝町3		王盛海
裕顺德	北大街	皮店	
裕泰五金行	西五马路		
裕兴北	南关大街北		
裕兴成	祝町5		王治平
裕兴发	南大街		
裕兴号	南大街		
裕兴商行	祝町5		周友于
裕长栈	日本桥通		张豫齐
元顺成	东三条通		王有顺
原成精谷合资会社	春日町5		北栈
原田蒲矛商店	富士町4		赵芳恩
原田商店	宝清路		原田谕
原洗染公司	长通路		李世明
圆满旅馆	大平街22		

店铺名称	地址	经营内容	店主姓名
源昌号	南大街		李松岩
源发长	南大街		刘泽民
源和福	西三道街北		
源记鱼店	永春路		秋瑞莺
源盛祥	东二条通		姜肇盛
源盛栈	日出町4		于文轩
远香发	东头道街南		
远香斋	南大街	茶食	
悦来栈	日出町1		祖章义
云和长商店	西四马路		谭景和
云升堂	北大街	杂货	
云盛商店	南大街		苏春芳

Z

店铺名称	地址	经营内容	店主姓名
增昌福	东四条通		刘曜霖
增盛合	北大街	水果	
增盛隆	大经路		于福五
增盛兴当	北门外东四马路		
增盛洋行	安达街		赵文修
增盛长	北大街	杂货	
增顺成	南大街		
增田洋行	朝日通		赵文修
增田洋行文记	朝日通		赵文修
增源恒	东安屯		王希武
朝日	北门外西五马路南		

续表

店铺名称	地址	经营内容	店主姓名
朝鲜冷面店	梅枝町4		金永德
朝鲜武道具株式会社支店	永乐町3		
肇华洋行	东三马路		王绍孟
振昌公司	东头道街		单敬轩
振德家具店	祝町2		王振环
振东汽车行	西三道街北		
振海公司	西三道街		郭振海
振合隆	西五马路		赵成福
振泰家具店	东四马路		张振声
振兴合	西三马路		刘名远
振兴魁	祝町5		顾馨亭
振兴元	尾上町5		王玉振
振源祥	南大街		
震环大旅社	吉林大路		杨宝祥
镇兴隆	东天街		刘子恒
正丰号	东三马路		郑中孚
正泰商店	三笠町4		吴成九
正文号	北门外西三马路南		
正心堂	北门外西五马路南		
正阳表局	西三道街北		
正义团	北门南		
正直商店	羽衣町3		李毓济
政府公报贩卖所	日本桥通		
政华洋行支行	西五马路		

店铺名称	地址	经营内容	店主姓名
政记公司五金行	长春大街		张本政
志大公司	三笠町4		马宝兴
志美兴	北门南		
志远永	日出町4		张惠乡
中村商店	三笠町4		吕金林
中法大药房	北门外西三马路南		
中谷时计店	东一条通23(吉野町南入)		
中华像馆	西三道街北		
中华药房	北门外西四马路南		
中山妇人服店	吉野町1丁目	女装	
中山看板店	西四马路		张文卿
中山美容院	吉野町1丁目中山妇人服店楼上	美容美发、婚礼礼服	
中西药局	北门外西三马路北		
中兴钱庄	北门外东五马路		
中央满西饭店	丰乐路		刘韧齐
中原公司	西四道街北		
中原号	北门外东四马路		
中原洋行	大马路		于宝兴
忠茂魁	东三马路		宋广宪
忠恕堂	东三马路		徐一和
塚本洋行	永乐町3	食料百店	
竹马商事株式会社	新发路		
足良方	北门外西三马路北		
佐仓刀剑店	室町2-7	军刀及配饰、研磨修理	
佐藤吴服店	吉野町2丁目		

A

店铺名称	地址	主要产品	经营类别	经理姓名	固定资金（万元）	流动资金（万元）	职工人数	
							职员	工人
爱群旅社	头道沟区长江路4段16号		旅馆业	张国良	2,500		1	2
爱生西药房	长春区大马路21号		西药贩卖业	岳荆璞	400	10,180	3	1
爱文书店	长春区大马路38号		书籍文具贩卖业	栗福民	200	1,000	1	1

B

店铺名称	地址	主要产品	经营类别	经理姓名	固定资金（万元）	流动资金（万元）	职工人数	
							职员	工人
八大锤药房	长春区长通路38组		中药贩卖业	贾洪章	200	200	1	
八一五	头道沟区北平大路4段17号		糖果茶食贩卖业	孙学仁	300	300	1	1
白宫旅社	胜利区北大经街65组		旅馆业	朱耀华	5,000		5	7
白兰酱油工厂	胜利区清明街207号	酱类	酱、酱油、醋酿造业	刘惠风	1,500	3,300	2	3
柏庵商店	长春区大马路8号		华洋杂货贩卖业	翟柏庵	500	1,500	1	
柏龄表店	胜利区民康路406号		钟表修理贩卖业	杨玉华	100		1	

店铺名称	地址	主要产品	经营类别	经理姓名	固定资金（万元）	流动资金（万元）	职工人数 职员	职工人数 工人
半分利	宽城区开封街5号		饭店业	李家兴	500	200	1	
宝成商行	长春区新民街38号		烟卷贩卖业	徐进生	50	950	1	1
宝成鞋店	长春区大马路22号		鞋帽贩卖业	李文兰	2,500	6,130	1	3
宝发盛	宽城区开封街1段2号		粮米贩卖业	杨宝岐	320	880	1	2
宝丰合	胜利区西二道街26号		华洋杂货贩卖业	张梦怀	600	4,200	2	3
宝和成	胜利区永春路13号		粮米贩卖业	王宝和	500	850	1	1
宝和堂	长春区新立街50组		中药贩卖业	郑春文	2,000	8,000	3	4
宝华春	胜利区北大街27号		食肉贩卖业	孙长海	1,400	600	1	2
宝聚号	和顺区临河街25组	古物	古物贩卖业	葛宝辉		600	1	1
宝聚兴	头道沟区东二条街4号		食品杂货贩卖业	赵殿钧	120	280	1	1
宝聚源	长春区桃源路52组		食品杂货贩卖业	阎子瑞	200	800	1	1
宝连长	胜利区西长春大街15号		食品杂货贩卖业	刘长武	100	900	1	3
宝林表店	胜利区南大经街36组		钟表修理贩卖业	张宝林	100	75		

店铺名称	地址	主要产品	经营类别	经理姓名	固定资金（万元）	流动资金（万元）	职工人数	
							职员	工人
宝林村	长春区桃源路432号		饭店业	孟宪惠	900	600	2	4
宝林发	和顺区临河五条11号		食品杂货贩卖业	刘宝林	100	200	1	3
宝全兴	东荣区开封路8号		食品杂货贩卖业	李世瑞	250	250	1	1
宝泉涌	胜利区北大经街6组		食品杂货贩卖业	李秀山	150	350	1	1
宝山茶社	长春区西四马路27号		影剧院娱乐场业	尹王氏	250	5	1	1
宝善堂	胜利区民康路42组		中药贩卖业	刘清蒂	50	150	1	
宝盛馆	中华区重庆路401号		饭店业	贾宝书	1,000	500	1	2
宝盛炉	胜利区至善街19组		铁匠炉业	宋宝元	50	150	1	1
宝信号	长春区新立街52组	古物	古物贩卖业	安宝金	300	1,700	1	
宝兴合	头道沟区宁波路1段23		粮米贩卖业	陈翊之	1,000	5,000	2	1
宝兴源	胜利区清明街43号		食品杂货贩卖业	赵宝珍	50	200	1	
宝兴长	长春区大马路17号		鞋帽贩卖业	严忠宝	100	900	1	1
宝玉鞋店	胜利区北街78组	便鞋	鞋类制造业	张宝林	250	50	1	

店铺名称	地址	主要产品	经营类别	经理姓名	固定资金（万元）	流动资金（万元）	职工人数 职员	职工人数 工人
宝源兴	胜利南大经街4组		粮米贩卖业	唐宝林	500	2,700	2	
保安栈	长春区东四马路79号		旅馆业	叶天禄	1,400	400	1	2
保尔康	长春区新春街30组		西药贩卖业	蒋席儒	350	5,128	2	2
保明客栈	长春区四马路11号		旅馆业	阎茂林	600	300	3	3
北大表店	头道沟区长江路4段16号		钟表修理贩卖业	樊文斌	300	300	1	1
北海鞋店	头道沟区长江路3组	便鞋	鞋类制造业	刘锡武	500	500	1	1
北平旅社	头道沟区长江路5号		旅馆业	金益丰	2,000		2	4
北平照相馆	胜利区大经街8组		照相业	张纪绂	1,000	200	1	1
北鲜旅馆	头道沟区厦门路1段24号		旅馆业	李林焕	700	100	1	2
北友旅店	胜利区吉林马路408号		旅馆业	张金贵	700		3	2
宾乐园	中华区重庆路613		饭店业	韩亚洲	50	100	1	1
宾宴楼饭店	头道沟区东三条街27号		饭店业	刘居仁	10,000	10,000	2	17

续表

店铺名称	地址	主要产品	经营类别	经理姓名	固定资金（万元）	流动资金（万元）	职工人数	
							职员	工人
滨来盛烧饼铺	长春区桃源街16组		饭店业	辛占康	150	200	1	1
滨长盛	长春区新民街42组		食品杂货贩卖业	孙克明	100	200	1	1
博仁西药房	头道沟区长江路33号		西药贩卖业	张溥中	100	1,200	1	1
埠增德	胜利区南大经街3组		粮米贩卖业	孙振声	1,000	1,000	2	

C

店铺名称	地址	主要产品	经营类别	经理姓名	固定资金（万元）	流动资金（万元）	职工人数	
							职员	工人
长安客栈	长春区东天街20组		旅馆业	戴常荣	2,700	200	1	2
长安旅店	长春区西四马路38号		旅馆业	关玉林	900	100	3	2
长城商店	头道沟区长江路15号		华洋杂货贩卖业	韦介夫	700	2,000	1	1
长春摄影场	中华区重庆路410		照相业	陈家福	500	300	1	3
长春大车店	胜利区民康路19号		大车店业	王富民	500		3	2
长春发	长春区二马路3-12号		家具贩卖业	柴亚东	100	600	1	1
长春酱园	胜利区清明街3号	酱类	酱、酱油、醋酿造业	胡玉衡	7,000	8,000	1	5

店铺名称	地址	主要产品	经营类别	经理姓名	固定资金（万元）	流动资金（万元）	职工人数 职员	职工人数 工人
长春客栈	胜利区文庙街2组		旅馆业	王玉凤	200	100	1	1
长春旅馆	头道沟区厦门路4段10号		旅馆业	金济贤	100	100	1	5
长春牧场	头道沟区汉口街29组		商杂业	宋秀峰	3,000	50	1	
长春堂药房	长春区大马路6号	兼茶叶	中药贩卖业	韩振华	400	17,000	3	7
长春天顺炉	大西区西阳街1组		铁匠炉业	王永清	200	200	1	1
长春西药房	长春区新民街33组		西药贩卖业	王施古	400	1,500	1	
长春兴	胜利区吉顺街517号		食品杂货贩卖业	霍展臣	450	300	1	1
长春洋服店	长春区东三马路宴春胡同25号	洋服	被服缝纫业	王恒焘	250	50	1	1
长春饮料工厂	头道沟区黑水路3段17号	汽水	清凉饮料制造业	刘秀三	12,000	8,000	3	3
长春鱼行	长春区永春路82号		水产贩卖业	栾芳圃	500	200	1	7
长春制冰厂	头道沟区宁波路41组		食品杂货贩卖业	于成全	200	300	2	3
长春制冰厂二分销处	胜利区南大经路3组		食品杂货贩卖业	周永青	1,100	700	1	2

续 表

店铺名称	地址	主要产品	经营类别	经理姓名	固定资金（万元）	流动资金（万元）	职工人数	
							职员	工人
长春制冰厂五分销处	长春区东大街21组		食品杂货贩卖业	马殷亭	300	400	1	
长大古物	中华区重庆路2-6号	古物	古物贩卖业	刘志华	200	800	2	2
长发春	长春区西四马路38组		饭店业	安学信	400	150	1	3
长发大车店	和顺区和顺街28号		大车店业	宋恩	250	50	1	2
长发东	长春区西四马路2号		饭店业	孙益谅	200	1,500	3	9
长发东	胜利区全安街3组		食肉贩卖业	王杰	100	400	1	2
长发东	东荣区开封路42号		食品杂货贩卖业	晁岳谦	150	500	1	1
长发合	长春区长通街34组		鲜货贩卖业	马荣	100	700	1	4
长发合酱肉铺	长春区永春路市场内		食品杂货贩卖业	张云山	300	2,230	2	3
长发客栈	长春区西五马路66号		旅馆业	马趾祥	2,000	300	1	1
长发魁	头道沟区长江市场		食肉贩卖业	李进魁	150	450	1	2
长发炉	胜利区民康路2组		铁匠炉业	赵书文	50	100	1	1
长发全	长春区新春街4组		粮米贩卖业	王全一	100	500	1	1

店铺名称	地址	主要产品	经营类别	经理姓名	固定资金（万元）	流动资金（万元）	职工人数 职员	职工人数 工人
长发盛	胜利区西二道街1号		华洋杂货贩卖业	张长荣	300	5,700	1	1
长发祥	长春区东天市场3号		食肉贩卖业	闻祯祥	150	300	1	1
长发兴食品杂货	头道沟区长江路1-25号		食品杂货贩卖业	刘兴汉	1,000	2,200	1	2
长华鞋店	头道沟区东二条街29号	便鞋	鞋类制造业	吕殿金	350	50	1	1
长江市场共同合资商店	头道沟区长江路2-24号		食品杂货贩卖业	朱子言	1,000	9,000	3	8
长江文具店	头道沟区东二条街30组		书籍文具贩卖业	周福瑧	2,000	8,000	1	1
长江西药房	头道沟区长江路4号		西药贩卖业	杨执中	1,000	5,000	1	
长江鱼店	头道沟区长江路市场		水产贩卖业	赵芳馨	100	200	1	2
长江钟表刻字店	头道沟区长江路12号		钟表修理贩卖业	李守鸿	300	200	1	
长利祥	胜利区至善路9组		食品杂货贩卖业	阎福瑧	200	600	2	1
长茂盛	长春区东三马路22号		饭店业	郭玉祥	200	400	1	3
长庆号	长春区西四马路52号		食品杂货贩卖业	韩振明	3,800	1,200	1	1
长庆生	胜利区清明街34组		食品杂货贩卖业	路星恒	450	4,550	1	3

店铺名称	地址	主要产品	经营类别	经理姓名	固定资金（万元）	流动资金（万元）	职工人数	
							职员	工人
长泉汽水工厂	胜利区西三马路129号	汽水	清凉饮料制造业	邱彭龄	13,500	11,500	3	8
长生化学工业社	胜利区清明街36组	钢笔水	文具制造业	佟俊德	500	3,000	1	2
长生庆	和顺区吉林马路48号		食品杂货贩卖业	管庆浮	50	150	1	1
长生泉	头道沟区珠江路2段25号	酱类	酱、酱油、醋酿造业	马贵起	300	600	1	2
长盛东	宽城区仁爱路2-18号		食品杂货贩卖业	韩世好	150	450	1	2
长盛东	和顺区和顺四条街1号		食品杂货贩卖业	刘长会	250	200	1	1
长盛东	胜利区长春大街8号		食品杂货贩卖业	李鹤令	1,000	2,000	1	2
长盛馆	宽城区开封街39号		饭店业	南世起	600	200	1	2
长盛旅社	长春区西四马路52号		旅馆业	李天学	2,000	180	3	5
长盛永	长春区东天街18号		饭店业	刘在长	500	200	1	1
长盛源面条	头道沟区吴松南胡同29号		食品杂货贩卖业	伊树盛	1,000	800	1	2
长盛栈车店	和顺区和顺街19号		大车店业	张明远	1,300	200	2	7

店铺名称	地址	主要产品	经营类别	经理姓名	固定资金（万元）	流动资金（万元）	职工人数	
							职员	工人
长顺大车店	和顺区惠工街6号		大车店业	邓福顺	600	300	2	6
长顺东	头道沟区广州路3-24号		食品杂货贩卖业	徐子欣	150	450	1	1
长顺福	头道沟区东一条街15号		食品杂货贩卖业	李长盛	350	650	1	1
长顺炉	长春区东四马路	斧子	铁匠炉业	商诗云	200	400	1	3
长顺兴	长春区新春街24组		服装估衣贩卖业	孙柏林	30	400	1	1
长信商行			华洋杂货贩卖业	刘恩远	300	1,500	2	
长兴表店	长春区东四马路53号		钟表修理贩卖业	李宝岐	50	20	1	
长兴发	长春区西五马路69号		食品杂货贩卖业	孙长贵	150	100	1	1
长兴号	长春区东四马路2号		食肉贩卖业	邓长兴	50	350	2	1
长兴花店	长春区东四马路142-4号		旅馆业	荣廉清	160	40	2	
长兴炉	和顺区民丰二条街10号	推车圈	铁匠炉业	张云梦	400	660	1	6
长兴商店	胜利区全安街16号		山海杂货贩卖业	任伯卿	456	5,544	1	1
长兴盛	胜利区南街37组		古物贩卖业	范明金	200	900	2	

店铺名称	地址	主要产品	经营类别	经理姓名	固定资金（万元）	流动资金（万元）	职工人数职员	职工人数工人
长兴洋服店	胜利区民康街57组	洋服	被服缝纫业	王基玉	300		1	
长源盛	头道沟区黄河路27号		饭店业	李朝坦	200	200	1	3
长增隆	头道沟区东二条街30组		食品杂货贩卖业	杨增禄	100	500	1	2
长增铁炉	东荣区永宁路112号	镰刀	铁匠炉业	李宗常	300	100	1	
朝鲜旅馆	头道沟区黄河路3段15号		旅馆业	赵点德	200		1	1
朝鲜下宿	长春区西六马路100号		旅馆业	郑口贤	300	200	1	1
朝阳上鞋铺	头道沟区广州路14号	便鞋	鞋类制造业	李朝阳	60	40	1	1
辰洲仪器社	胜利区清明街34组	兼西药	西药贩卖业	王作庚	800	4,000	1	
陈德成	和顺区民丰六条12号		食品杂货贩卖业	陈秀芝	100	300	1	1
陈肉铺	大西区范家店4组		食肉贩卖业	陈奎武	100	400	1	3
晨光表店	长春区大马路3段10号		钟表修理贩卖业	王绍光	150	150	1	1
成发祥	胜利区黄河路4段3号		食肉贩卖业	梁麟成	100	400	1	
成古斋	长春区大马路1段14号		饭店业	张成柱	600	300	1	3

店铺名称	地址	主要产品	经营类别	经理姓名	固定资金（万元）	流动资金（万元）	职工人数	
							职员	工人
成立号	头道沟区东二条街30组		食品杂货贩卖业	孙成宝	200	500	1	3
成文厚	胜利区北大街2-15号		书籍文具贩卖业	侯执先	300	4,300	1	1
成文书局	胜利区南大街1-14号		书籍文具贩卖业	郭焕章	700	6,300	1	1
成文钟表刻字局	长春区东三马路178号		钟表修理贩卖业	宁允成	200	50	1	1
成兴合	长春区东长春大街161号		食品杂货贩卖业	赵永昌	200	300	1	1
诚明表店	中华区重庆路202号		钟表修理贩卖业	于成名	50		1	
诚信被服店	头道沟区长江路3段5号	被服	被服缝纫业	王忠	900	100	2	3
承发东鞋帽店	长春区东三马路159号		鞋帽贩卖业	曹蕴申	200	800	1	1
重庆商店	胜利区重庆路315号		食品杂货贩卖业	栾志贤	300	300	2	
重庆商店	中华区重庆路409号		食品杂货贩卖业	肇树元	500	500	1	1
重兴号	胜利区清明街52组		食品杂货贩卖业	蓋颁年	200	400	1	1
崇泰祥	胜利区重庆路130号		食品杂货贩卖业	陈光	1,000	3,000	1	1
春发合	胜利区全安街39号		山海杂货贩卖业	张宗尧	2,000	18,000	6	

续表

店铺名称	地址	主要产品	经营类别	经理姓名	固定资金（万元）	流动资金（万元）	职工人数	
							职员	工人
春发合	胜利区南大街4号		食品杂货贩卖业	张宗尧	200	18,000	2	2
春发合	宽城区菜市街10组		食品杂货贩卖业	张景春	200	500	1	1
春发合小铺	大西区范家店街11组		食品杂货贩卖业	张国忠	400	500	1	2
春发久	胜利区南大经街54组		食品杂货贩卖业	梁芝亭	200		1	1
春发盛	长春区长通路38号		食品杂货贩卖业	姜日春	500	500	1	2
春发盛小铺	胜利区东三道街10号		食品杂货贩卖业	马长春	50	150	1	1
春发祥	长春区兴运路70号		食品杂货贩卖业	黄锡华	150	350	1	1
春发祥	宽城区兴运路7号		食品杂货贩卖业	李金丙	30	150	1	1
春发祥	中华区清和街25组		食品杂货贩卖业	郭智芳	50	100	1	
春发祥小铺	长春区东天街1-8		食品杂货贩卖业	黄春兰	400	300	1	
春发小铺	胜利区平治街27号		食品杂货贩卖业	郭韩氏	200	150	1	1
春发兴	头道沟区辽宁路4号		食品杂货贩卖业	王阳春	50	450	1	
春发洋服店	长春区东大桥46组	洋服	被服缝纫业	李春山	200	50	1	

店铺名称	地址	主要产品	经营类别	经理姓名	固定资金（万元）	流动资金（万元）	职工人数	
							职员	工人
春发永	头道沟区东二条街70号		食品杂货贩卖业	杨树春	200	200	1	
春发园	长春区大马路32		饭店业	王玉春	300	400	1	3
春发园	头道沟区胜利大街24号		饭店业	李春生	600	400	1	6
春发长	胜利区西四道街25组		粮米贩卖业	赵耕云	1,400	800	1	
春发长	长春区同乐路32-8号		饭店业	周长贵	100	200	1	2
春发长	长春区光复路43组		食肉贩卖业	常文成	100	200	1	3
春发长	胜利区西三马路155号		食品杂货贩卖业	梁志春	200	200	1	
春丰久	长春区新春街25组		服装估衣贩卖业	王介绂	50	600	1	
春光商店	中华区兴安大路225号		书籍文具贩卖业	李成琳	300	1,000	1	
春和福	头道沟区长江路18号		华洋杂货贩卖业	王渭川	200	500	1	1
春和福	长春区东长春大街112号		食品杂货贩卖业	李春彦	200	200	1	1
春和润	胜利区全安街7组		山海杂货贩卖业	沈春雨	400	4,600	2	3
春和商行	头道沟区新发路107号		书籍文具贩卖业	李志刚	1,000	9,000	1	1

店铺名称	地址	主要产品	经营类别	经理姓名	固定资金（万元）	流动资金（万元）	职工人数	
							职员	工人
春和栈	胜利区文庙街10号		大车店业	张遇顺	800	600	1	4
春和长	长春区长通路3段13号		粮米贩卖业	杨富春	100	500	1	
春和长	胜利区东头道街21号		食品杂货贩卖业	纪鸿喜	500	400	1	3
春和长药店	宽城区菜市街9组	中药	中药贩卖业	马庆云	400	400	1	1
春华表行	头道沟区胜利大街44号		钟表修理贩卖业	杨蔚泰	60	30	1	
春华楼饭店	头道沟区长白路1段10号		饭店业	吴述虞	200	300	1	2
春华兴小铺	头道沟区胜利大街3-13号		食品杂货贩卖业	徐同和	250	450	1	2
春华银楼	头道沟区长江路21号		金银首饰贩卖业	杨永怒	2,896	8,528	2	4
春立成铁炉	长春区西四马路22号	菜刀	铁匠炉业	杨清来	500	1,000	1	2
春立号	长春区永春路43号		食品杂货贩卖业	焦立金	100	400	1	1
春立号	中华区清和街15组		食品杂货贩卖业	帝芙蓉	250	250	1	
春茂洋服店	胜利区文庙胡同51号	洋服	被服缝纫业	查树春	300	50	1	

店铺名称	地址	主要产品	经营类别	经理姓名	固定资金（万元）	流动资金（万元）	职工人数	
							职员	工人
春民洋服店	胜利区北街46号	洋服	被服缝纫业	杨长春	700		1	1
春明书局	胜利区北大街3-11号		书籍文具贩卖业	何忠恂	900	1,700	1	1
春生福	胜利区西三马路64号		食品杂货贩卖业	董玉斌	300	2,200	2	3
春生膏药铺	胜利区南关大街89号		中药贩卖业	马宛民	350	40	1	
春生久	长春区长通街33组		鲜货贩卖业	姚树荣	200	1,000	1	2
春生刻字局	头道沟区胜利大街4段16号		刻字	崔在滋	40	30	1	
春生茂	头道沟区黑水路4-1号		食品杂货贩卖业	殷云梯	534	1,700	1	3
春生平	胜利区西三道街110号		饭店业	李平	300	300	1	2
春生肉铺	和顺区安乐街14号		食肉贩卖业	赵春生	50	400	1	1
春生药房	头道沟区珠江路27号		中药贩卖业	高级三	500	3,700	3	
春盛合	头道沟区宁波路4-17号		食品杂货贩卖业	丁安仁	500	800	1	1
春星鞋铺	头道沟区汉口街2-3号	便鞋	鞋类制造业	赵春山	330	270	1	1
春兴昌小铺	长春区东门路101号		食品杂货贩卖业	吴富春	1,000	3,000	2	1

店铺名称	地址	主要产品	经营类别	经理姓名	固定资金（万元）	流动资金（万元）	职工人数	
							职员	工人
春兴福	头道沟区东二条街30组		食肉贩卖业	王渭川	500	1,000	1	2
春兴祥	胜利区全安街56组		食品杂货贩卖业	江淙池	600	400	1	
春兴永	长春区新民街38组		饭店业	杨永青	2,325	350	2	6
春阳照相馆	长春区四马路4段8号		照相业	张永宸	1,000	500	1	2
春有被服工厂	胜利区平治街34号	被服	被服缝纫业	陈春喜	850	150	1	2
春裕成	胜利区全安街62组		食品杂货贩卖业	李景春	400	200	1	3
春源客栈	胜利区南街30组		旅馆业	张春田		150	1	
纯余客栈	胜利区中街27组		旅馆业	刘宪儒	300	100	1	2
萃华钟表店	胜利区重庆路402号		钟表修理贩卖业	杨玉亭	500	20	1	

D

店铺名称	地址	主要产品	经营类别	经理姓名	固定资金（万元）	流动资金（万元）	职工人数	
							职员	工人
达仁堂	胜利区南大街4号		中药贩卖业	许平	2,000	8,000	1	1
大安电影院	胜利区西四马路85号		影剧院娱乐场业	王凤山	9,000	1,220	3	14

店铺名称	地址	主要产品	经营类别	经理姓名	固定资金（万元）	流动资金（万元）	职工人数	
							职员	工人
大安电影院卖店	胜利区西四马路85号		鲜货贩卖业	孙实彦	50	300	1	1
大北书局	胜利区永春路93号		书籍文具贩卖业	刘羽臣	600	6,100	1	2
大北西药房	头道沟区长江路4号		西药贩卖业	符志学	2,000	15,000	2	
大北照相馆	胜利区西三马路4段1号		照相业	程星五	700	500	1	2
大昌号	长春区大马路4段8号		华洋杂货贩卖业	曹进英	150	850	1	2
大成图书文具店	胜利区大经路16号		书籍文具贩卖业	许大成	600	1,000	1	1
大成栈	胜利区东天街10号		大车店业	张炳山	500		1	4
大德公	和顺区东盛路27号		山海杂货贩卖业	宋连山	500	1,000	1	2
大德酱业工厂	胜利区东头道街20号	酱类	酱、酱油、醋酿造业	刘宗礼	2,600	5,400	4	5
大德隆	长春区大马路3号		山海杂货贩卖业	张瀛洲	3,000	25,000	3	5
大德新	胜利区北大街84号		山海杂货贩卖业	田景新	3,000	7,000	1	1
大东商行	长春区新立街69组	古物	古物贩卖业	徐忠信	200	700	3	
大东书局	胜利区北大经街21号		书籍文具贩卖业	隋雨晨	500	2,000	1	1

续 表

店铺名称	地址	主要产品	经营类别	经理姓名	固定资金（万元）	流动资金（万元）	职工人数	
							职员	工人
大芳照相	胜利区北大经路1段1号		照相业	孙大芳	700	300	1	1
大丰粉庄	头道沟区胜利大街2段18-1号		食品杂货贩卖业	杨玉峰	1,000	4,000	1	2
大丰酱园	长春区桃源路57组	酱类	酱、酱油、醋酿造业	刘福昌	6,328	1,429	4	4
大丰商行	长春区东六马路2号		古物贩卖业	张玉隆	1,000	2,000	1	2
大公书店	长春区大马路4-34号		书籍文具贩卖业	庄相波	2,500	11,500	1	3
大光明电影院	长春区桃街38组		影剧院娱乐场业	宋宗英	10,000		6	5
大恒表店	长春区东三马路176号		钟表修理贩卖业	张亚洲	1,200	100	1	
大恒刻字部	长春区东三马路176号		刻字	李湘恩	10	10	1	
大恒照相馆	和顺区吉林马路50号		照相业	海恒山	500	100	1	2
大华古物商行	头道沟区斯大林大街56号		服装估衣贩卖业	傅维珍	1,000	1,000	2	
大华酱园	胜利区南大街2段8号	酱类	酱、酱油、醋酿造业	陈文绂	9,250	27,200	3	4
大华西药房	头道沟区胜利大街10号		西药贩卖业	沈德斌	1,300	6,200	1	2

店铺名称	地址	主要产品	经营类别	经理姓名	固定资金（万元）	流动资金（万元）	职工人数	
							职员	工人
大华药房	长春区新春街48组		西药贩卖业	赵家景	3,000	29,000	1	2
大来酱业工厂	胜利区民康路145号	酱类	酱、酱油、醋酿造业	韩来钧	9,500	12,500	2	3
大隆酱色工厂	头道沟区东四条街4段10号	酱色	酱、酱油、醋酿造业	陶福臣	6,000	4,000	1	3
大隆商店	长春区大马路8号		华洋杂货贩卖业	杜子勤	200	800	1	1
大陆酱园	长春区东三马路25号	酱类	酱、酱油、醋酿造业	石岳水	18,200	8,000	5	3
大陆书局	胜利区北大街1-7号		书籍文具贩卖业	孙子方	2,000	38,000	1	2
大陆鞋店	长春区大马路25号		鞋帽贩卖业	皮汉臣	600	9,200	1	3
大陆药房	胜利区西长春大街17号		西药贩卖业	孙宜之	1,000	21,500	3	3
大伦钟表店	长春区东五马路10号		钟表修理贩卖业	马相林	500	100	1	
大罗天皮鞋工厂	长春区新民街18组	男女皮鞋	皮鞋制造业	王静山	1,500	2,000	1	3
大明表店	头道沟区胜利大街5段2-3		钟表修理贩卖业	史贵田	700	300	1	
大明照相馆	长春区大马路1段39号		照相业	高国勋	2,100	600	1	1

续 表

店铺名称	地址	主要产品	经营类别	经理姓名	固定资金（万元）	流动资金（万元）	职工人数 职员	职工人数 工人
大琼文具书店	头道沟区天津路2-27号		书籍文具贩卖业	安立贤	500	6,000	1	2
大生长酱园	胜利区文庙街8组	酱类	酱、酱油、醋酿造业	徐姒壶	3,300	1,700	1	2
大盛魁	长春区东三马路21号		服装估衣贩卖业	朱元魁	200	800	1	1
大时代	胜利区南街4号		食品杂货贩卖业	祁仪	3,300	200	1	3
大通恒酱园	头道沟区黄河路4段12号	酱类	酱、酱油、醋酿造业	杨聘章	4,000	6,000	2	6
大通栈	头道沟区黑水路1段5号		旅馆业	王海楼	500	200	1	5
大同被服厂	头道沟区南京大街4段9号	被服	被服缝纫业	孔宪槐	400	100	2	10
大同号	头道沟区胜利大街5-17之1		食品杂货贩卖业	刘树柏	150	1,850	1	1
大同客栈	长春区西四马路5号		旅馆业	刘树桐	1,000	20	1	2
大同栈杂货店	头道沟区南京大街8号		山海杂货贩卖业	曲伯恩	2,130	10,155	1	4
大新华钟表刻字	胜利区大经路2段6号		钟表修理贩卖业	王旭明	120	80	1	1

店铺名称	地址	主要产品	经营类别	经理姓名	固定资金（万元）	流动资金（万元）	职工人数 职员	工人
大新亚洲大旅社	胜利区南大经街12组		旅馆业	吕谢氏	300	50	1	1
大新照相店	头道沟区长江路2段18号		照相业	朱明阁	500	2,000	1	1
大信商行	头道沟区黄河路4-8号		书籍文具贩卖业	刘梦予	1,700	16,000	3	3
大兴酱园	长春区新民街24组	酱类	酱、酱油、醋酿造业	李显堂	3,650	4,150	4	1
大兴旅社	长春区西四马路27号		旅馆业	尹维鹏	1,200	600	2	7
大兴铁炉	长春区新民街11组	斧子	铁匠炉业	李燕山	400	1,700	1	2
大兴鞋店	长春区新春街20组	男女皮鞋	皮鞋制造业	王继武	1,000	1,500	1	3
大学西药房	长春区新立街53组		西药贩卖业	李荣	800	10,000	2	
大义隆	胜利区南大街35号		陶瓷器贩卖业	吕化民	300	2,700	1	1
大有福	胜利区全安街102号	粉子	淀粉制造业	贾德有	500	1,500	1	2
大有书局	长春区新市场35号		书籍文具贩卖业	李友三	200	800	1	1
大毓号	长春区桃源街35组		粮米贩卖业	李大可	1,000	2,000	1	2

续 表

店铺名称	地址	主要产品	经营类别	经理姓名	固定资金（万元）	流动资金（万元）	职工人数	
							职员	工人
大源酱色工厂	头道沟区东四条街4段25号	酱色	酱、酱油、醋酿造业	王百川	5,000	7,000	1	3
大中号	长春区大马路49号		烟卷贩卖业	李渤如	100	400	1	
大中商店	长春区大马路11号		食品杂货贩卖业	段裕如	750	4,250	2	3
大中西药房	长春区新立街53组		西药贩卖业	傅梦熊	2,000	1,300	2	2
大中鞋店	胜利区北街33号	便鞋	鞋类制造业	王维伦	80	20	1	1
大中兴车店	长春区桃源路23号		大车店业	张镇波	750	250		3
大中照相馆	头道沟区北平路4段6号		照相业	朱子益	1,000	500	1	
大众被服厂	长春区新春街28组	被服	被服缝纫业	王魁武	991	9	1	1
大众刻字局	胜利区西长春大街13号		刻字	张树恩	80	20	2	
大众客栈	胜利区中街27组		旅馆业	刘宪周	500		1	
大众书籍文具店	中华区同志路2-4之1		书籍文具贩卖业	王毅	200	300	1	1
大众书局	胜利区北大经路1-11号		书籍文具贩卖业	张乐轩	1,000	14,000	1	

店铺名称	地址	主要产品	经营类别	经理姓名	固定资金（万元）	流动资金（万元）	职工人数 职员	工人
大众洋服店	东长春大街22	洋服	被服缝纫业	李鸣岐	250	20	1	
道北居	长春区长通路41组		饭店业	张德云	100	300	1	3
道生制鞋店	胜利区北街126号	便鞋	鞋类制造业	董道元	150	150	1	1
得安商店	长春区大马路4段21号		商杂业	颜如心	200	2,000	2	
德昌商店	中华区昌平街2组		食品杂货贩卖业	陈喜林	60	140	1	1
德成永	东荣区开封街1号		食肉贩卖业	高连波	200	400	1	1
德春祥福记	头道沟区胜利大街8号		中药贩卖业	邢培尧	600	900	2	
德大号	头道沟区呼伦街24组		粮米贩卖业	王宝魁	1,000	2,000	1	
德发成	胜利区南大街1号		华洋杂货贩卖业	牟春年	500	2,000	1	1
德发成	胜利区东二马路3-7号		家具贩卖业	孙学周	700	800	1	2
德发成	头道沟区黑水路15号		饭店业	郭刘氏	150	150	1	2
德发成	胜利区北大街13号		食品杂货贩卖业	徐国忠	1,000	2,000	1	2
德发成	头道沟区珠江路4-13号		食品杂货贩卖业	郑子峰	400	600	1	2

店铺名称	地址	主要产品	经营类别	经理姓名	固定资金（万元）	流动资金（万元）	职工人数 职员	工人
德发成	胜利区全安街42组		古物贩卖业	赵自德	50	200	1	
德发福	长春区大马路16号		鞋帽贩卖业	马举善		400	1	
德发厚	头道沟区东四条街17组		粮米贩卖业	唐建功	800	1,950	1	3
德发炉	和顺区惠通路2号	蹄铁	蹄铁业	张福臣	150	50	1	1
德发泉	头道沟区长白路1-10号		食品杂货贩卖业	丁学泰	200	300	1	2
德发泉	胜利区东三道街36号		食品杂货贩卖业	金贵林	500	500	1	3
德发盛	长春区东二马路2-51号		家具贩卖业	白广德	200	1,300	1	2
德发盛	胜利区南大街6组		食肉贩卖业	郭镇		500	2	
德发盛	胜利区大经路45号		食肉贩卖业	孔昭盛	50	250	1	
德发盛	头道沟区东二条街30组		食品杂货贩卖业	张学儒	100	300	1	2
德发祥	宽城区茶市南街22-1号		食肉贩卖业	韩来德	50	250	1	1
德发祥	胜利区至善路19号		食品杂货贩卖业	马继荣	200	600	1	1
德发祥	和顺区和顺一条19号		食品杂货贩卖业	高殿富	150	250	1	

店铺名称	地址	主要产品	经营类别	经理姓名	固定资金（万元）	流动资金（万元）	职工人数	
							职员	工人
德发祥	和顺区吉林马路50号		商杂业	焦毓德	1,000	200	2	2
德发兴	头道沟区贵阳路27号		食品杂货贩卖业	郁殿瑞	600	600	1	2
德发兴	头道沟区辽宁街24号		食品杂货贩卖业	曲凤山	50	350	1	
德发药局	长春区长通路6组		西药贩卖业	纪新章	400	1,100	1	
德发永	宽城区仁爱路5段6号		食品杂货贩卖业	李庚寅	300	700	1	2
德发增	头道沟上海路1段31号		食肉贩卖业	马永发	100	200	2	
德发长	长春区新立路17号		食品杂货贩卖业	阎贵峰	600	500	1	1
德发长	胜利区文庙街29组		食品杂货贩卖业	徐凤升	2,000	2,000	1	
德丰电料五金行	头道沟区长江路2-12号		五金贩卖业	朱宝贵	500	4,200	2	1
德丰号	胜利区南街12号		华洋杂货贩卖业	包余三	1,000	6,000	1	
德丰号	宽城区集市街10组		食品杂货贩卖业	芦孝颜	250	350	1	
德丰厚	胜利区大经路9-2		中药贩卖业	杨上林	2,000	5,200	2	3
德丰厚	中华区重庆街5组		食品杂货贩卖业	李乃章	100	400	1	

店铺名称	地址	主要产品	经营类别	经理姓名	固定资金（万元）	流动资金（万元）	职工人数 职员	职工人数 工人
德和春	长春区大马路2段18号		玻璃镜庄业	李寿山	1,000	5,000	1	1
德和义	长春区大马路52之2号		书籍文具贩卖业	张寿山	2,000	20,000	1	2
德华兴	中华区崇智路101号		食品杂货贩卖业	迟令德	100	300	1	
德化洋服店	长春区永长路11组	洋服	被服缝纫业	孙树芳	500	40	1	1
德焕祥铁炉	胜利区文庙街1组	大车卡子	铁匠炉业	刘焕章	1,000	4,500	1	1
德积祥	长春区新民路15号		食品杂货贩卖业	邓春生	200	600	1	3
德聚成	长春区东三马路157号		饭店业	苏万年	1,500	500	1	5
德聚号	胜利区北大经路10号	古物	古物贩卖业	姜书聚	200	500	1	
德聚盛	胜利区重庆路105号		食品杂货贩卖业	艾仁令	300	400	1	
德聚祥	长春区东三马路17号		服装估衣贩卖业	韩桂秋	10	500	1	1
德聚祥	和顺区岭东路24号		食品杂货贩卖业	檀森	100	300	1	2
德利成	长春区东四马路83号	农具	铁匠炉业	李金德	1,300	600	1	
德利成	长春区永春路54号		食肉贩卖业	王弘五	500	500	1	1

店铺名称	地址	主要产品	经营类别	经理姓名	固定资金（万元）	流动资金（万元）	职工人数	
							职员	工人
德利成小饭馆	头道沟区东五条街15号		饭店业	徐天民	500	200	1	2
德利合	胜利区北街44号		食品杂货贩卖业	杨德利	350	250	1	
德利茂	头道沟区东二条街20组		食品杂货贩卖业	孙喜全	800	1,200	1	2
德利盛	中华区东永昌街10组		食品杂货贩卖业	陈志德	600	600	1	1
德利洋服店	头道沟区长江路2段43号	洋服	被服缝纫业	张本铭	300	50	1	
德利园	头道沟区长白路2号		饭店业	王锡芬	1,000	600	1	3
德隆文具店	长春区大马路10-2		书籍文具贩卖业	马德卿	2,000	6,000	1	1
德隆五金行	长春区大马路8号		五金贩卖业	赵景德	200	800	1	
德隆五金行	胜利区大经路3-17号		五金贩卖业	唐遴祥	1,500	13,500	1	1
德楼饭店	长春区东三马路178号		饭店业	陈运昌	3,000	1,000	3	12
德茂隆	头道沟区长江路47号		食品杂货贩卖业	宋海川	200	600	1	
德茂盛	头道沟区长白路1-10号		食品杂货贩卖业	左德荣	200	300	1	1
德茂书店	中华区兴安大路642号		书籍文具贩卖业	刘悟诚	200	500	1	1

续 表

店铺名称	地址	主要产品	经营类别	经理姓名	固定资金（万元）	流动资金（万元）	职工人数	
							职员	工人
德茂永	长春区东大街3组		食品杂货贩卖业	刘锡廷	150	200	1	1
德明钢笔水工厂	胜利区北大经街27组	钢笔水	文具制造业	黄阁臣	450	550	1	1
德清客栈	胜利区全安街517号		大车店业	杨万清	1,200	300	1	3
德庆福	胜利区全安街22号		山海杂货贩卖业	刘振声	840	13,060	1	1
德庆膏药铺	胜利区西四道街45号		中药贩卖业	韩忠山	500	300	1	1
德庆酱园	长春区西六马路19号	酱类	酱油、醋酿造业	许本禄	300	500	1	2
德庆堂药店	头道沟区吴松路28号		中药贩卖业	刘馨五	150	300	1	
德庆祥	胜利区南大街31号		食品杂货贩卖业	古长德	200	6,000	2	4
德庆祥	宽城区菜市街1组		食品杂货贩卖业	贺楹	400	1,200	2	2
德庆祥	宽城区菜市街11组		食品杂货贩卖业	阎庆昌	200	300	2	1
德庆永	长春区东四马路44号		食品杂货贩卖业	王级三	100	600	1	
德庆钰	胜利区北大街16号		中药贩卖业	贾守德	3,000	23,100	2	9
德庆钰支店	长春区新立街18组		中药贩卖业	杨梦庚	2,500	9,300	1	5

店铺名称	地址	主要产品	经营类别	经理姓名	固定资金（万元）	流动资金（万元）	职工人数 职员	职工人数 工人
德庆钰支店	长春区长春大街19组		中药贩卖业	徐同林	1,000	4,100	1	5
德全花园	胜利区西四马路53号		商杂业	傅德全	1,000	500	1	
德泉酱园	长春区晴柳街205号		食品杂货贩卖业	尹彦东	2,000	1,000	1	4
德升炉	胜利区西头道街102号	农具	铁匠炉业	徐宝和	200	800	1	4
德升永	胜利区民康街38组		粮米贩卖业	费耀升	100	900	1	
德生厚	头道沟区汉口街1组		粮米贩卖业	李德田	400	1,000	1	3
德生炉	和顺区民丰一条街1号		铁匠炉业	张道德	200	100	1	1
德生五金行	长春区东四马路4号		五金贩卖业	于培兰	1,000	6,000	1	1
德生祥	头道沟区东四条街35组		粮米贩卖业	王明轩	350	300	1	1
德生源	胜利区东三道街54号		食品杂货贩卖业	马德兴	800	1,200	1	2
德胜村	胜利区西三道街48号		饭店业	李占文	400	200	1	4
德胜玉	长春区东三马路159号		鞋帽贩卖业	洪家仁	200	1,500	1	1
德盛春饭店	胜利区大经路5段11号		饭店业	张贵香	50	100	1	2

店铺名称	地址	主要产品	经营类别	经理姓名	固定资金（万元）	流动资金（万元）	职工人数	
							职员	工人
德盛饭店	长春区东天街5号		饭店业	黄瑞忠	200	200	2	6
德盛粉房	胜利区全安街20号	粉子	淀粉制造业	王珍	500	200	1	3
德盛馆	和顺区吉林马路21号		饭店业	王泰祯	600	200	1	6
德盛合	和顺区东盛四街44组	古物	古物贩卖业	刘玉山	100	500	1	2
德盛和小铺	中华区康平街10组		食品杂货贩卖业	王林孟	200	300	1	1
德盛客栈	和顺区临河街11组		旅馆业	田永吉		150	1	3
德盛炉	长春区东四马路49号	锄勾	铁匠炉业	李好清	500	1,000	1	1
德盛炉	长春区东天街21-1号	钳子	铁匠炉业	王寿荣	300	200	1	4
德盛炉	和顺区和顺街37号	农具	铁匠炉业	张承孟	100	200	1	2
德盛炉	东荣区迁安路17号	镐头	铁匠炉业	李殿义	150	100	1	
德盛炉	宽城区新民路11号		铁匠炉业	孟广金	80	70	1	1
德盛铜工厂	胜利区西四道街15号	铜制品	铜制品业	赵忠坡	300	700	1	6
德盛祥	胜利区西三马路65号		食肉贩卖业	马鸿海	400	400	1	1

店铺名称	地址	主要产品	经营类别	经理姓名	固定资金（万元）	流动资金（万元）	职工人数 职员	职工人数 工人
德盛兴	胜利区全安街3组		食品杂货贩卖业	赵超凡	50	550	2	
德盛洋服店	中华区兴安大路218号	洋服	被服缝纫业	孙景涛	230	20	1	
德盛永	长春区东三马路		五金贩卖业	于盛永	400	800	1	1
德盛永	胜利区永春路3段14号		食肉贩卖业	陈永财	150	350	1	4
德盛永	长春区东三马路8号		食肉贩卖业	王好德	200	300	2	
德盛玉	长春区东安街40组		食品杂货贩卖业	朱福海	150	250	1	1
德盛园	长春区同乐街8号		饭店业	关德山	200	200	1	2
德盛园	胜利区民康路65号		饭店业	李成祥	250	200	1	3
德盛园	胜利区大经路57号		饭店业	赵连贵	50	250	1	
德盛园饭店	胜利区北大街2段34号		饭店业	张箱	200	300	1	
德盛源	胜利区永春路659号		食肉贩卖业	白恩和	200	300	1	1
德盛增	胜利区东四道街136号		食品杂货贩卖业	韩百俊	300	1,200	1	1
德盛栈	和顺区和顺街20号		大车店业	李发祥	400		2	2

店铺名称	地址	主要产品	经营类别	经理姓名	固定资金（万元）	流动资金（万元）	职工人数	
							职员	工人
德顺成	胜利区南街29号		食品杂货贩卖业	苏绍满	150	3,500	3	1
德顺成墨店	头道沟区东四条街2组		文具制造业	王传武	200	500	1	2
德顺合	长春区东来北街285-7		食品杂货贩卖业	李德顺	300	450	1	1
德顺恒	长春区大马路4-25		书籍文具贩卖业	马荫宗	500	4,500	1	2
德顺炉	和顺区东盛路21号	蹄铁	蹄铁业	张春荣	200	200	1	1
德顺泰	头道沟区黄河路3-15号		食品杂货贩卖业	徐致中	200	700	1	1
德顺祥	胜利区民康路82号		食品杂货贩卖业	刘子政	500	500	1	1
德顺祥	头道沟区广州路2-4号		食品杂货贩卖业	王凤舜	250	750	1	2
德顺祥	和顺区临河四条22号		食品杂货贩卖业	林茂森	50	150	1	
德顺兴	和顺区东盛路27号		食品杂货贩卖业	陶卓昇	500	1,500	1	1
德顺永	长春区东四马路94号		食肉贩卖业	王济	500	1,000	1	1
德顺鱼店	长春区永春路35号		水产贩卖业	遇寿峰	800	200	1	2
德泰恒	胜利区北街90组		粮米贩卖业	王肇恒	700	4,650	2	1

续 表

店铺名称	地址	主要产品	经营类别	经理姓名	固定资金（万元）	流动资金（万元）	职工人数	
							职员	工人
德泰商店	长春区大马路4-8号		书籍文具贩卖业	刘显庭	100	900	1	
德泰五金行	长春区西五马路1-9号		五金贩卖业	曲云斑	185	19,300	1	2
德信文具店	长春区大马路3-26		书籍文具贩卖业	徐魁甫	1,000	6,000	1	1
德兴昌	长春区长通路158号		食品杂货贩卖业	刘会五	200	500	1	
德兴东	胜利区全安街2号		食品杂货贩卖业	赵德	1,000	5,000	1	5
德兴东鞋店	长春区西五马路159号	便鞋	鞋类制造业	刘耀东	400	400	1	2
德兴福	长春区长通街45组		干货贩卖业	李润身	200	1,000	2	
德兴福	头道沟区呼伦街1组		食肉贩卖业	孙延亭	400	800	1	1
德兴福	长春区东来北街163号		食品杂货贩卖业	韩森林	200	200	1	1
德兴厚	长春区永春路21号		食肉贩卖业	杨德贵	600	300	1	1
德兴华	长春区大马路8号		华洋杂货贩卖业	贾仁普	300	800	1	
德兴酱园	长春区永春路48号	酱类	酱油、醋酿造业	关佐文	5,000	5,000	3	3
德兴魁	胜利区南街24号		华洋杂货贩卖业	李占一	500	4,500	1	2

店铺名称	地址	主要产品	经营类别	经理姓名	固定资金（万元）	流动资金（万元）	职工人数 职员	职工人数 工人
德兴隆	长春区东三马路159号		鞋帽贩卖业	吴显作	130	600	1	
德兴隆	东荣区开封街27号		食肉贩卖业	姜志远	200	300	1	1
德兴隆	长春区长通街45组		鲜货贩卖业	李海林	300	900	2	2
德兴隆	长春区西四马路57号		食品杂货贩卖业	高希坤	300	700	1	1
德兴隆	头道沟区永吉街4-1号		食品杂货贩卖业	孙古臣	80	220	1	
德兴茂	头道沟区吴松路42号		食品杂货贩卖业	刘俊芳	150	350	1	1
德兴泰	长春区东三马路177号		鞋帽贩卖业	王玉	300	1,200	1	
德兴泰	长春区东四马路94号		食品杂货贩卖业	赵中兴	1,450	4,000	1	2
德兴祥	胜利区北大经街10组		粮米贩卖业	赵俊德	300	1,200	1	1
德兴祥	头道沟区香港路33号		食品杂货贩卖业	沈祯符	100	400	1	
德兴银楼	胜利区北街6组		金银首饰贩卖业	庞宝贵	800	1,500	1	5
德兴源	长春区新民街15组	古物	古物贩卖业	周钧波	500	4,500	2	
德兴栈	胜利区民康南胡同444号		旅馆业	张喜文	500	300	1	

店铺名称	地址	主要产品	经营类别	经理姓名	固定资金（万元）	流动资金（万元）	职工人数 职员	职工人数 工人
德兴长	双德区翻身村东家窝	铜制品	铜制品业	高存德	100	300	1	1
德兴长	头道沟区宁波路25号		食品杂货贩卖业	李子亮	200	300	1	1
德兴长	和顺区东盛路54之2号		食品杂货贩卖业	黄金德	100	300	1	1
德义成	长春区桃源路东天市场		饭店业	杜凤仪	200	300	1	1
德义兴	头道沟区长江路1-5号		书籍文具贩卖业	刘国富	600	780	1	1
德义永	长春区永春市场18号		食肉贩卖业	钱维云	500	400	1	1
德义长	胜利区大经路7号		食品杂货贩卖业	邱希本	100	250	1	
德益祥和记药房	和顺区吉林马路73号	中药	中药贩卖业	左振玺	1,100	2,180	1	2
德永庆	长春区长通路38号		食品杂货贩卖业	毕德贤	400	400	1	3
德玉盛	中华区朝阳街2组		食品杂货贩卖业	陈日德	150	100	1	1
德玉祥	长春区东长春大街13号		食品杂货贩卖业	毕长祥	100	100	1	1
德育药店	头道沟区南京大路8号		中药贩卖业	尚明斋	3,800	6,000	1	1
德裕公	和顺区东盛路27号		食品杂货贩卖业	王毓栋	300	900	1	2

续 表

店铺名称	地址	主要产品	经营类别	经理姓名	固定资金（万元）	流动资金（万元）	职工人数 职员	职工人数 工人
德元东	头道沟区厦门路15号		玻璃镜庄业	黄介明	700	4,300	1	2
德源商店	长春区永春市场17号		食肉贩卖业	王鹏远	500	500	1	1
德源盛	长春区东天街3组		食品杂货贩卖业	刘锡九	150	450	1	2
德源盛文具店	头道沟区胜利街5-13号		书籍文具贩卖业	崔炳照	200	800	1	
德源兴铁炉	胜利区东三道街56号	农具	铁匠炉业	刘子荣	1,000	9,000	2	9
德源永	胜利区南街38组		粮米贩卖业	王殿友	700	2,800	1	
德源增	长春区新春街18组		粮米贩卖业	聂瑞轩	1,954	6,346	3	4
德远兴	头道沟区长白路31号		食品杂货贩卖业	王有香	100	400	1	
德增客栈	长春区西四马路27号		旅馆业	于广增	350	50	1	1
德增盛	胜利区全安街18组		食品杂货贩卖业	周勤义	1,500	6,000	2	2
德增泰	胜利区文庙街56组		食品杂货贩卖业	温雨亭	2,500	2,000		
德增祥	胜利区西二道街70号		食品杂货贩卖业	奚得鑫	200	400	2	4
德增源	胜利区全安街12号	酱类	酱油、醋酿造业	谭子荣	12,000	31,000	1	10

店铺名称	地址	主要产品	经营类别	经理姓名	固定资金（万元）	流动资金（万元）	职工人数 职员	职工人数 工人
德长增	胜利区南大经街41组		粮米贩卖业	李树增	40	260	1	1
德振兴	和顺区吉林大马路35号		中药贩卖业	武修凯	200	800	1	1
鼎丰真食品店	长春区大马路34号		食品杂货贩卖业	冯肇明	2,700	12,500	3	8
东北摄影社	头道沟区胜利街4段2号		照相业	刘振刚	1,100	100	2	1
东北大车店	胜利区全安街41号		大车店业	陈子祥	850	150	2	2
东北饭店	长春区西四马路12号		饭店业	柳钟岳	3,500	3,000	4	12
东北旅馆	头道沟区厦门路4段26号		旅馆业	金时龙	400	100	1	4
东北汽水工厂	头道沟区宁波路32号	汽水	清凉饮料制造业	张维中	6,600	6,000	2	3
东北商店	头道沟区长江路4-20号		食品杂货贩卖业	刘永泰	400	400	1	1
东北洋服店	长春区桃源街49组	洋服	被服缝纫业	张荫桐	400		1	1
东北栈	胜利区北大街83组		旅馆业	张鹤亭	500		2	
东昌号	和顺区岭东路8号		食品杂货贩卖业	刘庆昌	50	150	1	
东昌源	胜利区全安街51组		食品杂货贩卖业	王国强	150	450	2	1

店铺名称	地址	主要产品	经营类别	经理姓名	固定资金（万元）	流动资金（万元）	职工人数	
							职员	工人
东发成	长春区东大桥街3组		粮米贩卖业	刘美	300	700	1	1
东发成	长春区长通路34组		食肉贩卖业	赵吉成	300	200	1	
东发饭店	和顺区吉林马路56号		饭店业	穆玉山	700	300	2	10
东发合公记	长春区大马路24号		山海杂货贩卖业	王景仁		17,000	2	3
东发炉	和顺区东盛路5号	镰刀	铁匠炉业	李俊修	120	320	1	3
东发炉	宽城区菜市街	镰刀	铁匠炉业	李文阁	100	100	1	1
东发盛	长春区永春路13号		食品杂货贩卖业	张文升	800	1,000	1	1
东发盛	东荣区永宁路67号		食品杂货贩卖业	李兰亭	170	270	1	1
东发祥	长春区东大街11号		华洋杂货贩卖业	路华昌	400	700	1	1
东发祥	中华区西桂林街1701		食品杂货贩卖业	王启明	200	600	1	1
东发祥	和顺区东盛路29号		食品杂货贩卖业	尹青春	100	500	1	1
东发义	长春区东安街27组		食品杂货贩卖业	张成义	350	250	1	1
东发源	头道沟区广南街1组	古物	古物贩卖业	马洪臣	300	1,700	1	1
东发长	宽城区兴民路29号		食品杂货贩卖业	李兰亭	80	100	1	1

店铺名称	地址	主要产品	经营类别	经理姓名	固定资金（万元）	流动资金（万元）	职工人数 职员	工人
东发长	长春区上海路45号		古物贩卖业	马振东	200	500	1	2
东方药房	长春区新民街17组		西药贩卖业	万汇川	150	3,000	1	2
东丰昌	头道沟区东二条街10号		粮米贩卖业	赵连璧	200	800	1	2
东丰号	长春区上海路44号		古物贩卖业	王志峰	100	300	1	
东光商店	胜利区至善路533号		食品杂货贩卖业	郭忠衡	100	100	1	
东光商行	长春区大马路14号		书籍文具贩卖业	张鸿聚	2,000	20,000	2	1
东光书局	长春区新市场35号		书籍文具贩卖业	李书堂	300	900	1	
东光洋服店	头道沟区长江路12-1号	洋服	被服缝纫业	徐洪信	250	50	1	1
东光照相馆	胜利区大经路1号		照相业	韩宝臣	500	100	2	2
东海兴	头道沟区东二条街22号		食品杂货贩卖业	刘海臣	300	300	1	
东合盛	长春区永春路19号		食品杂货贩卖业	孙有	50	350	1	1
东和古物商行	长春区东六马路17号		古物贩卖业	于振国	200	800	2	1
东和商店	头道沟区斯大林大街3-13号		食品杂货贩卖业	张宜春	800	1,200	2	2

店铺名称	地址	主要产品	经营类别	经理姓名	固定资金（万元）	流动资金（万元）	职工人数 职员	职工人数 工人
东和祥古物商	长春区桃源路10号	古物	古物贩卖业	高彦祥	600	1,400	1	1
东和药房	头道沟区长江路2号		中药贩卖业	张福臕	800	1,200	1	1
东恒泰	长春区燕春胡同9号		服装估衣贩卖业	曲殿臣	100	400	1	1
东华春	长春区新民街38组		饭店业	杨乘呻	600	100	1	1
东会友	长春区西四马路14号		饭店业	张贺亭	400	280	1	4
东聚源	和顺区吉林大路82号		食品杂货贩卖业	岳景廷	50	150	1	1
东来春	胜利区北大街1段10号		饭店业	刘荣泰	8,000	7,000	2	5
东林茂	胜利区东四道街53号		食品杂货贩卖业	房忠汉	150	350	1	4
东茂昌	和顺区东盛路46号	古物	古物贩卖业	刘绍增	100	400	1	1
东茂号	长春区大马路3-8号		书籍文具贩卖业	徐宪章	500	2,500	1	1
东茂盛	长春区东三马路31号		食品杂货贩卖业	郑鸣九	250	450	2	1
东荣缝纫女工厂	胜利区北大街15号	被服	被服缝纫业	孙张彦生	200	50	2	3
东荣影戏院	东荣区新卿路1143号		影剧院娱乐场业	秦有德	500	200	2	7

店铺名称	地址	主要产品	经营类别	经理姓名	固定资金（万元）	流动资金（万元）	职工人数职员	职工人数工人
东升表店	头道沟区重庆路32号		钟表修理贩卖业	邓廷增	100	150	1	
东升久	胜利区民康路141号		食品杂货贩卖业	梁声远	300	400	1	2
东生酱业	头道沟区贵阳路20-1号	酱类	酱、酱油、醋酿造业	刘铭傅	1,000	2,000	2	3
东生祥小铺	长春区东三马路25号		食品杂货贩卖业	张义亭	30	170	1	1
东生鞋店	头道沟区黄河路3-24号	便鞋	鞋类制造业	李子斌	500	1,500	1	3
东盛海大车店	宽城区忠孝路52号		大车店业	刘殿魁	1,100	400	1	7
东盛号	长春区新春街28组		服装估衣贩卖业	曹九奶	200	700	1	1
东盛号	胜利区全安街48组		粮米贩卖业	钱厚山	1,000	3,000	1	2
东盛号	和顺区和顺街93组		食品杂货贩卖业	王凤瀛	100	900	1	2
东盛合肉铺	长春区兴运路7号		食肉贩卖业	颜魁元	150	300	1	2
东盛魁小铺	长春区东菜路13号		食品杂货贩卖业	孙廷栋	100	150	1	1
东盛炉	胜利区东三道街10号	马拉子	铁匠炉业	温尚俭	200	1,000	1	3
东盛肉铺	头道沟区长江市场		食肉贩卖业	李文富	50	100	1	1

店铺名称	地址	主要产品	经营类别	经理姓名	固定资金（万元）	流动资金（万元）	职工人数	
							职员	工人
东盛肉铺	和顺区安乐街35号		食肉贩卖业	白金有	100	400	1	2
东盛商店	和顺区和顺街53组		食品杂货贩卖业	张子芳	200	600	3	3
东盛泰	和顺区东盛三条2号		食品杂货贩卖业	尹润滋	300	300	1	1
东盛祥	东荣区迁安路17号		食品杂货贩卖业	任金山	80	400	1	3
东盛鞋店	和顺区东盛路17号	便鞋	鞋类制造业	李树棠	100	100	1	1
东盛兴鞋工厂	头道沟区黄河路5-3号	便鞋	鞋类制造业	孙述亮	400	100	1	2
东盛永	长春区东安街163号		食品杂货贩卖业	王冠群	200	300	1	
东盛永	胜利区通化路59号		食品杂货贩卖业	杨海山	500	1,000	1	2
东盛园	长春区东天街43组		饭店业	王殿起	300	300	1	3
东盛园	和顺区东盛路35号		饭店业	董瑞臣	100	280	1	4
东盛栈大车店	和顺区和顺七条街43号		大车店业	郭廷槐	5,300	200	1	1
东盛长	长春区东长春大街120号		食品杂货贩卖业	赵绍曾	200	300	1	1
东盛长药店	和顺区东盛路	中药	中药贩卖业	吴宪章	800	800	1	1
东顺成	长春区长通街46组	兼磨房业	粮米贩卖业	于作善	1,600	560	1	2
东顺发	和顺区东盛大街58号		食品杂货贩卖业	康贵友	50	450	1	1

店铺名称	地址	主要产品	经营类别	经理姓名	固定资金（万元）	流动资金（万元）	职工人数	
							职员	工人
东顺合	头道沟区东二条街37号		食品杂货贩卖业	王廷辅	150	450	1	1
东顺炉	长春区东四马路92	斧子	铁匠炉业	王清江	100	400	1	2
东顺茂	胜利区文庙街65号		大车店业	李遇春	800		3	3
东顺祥	长春区东长春大街15号		食品杂货贩卖业	宁玉麟	300	700	1	2
东泰春酱园	长春区新春街112号	酱类	酱、酱油、醋酿造业	杨在田	5,000	7,500	5	4
东泰鞋店	长春区东三马路161		鞋帽贩卖业	白成玉	200	1,800	1	1
东泰兴	胜利区南大经路56号		水产贩卖业	杨斌生	700	300	1	1
东天大车店	长春区东天街25号		大车店业	石文祯	500	1,200	1	3
东天号	长春区同乐路10号		饭店业	郝守金	450	150	1	3
东文书店	长春区大马路22号		书籍文具贩卖业	王玉环	2,000	10,000	1	1
东新久	胜利区北大街122号		山海杂货贩卖业	周志刚	2,100	19,135	1	3
东兴昌	胜利区西长春大街15号		粮米贩卖业	姜利斋	500	700	2	1
东兴成车店	长春区东大街3组		大车店业	傅继先	3,000	100	1	5

店铺名称	地址	主要产品	经营类别	经理姓名	固定资金（万元）	流动资金（万元）	职工人数 职员	职工人数 工人
东兴成冰果店	头道沟区厦门路15组	冰果	清凉饮料制造业	朱子桢	3,900	1,500	1	3
东兴饭馆	头道沟区宁波路67号		饭店业	李惠财	100	200	1	2
东兴福	胜利区民康路29号		食品杂货贩卖业	王登山	150	300	1	1
东兴号	东天街1段15号		华洋杂货贩卖业	路振玉	50	450	1	
东兴号	长春区东三马路154号		食品杂货贩卖业	李显东	200	800	2	1
东兴号	胜利区西长春大街105号		食品杂货贩卖业	安国樑	500	300	1	1
东兴合	长春区长通路14组		食品杂货贩卖业	胡利祥	450	1,550	1	3
东兴和	中华区东桂林路424号		中药贩卖业	张琦	350	250	1	1
东兴和	和顺区岭东路15号	中药	中药贩卖业	韩文成	1,000	800	1	1
东兴和	胜利区南大经街2组	兼营鲜货业	粮米贩卖业	孙守范	2,000	13,000	2	
东兴酱园	长春区东四马路36号	酱类	酱、酱油、醋酿造业	刘慧丰	27,000	21,000	6	7
东兴久	东荣区开封街5号		食肉贩卖业	张久山	150	350	1	
东兴久	长春区长通路1段1-3	古物	古物贩卖业	董树樑	500	1,500	1	1

店铺名称	地址	主要产品	经营类别	经理姓名	固定资金（万元）	流动资金（万元）	职工人数 职员	工人
东兴刻字局	长春区老市场165号		刻字	邵成卿	30	100	1	
东兴冷面屋	长春区西六马路3号		饭店业	金松岭	300	300	2	3
东兴隆小铺	头道沟区南京大街1-2号		食品杂货贩卖业	薄永相	100	400	1	1
东兴炉	和顺区东盛路1号		铁匠炉业	王孔秀	100	300	1	1
东兴炉	长春区东大街1组	蹄铁	蹄铁业	杜长林	300	200	1	4
东兴旅馆	长春区桃源路306号		旅馆业	杜维德	600		2	2
东兴茂	胜利区平治街65号		食品杂货贩卖业	李宝元	500	500	2	3
东兴商店	长春区长通街12组		鲜货贩卖业	陈焕亭	500	1,500	2	
东兴顺	头道沟区黄河路4段14		食肉贩卖业	赵荣	300	1,200	1	5
东兴顺	胜利区东三道街10号		食品杂货贩卖业	李泽普	150	500	1	1
东兴祥	胜利区大经路2段1号		玻璃镜庄业	尼发田	600	2,900	1	3
东兴药房	长春区长通街1组		西药贩卖业	王文良	1,000	4,000	1	1
东兴玉	头道沟区长江路2-17号		食品杂货贩卖业	杨金玉	400	350	1	1

续 表

店铺名称	地址	主要产品	经营类别	经理姓名	固定资金（万元）	流动资金（万元）	职工人数	
							职员	工人
东兴裕	长春区晴柳路33号		食品杂货贩卖业	王凤	400	350	1	
东兴源	长春区新民街8组		粮米贩卖业	李学宝	1,000	4,000	4	2
东兴源	长春区长通路2-15号		粮米贩卖业	张焕臣	200	1,800	1	2
东兴长	长春区东四马路68号		食品杂货贩卖业	王国范	150	350	3	
东兴长	和顺区岭东路18号		食品杂货贩卖业	花占林	140	300	1	2
东兴长小铺	长春区东长春大街217号		食品杂货贩卖业	李凤鸣	300	700	1	1
东阳表店	胜利区大经路5段45号		钟表修理贩卖业	周东阳	300	200	1	
东义成	长春区东六马路8号		古物贩卖业	张万富	300	800	1	1
东有发	长春区西四马路37号		饭店业	王庆善	400	300	1	8
东振兴	胜利区平治街4号		食品杂货贩卖业	刘振东	350	550	1	1
洞庭春	头道沟区胜利大街2号		饭店业	朱桃松	600	600	2	2
独立成杂货店	长春区东门路106号		食品杂货贩卖业	张瑞武	350	350	1	
独一处饭馆	头道沟区南京大街2段13号		饭店业	纯庆永	1,000	750	3	6
敦庆隆	长春区桃源街4号		食品杂货贩卖业	李敦谦	350	50	1	1

E

店铺名称	地址	主要产品	经营类别	经理姓名	固定资金（万元）	流动资金（万元）	职工人数	
							职员	工人
恩发祥	中华区永昌路501号		书籍文具贩卖业	韩国恩	100	400	1	1
恩华表店	头道沟区胜利大街20号		钟表修理贩卖业	赵政思	1,500	600	2	
恩荣久	和顺区东盛路34号		食品杂货贩卖业	赵连仲	700	2,300	1	4
恩荣轩	长春区新市场35号		饭店业	回宝谦	400	200	1	4
恩三元	长春区铁行街13–6号		饭店业	房文彬	200	200	1	2
恩盛源小铺	头道沟区南京大街2–5号		食品杂货贩卖业	于清涛	300	700	1	2
恩信成	长春区同乐路6号		饭店业	徐有信	400	300	1	3
恩永合	长春区西四马路22号		饭店业	回宝勋	400	460	2	9
二合成	长春区东大桥街3组		粮米贩卖业	尚九余	300	300	1	
二合成	长春区东大桥街3组		食肉贩卖业	王寿明	400	600	1	1
二合成	胜利区民康路65号		食品杂货贩卖业	黄金成	250	200	1	1
二合成饭馆	胜利区重庆路39号		饭店业	徐福宽	300	200	1	2

续 表

店铺名称	地址	主要产品	经营类别	经理姓名	固定资金（万元）	流动资金（万元）	职工人数	
							职员	工人
二合春	长春区新民街9号		饭店业	尹桐轩	300	150	1	2
二合大车店	胜利区全安街102号		大车店业	周东元	2,000	150	1	4
二合发	长春区永春路2段5号		食肉贩卖业	韦凤岐	300	1,200	1	2
二合发	长春区永春路50号		食肉贩卖业	祖清生	500	500	1	1
二合发	长春区东大街1组		食肉贩卖业	田宗远	300	700	1	1
二合发粉子房	胜利区平治街9号	粉子	淀粉制造业	李符山	300	400	1	1
二合号	长春区西四马路38号		烟卷贩卖业	张子发		1,200	1	1
二合号	头道沟区宁波街22组	古物	古物贩卖业	徐勤敬	100	500	1	1
二合炉	长春区东天街60组		铁匠炉业	乔文章	50	150	1	
二合炉	胜利区西三道街119号		铁匠炉业	郭占俊	100	150	1	1
二合炉	胜利区大经路55号	蹄铁	蹄铁业	张锡平	350	350	1	1
二合炉	和顺区东盛路7号	蹄铁	蹄铁业	刘文轩	100	200	1	2
二合盛	长春区永春路47号		食肉贩卖业	王殿富	500	400	1	1

店铺名称	地址	主要产品	经营类别	经理姓名	固定资金（万元）	流动资金（万元）	职工人数	
							职员	工人
二合盛	长春区长通路2号		食品杂货贩卖业	王凤亭	700	700	1	3
二合盛	长春区东大街1组		食品杂货贩卖业	张金玉	350	150	1	
二合盛	长春区东天街21号		食品杂货贩卖业	原美鄂	200	600	1	
二合顺粉子房	长春区东三马路28号	粉子	淀粉制造业	姚兰春	500	500	1	4
二合小馆	长春区东天街6号		饭店业	冯德成	400	200	1	2
二合小铺	胜利区西三道街21号		食品杂货贩卖业	张仁	20	380	1	1
二合兴	头道沟区胜利大街13号		华洋杂货贩卖业	王有湘	200	500	1	1
二合兴	长春区同乐路25号		饭店业	杨国英	100	200	1	1
二合兴	长春区永春路44号		食肉贩卖业	齐殿臣	500	700	1	1
二合兴	长春区兴庆街31号		食品杂货贩卖业	李洪书	400	200	1	1
二合义	东荣区新业街3组		粮米贩卖业	冯书恩	50	250	1	1
二合义古物商	头道沟区宁波路1段50	古物	古物贩卖业	王殿普	300	600	1	1
二合园	长春区东天街2号		饭店业	孙炳林	200	200	1	2

续 表

店铺名称	地址	主要产品	经营类别	经理姓名	固定资金（万元）	流动资金（万元）	职工人数	
							职员	工人
二合园	胜利区西二道街51号		饭店业	李国林	60	60	1	4
二合园	长春区兴运街42组		饭店业	郎殿魁	200	200	1	1
二合园	胜利区西三道街2段8号		饭店业	尹张氏	400	200	1	1
二义成	长春区永春路市场		食肉贩卖业	邢福礼	200	300	1	
二义成	头道沟区贵阳街1-1号		食品杂货贩卖业	郭云龙	350	400	1	1
二友居	长春区新民街22号		饭店业	刘春祥	500	300	1	5
二友堂	长春区东四条街30号		文具制造业	张立生	100	200	1	1
二友小吃部	头道沟区辽宁路4号		饭店业	唐忠义	600	200	1	4

F

店铺名称	地址	主要产品	经营类别	经理姓名	固定资金（万元）	流动资金（万元）	职工人数	
							职员	工人
丰盛炉	长春区桃源街5组	菜刀	铁匠炉业	耿凤臣	800	400	1	2
丰泰合	长春区长通街33组		鲜货贩卖业	毕玉春	100	900	1	2

店铺名称	地址	主要产品	经营类别	经理姓名	固定资金（万元）	流动资金（万元）	职工人数	
							职员	工人
丰源鞋店	长春区桃源路7之1号	便鞋	鞋类制造业	孙耀山	100	200	1	1
峰林商店	中华区康平街10组		食品杂货贩卖业	孙守义	200	300	1	
烽火书社	头道沟区广南街1组	古物	古物贩卖业	李东波	500	4,500	2	4
凤成祥	长春区东六马路20号		五金贩卖业	房凤州	500	5,000	1	1
凤发祥	长春区兴运路70		食肉贩卖业	姚凤岐	100	600	1	
凤来诊疗所	长春区新立街32组		中药贩卖业	张凤来	400	300	1	
凤岐表店	头道沟区胜利大街5段12号		钟表修理贩卖业	王凤岐	100	200	1	1
凤升翔	长春区新春街25组		鞋帽贩卖业	王凤岐	300	700	1	
凤翔酱园	胜利区清明街215号	酱类	酱、酱油、醋酿造业	张仲	800	1,200	1	1
凤翔洋服店	胜利区全安街56组	洋服	被服缝纫业	张焕卿	500	50	1	1
夫聚合	长春区长通路2号		食品杂货贩卖业	张汉臣	1,200	600	1	2
夫铭号	头道沟区长江路18号		华洋杂货贩卖业	石传铭	120	300	1	1
扶余饭馆	长春区东大桥街3组		饭店业	哈万龄	800	200	1	4

续 表

店铺名称	地址	主要产品	经营类别	经理姓名	固定资金（万元）	流动资金（万元）	职工人数 职员	工人
扶余旅社	头道沟区珠江路4段13号		旅馆业	周子峰	2,000	1,000	2	1
服务刻字局	长春区大马路1段13号		刻字	栾士还	50	50	1	
福安钟表刻字局	胜利区北大街43号		钟表修理贩卖业	张树恩	250	100	1	2
福昌号	长春区大马路4段8号		华洋杂货贩卖业	贾庆禄	260	800	1	1
福昌和	和顺区吉林马路48号		食品杂货贩卖业	魏玉良	200	600	1	2
福昌厚	头道沟区长江路5段6号		干货贩卖业	田景山	500	2,500	1	3
福昌盛	胜利区东三道街22号		食肉贩卖业	刘尚存	100	500	1	
福昌盛	头道沟区东二条街58号		食品杂货贩卖业	李福星	50	150	1	
福昌书局	头道沟区长江路17号		书籍文具贩卖业	孙馨棠	900	2,900	1	2
福昌五金行	长春区东四马路70号		五金贩卖业	刘晓庭	700	14,300	2	
福昌祥	长春区新市场5号		食品杂货贩卖业	范用臻	500	300	1	1
福昌眼镜表店	长春区大马路1段12号		钟表修理贩卖业	方紫辰	200	800	1	
福昌永	头道沟区东四条街7组		食肉贩卖业	石贵福	70	300	1	2

店铺名称	地址	主要产品	经营类别	经理姓名	固定资金（万元）	流动资金（万元）	职工人数	
							职员	工人
福昌钟表店	和顺区吉林马路73号		钟表修理贩卖业	孟宪廷	200	100	1	1
福成车店	胜利区永吉街20号		大车店业	毛福成	400	50	2	
福成永	头道沟区长江路21号		饭店业	李福堂	400	300	2	4
福春馆	长春区大马路4段16号		饭店业	米长起	100	300	1	6
福春久	胜利区南街25组		食品杂货贩卖业	封益康	200	2,000	3	
福春隆	胜利区西三马路63号		食品杂货贩卖业	韩春台	500	2,500	2	1
福春堂	长春区新立街16组		中药贩卖业	白明堂	1,000	2,000	3	1
福春堂	胜利区重庆路135号		中药贩卖业	冯德生	300	200	1	1
福春祥	胜利区重庆路43号		食品杂货贩卖业	李祝周	100	500	1	1
福春洋服店	头道沟区宁波路4段2号	洋服	被服缝纫业	孙志明	250	50	1	
福春银楼	长春区大马路13号		金银首饰贩卖业	聂绍圣	22,000	16,000	4	7
福德厚鞋店	和顺区安乐路44号	便鞋	鞋类制造业	金白氏	180	20	1	2
福德商店	头道沟区黑水路17号		食品杂货贩卖业	李福德	300	400	1	1

店铺名称	地址	主要产品	经营类别	经理姓名	固定资金（万元）	流动资金（万元）	职工人数	
							职员	工人
福德胜	头道沟区长江路4-20号		书籍文具贩卖业	周维三	670	8,830	1	5
福德永升记	长春区东三马路157号		食品杂货贩卖业	黄殿升	400	600	1	
福德长	长春区桃源路39组		食品杂货贩卖业	崔凤池	400	500	1	
福德长大车店	长春区桃源街65号		大车店业	刘长发	1,300	100	1	4
福发成	中华区重庆路2段4号		饭店业	丁文成	400	200	1	1
福发成古物商	胜利区民康街451号		古物贩卖业	杨国春	50	400	1	1
福发东	胜利区全安街5号		华洋杂货贩卖业	宋茂源	1,500	13,500	3	2
福发合	宽城区信义路5段8号		食品杂货贩卖业	公寒忱	200	600	1	1
福发厚	长春区大马路4段21号		华洋杂货贩卖业	宋振邦	800	700	2	3
福发炉	胜利区吉林大马路9号		铁匠炉业	边传有	200	100	1	
福发盛	胜利区东三道街26号		饭店业	王庆贵	300	400	1	2
福发铁炉	长春区东四马路69-4号	凿子	铁匠炉业	张书臣	300	1,200	1	1

店铺名称	地址	主要产品	经营类别	经理姓名	固定资金（万元）	流动资金（万元）	职工人数	
							职员	工人
福发永	头道沟区长白2段42-2号		饭店业	李兆泰	400	300	2	2
福发永	宽城区新生路16组		食肉贩卖业	宋佐贵	200	300	1	1
福发长	长春区上海路1-8号		五金贩卖业	冯长福	200	500	1	
福发长	长春区老市场165号		鞋帽贩卖业	王泽连	100	1,100	1	1
福发长	长春区东三马路160号		服装估衣贩卖业	刘福亭	400	200	1	
福发长	长春区东天街4组		粮米贩卖业	李发	400	300	1	1
福丰富	中华区重庆路15组		食品杂货贩卖业	宋茂焱	300	150	1	
福丰号	中华区东桂林街4组		食品杂货贩卖业	祝恩涌	300	500	1	1
福丰厚	胜利区东三道街9号		食品杂货贩卖业	刘景田	500	500	1	1
福丰酱园	头道沟区长白路8-4号		食品杂货贩卖业	马馨元	370	330	1	1
福丰久	胜利区全安街12组		山海杂货贩卖业	封敬伯	500	4,000	2	2
福丰庆	长春区新春街18组		粮米贩卖业	李有	500	3,500	2	1
福丰长	胜利区民康街11组		食品杂货贩卖业	魏政荣	100	400	1	

续　表

店铺名称	地址	主要产品	经营类别	经理姓名	固定资金（万元）	流动资金（万元）	职工人数 职员	职工人数 工人
福海车店	胜利区南街59号		大车店业	穆德清	1,000		2	3
福海东车店	胜利区全安街47号		大车店业	蔡庆昌	300		2	1
福海兴	头道沟区东二条街13号		食品杂货贩卖业	商志田	100	300	1	2
福海长	长春区东六马路23号		古物贩卖业	孙廷玉	200	400	1	
福合车店	胜利区全安街5号		大车店业	刘万良	450	30	1	1
福合成	东荣区开封路44号		食品杂货贩卖业	韩九洲	350	400	1	1
福合酱园	长春区光复市场兴起胡同2号	酱类	酱、酱油、醋酿造业	马增敏	300	200	1	1
福合炉	胜利区南关大街47号	皂力	铁匠炉业	高盛财	700	400	1	4
福合炉	和顺区临河二条街5号	鞋钉	铁匠炉业	滕福和	50	100	2	2
福合炉	和顺区临河四条街46号	鞋钉	铁匠炉业	杨金魁	70	50	1	
福合盛	宽城区菜市街10组		食肉贩卖业	李志财	40	260	2	1
福合盛	胜利区北安路135号		食品杂货贩卖业	任贵祥	100	200	1	1
福合祥	胜利区吉林马路634号	蹄铁	蹄铁业	王李氏	500	100	1	3

店铺名称	地址	主要产品	经营类别	经理姓名	固定资金（万元）	流动资金（万元）	职工人数	
							职员	工人
福合新	头道沟区合江路1-8号		食品杂货贩卖业	魏魁一	250	750	1	
福合兴	宽城区菜市街11组		食肉贩卖业	杨玉新	40	360	1	
福合兴	长春区东六马路22号		古物贩卖业	王鹏	300	400	1	
福和祥	头道沟区东一条18号		食品杂货贩卖业	孙丕堂	100	700	1	1
福和兴	胜利区西三道街61号	铜制品	铜制品业	王锦堂	200	300	1	
福和永	胜利区文庙街68组		食品杂货贩卖业	齐德富	200	500	1	2
福和长	长春区东三马路177号		鞋帽贩卖业	齐庆昌	300	700	1	
福恒昌	长春区西五马路58号		食品杂货贩卖业	王家宾	100	500	1	
福华新	胜利区西三道街84号		食品杂货贩卖业	刘子周	1,200	3,800	1	7
福华兴洋服店	长春区东长春大街77号	洋服	被服缝纫业	郑郁华	300		1	1
福华银楼	长春区大马路14号		金银首饰贩卖业	李绍博	4,000	9,000	1	6
福巨兴	胜利区大经路31号		食品杂货贩卖业	王福英	400	800	1	3
福聚昌	胜利区树勋街18号		食品杂货贩卖业	聂树茂	800	400	1	1

续 表

店铺名称	地址	主要产品	经营类别	经理姓名	固定资金（万元）	流动资金（万元）	职工人数	
							职员	工人
福聚盛	长春区永春路3-3号		食肉贩卖业	戴进昌	150	350	1	2
福聚祥	胜利区大经路4号		食品杂货贩卖业	刘颜清	700	300	1	3
福聚祥	头道沟区长白路1-10号		食品杂货贩卖业	丁福民	350	250	1	
福聚兴	头道沟区厦门路3-1号		食品杂货贩卖业	傅如日	500	300	1	2
福聚兴酱园	胜利区西三马路43号	酱类	酱、酱油、醋酿造业	张福生	3,500	2,000	1	2
福聚鱼店	头道沟区长江路市场		水产贩卖业	孙同明	100	100	1	1
福聚园	长春区东来北街163号		饭店业	梁芳德	200	200	1	3
福来祥	胜利区大经路2-14号		食品杂货贩卖业	刘长万	200	200	1	1
福乐包子铺	胜利区北大经街2段1号		饭店业	李金声	200	200	1	4
福利祥	头道沟区东四条街23-1号		食品杂货贩卖业	王立仁	300	300	1	2
福林古物商	头道沟区长江市场胡同22号	古物	古物贩卖业	耿明林	500	500	1	
福林祥	头道沟区长白路5号		饭店业	董福林	300	500	2	5

店铺名称	地址	主要产品	经营类别	经理姓名	固定资金（万元）	流动资金（万元）	职工人数 职员	职工人数 工人
福隆五金行	长春区大马路1号		五金贩卖业	郑熙亭	1,200	55,000	3	
福茂盛	宽城区菜市街19组		食品杂货贩卖业	王锡福	450	500	1	
福民花店	胜利区南街22组		旅馆业	耿宪忠	800		2	3
福民商店	宽城区菜市街9组		华洋杂货贩卖业	刘芳	500	2,900	2	1
福民商店	长春区长通路50号		食品杂货贩卖业	靳汝宸	418	582	2	2
福庆大车店	大西区范家店街11组		大车店业	温振阁	250		1	
福庆东	东荣区远达街6组		大车店业	隋雅举	900		1	1
福庆号	中华区白菊街23组		食品杂货贩卖业	林福庆	50	150	1	
福庆隆	吉林马路33号		食品杂货贩卖业	陈福山	70	230	1	
福庆旅社	头道沟区珠江路13号		旅馆业	周家顺	1,000		1	1
福全盛	长春区东长春大街99号		食品杂货贩卖业	孙修德	500	1,200	2	2
福瑞鱼行	长春区永春路33号		水产贩卖业	杨朝宗	800	200	1	2
福山洋服店	中华区兴安大路705号	洋服	被服缝纫业	张兆义	250		1	1

续表

店铺名称	地址	主要产品	经营类别	经理姓名	固定资金（万元）	流动资金（万元）	职工人数	
							职员	工人
福升东	长春区桃源路5组		食品杂货贩卖业	陈宪颂	80	200	1	1
福升合	头道沟区长白路7段2号		食肉贩卖业	张俊三	100	900	1	3
福升合	胜利区民康街86组	古物	古物贩卖业	褚庆山	200	800	1	1
福升泰	东荣区新乡路442号	大车瓦	铁匠炉业	李升宣	150	200	1	2
福升祥洋服店	和顺区吉林马路88-1号	洋服	被服缝纫业	陈福	200	30	1	
福生炉	宽城区柳影街30组	蹄铁	蹄铁业	高殿文	200	150	1	2
福生文具部	长春区大马路3-8号		书籍文具贩卖业	陈郡	160	1,000	1	
福生祥	胜利区清明街6组		食品杂货贩卖业	张再识	50	150	1	1
福盛东	和顺区东盛路11号		食品杂货贩卖业	刘福英	200	1,200	1	2
福盛号小铺	长春区桃源路101号		食品杂货贩卖业	尹作富	200	300	1	2
福盛合	胜利区北街81组		食品杂货贩卖业	齐兴泉	700	16,000	2	4
福盛合	头道沟区长白路1-3号		食品杂货贩卖业	萧铭三	266	1,334	1	2

店铺名称	地址	主要产品	经营类别	经理姓名	固定资金（万元）	流动资金（万元）	职工人数职员	职工人数工人
福盛合古物商	头道沟区厦门街7号	古物	古物贩卖业	孔立山	200	500	1	2
福盛酱园	胜利区西二道街52号	酱类	酱、酱油、醋酿造业	马馨九	3,500	3,800	1	3
福盛居	头道沟区长白路4号		饭店业	柳竹林	101	499	2	6
福盛魁	长春区大马路4段3号		华洋杂货贩卖业	张荫财	500	2,500	1	
福盛隆	胜利区全安街17组		华洋杂货贩卖业	张广仁	900	6,600	2	1
福盛炉	胜利区西头道街93号	农具	铁匠炉业	胡福春	300	1,200	1	4
福盛炉	东荣区迁安路1446号	菜刀	铁匠炉业	宋兰华	100	100	1	2
福盛炉	长春区永长街6-2号	蹄铁	蹄铁业	宋成义	100	100	2	
福盛炉	宽城区民主街13组	蹄铁	蹄铁业	王福五	150	250	1	
福盛铜工厂	胜利区西二道街1号	铜制品	铜制品业	张长令	500	1,500	1	3
福盛文具店	中华区兴安大路3-13		书籍文具贩卖业	周兴泰	100	600	1	
福盛祥	中华区兴安大路3段25	古物	古物贩卖业	萧俊臣	300	500	2	2
福盛兴	长春区大马路4段23号		眼镜贩卖修理业	刘存仓	400	600	1	1

店铺名称	地址	主要产品	经营类别	经理姓名	固定资金（万元）	流动资金（万元）	职工人数	
							职员	工人
福盛永	胜利区民康路102号		食品杂货贩卖业	杨育盛	550	150	1	1
福盛永肉铺	胜利区东三道街27号		食肉贩卖业	刘玉斌	50	150	1	1
福盛鱼店	头道沟区长江路市场		水产贩卖业	陈丕福	20	80	1	1
福盛源	胜利区北72组		古物贩卖业	赵景旺	200	1,300	1	1
福盛长	胜利区全安街49组		食肉贩卖业	王振东	100	100	1	1
福顺成	长春区西四马路8号		饭店业	王顺	2,700	700	1	5
福顺成	胜利区永春路65号		食肉贩卖业	刘振声	200	200	1	1
福顺大车店	和顺区东站街3号		大车店业	王宪忠	5,300	1,300	2	6
福顺东	胜利区大经路17号		食品杂货贩卖业	顾庆林	200	400	1	1
福顺粉子房	和顺区东站街31组	粉子	淀粉制造业	李延福	200	300	1	
福顺号铁炉	长春区铁行路46号		铁匠炉业	尹宏勋	500	6,500	1	2
福顺合	长春区东天市场11号		食品杂货贩卖业		450	200	1	1
福顺合粉子房	长春区长通路34号	粉子	淀粉制造业	何国清	3,500	1,600	1	2

店铺名称	地址	主要产品	经营类别	经理姓名	固定资金（万元）	流动资金（万元）	职工人数 职员	职工人数 工人
福顺恒	宽城区胜利街1组	中药	中药贩卖业	宋兆祥	300	500	1	1
福顺隆	长春区东三马路165号		华洋杂货贩卖业	傅荣升	500	400	1	1
福顺炉	长春区长通路21号	蹄铁	蹄铁业	王振起	400	350	1	1
福顺旅馆	头道沟区长白路4号		旅馆业	杨宝山	5,000	1,000	2	4
福顺肉铺	宽城区菜市11组		食肉贩卖业	李文盛	40	280	1	2
福顺润	中华区兴仁路12号		饭店业	李树屏	20	40	1	1
福顺祥	胜利区西头道街6号	铜制品	铜制品业	宫嘉信	400	1,000	1	2
福顺祥	长春区大马路10号		食品杂货贩卖业	史英	300	500	1	1
福顺兴	长春区新民路3011		食肉贩卖业	刘林生	50	50	1	1
福顺兴	中华区西永昌街11组		食品杂货贩卖业	罗致中	50	150	1	1
福顺兴	长春区桃源路206号		食品杂货贩卖业	傅鸿亮	200	200	1	
福顺园	头道沟区长江路19号		饭店业	王俊亭	180	100	1	1
福顺栈	头道沟区长白路1段2号		旅馆业	范存章	6,000		2	8

续 表

店铺名称	地址	主要产品	经营类别	经理姓名	固定资金（万元）	流动资金（万元）	职工人数	
							职员	工人
福顺长	头道沟区长江路1-2号		陶瓷器贩卖业	丁福来	300	700	1	3
福顺忠	长春区东长春大街64号		食品杂货贩卖业	李学忠	70	80	1	
福太饺子馆	长春区新丰街5号		饭店业	刘景杭	300	200	2	
福泰和	中华区东桂林街16组		食品杂货贩卖业	宋诚森	200	600	1	
福泰源	胜利区西三马路22号		食品杂货贩卖业	李春明	400	500	1	1
福祥表店	胜利区全安街22号		钟表修理贩卖业	裴福祥	150	100	1	1
福祥和	头道沟区长江路44号		饭店业	张丁氏	20	180	1	1
福兴车店	胜利区全安街629号		大车店业	于鸿伦	700		2	
福兴成	宽城区新生街29组		鲜货贩卖业	刘成章	100	500	1	
福兴东	和顺区东盛路21号	兼磨坊	食品杂货贩卖业	张明义	500	1,500	1	1
福兴东	头道沟区胜利大街4-5之2		食品杂货贩卖业	刘继茂	150	250	1	
福兴东	头道沟区东一条街6组		食品杂货贩卖业	刘永年	350	650	1	2
福兴东	头道沟区长江路1-7号		食品杂货贩卖业	王作明	470	1,930	1	1

店铺名称	地址	主要产品	经营类别	经理姓名	固定资金（万元）	流动资金（万元）	职工人数 职员	职工人数 工人
福兴东	胜利区东四道街86号	古物	古物贩卖业	郭振东	500	2,500	1	2
福兴号	头道沟区贵阳街30号		食品杂货贩卖业	张云阁	200	300	1	
福兴居	长春区桃源路6号		饭店业	张福居	300	200	1	4
福兴客栈	胜利区南街22组		旅馆业	朱青春	800		1	1
福兴魁	胜利区全安街71组		食肉贩卖业	郭殿魁	400	200	1	
福兴魁	头道沟区东一条街9号		食品杂货贩卖业	于紫臣	500	2,000	1	2
福兴炉	胜利区吉林大路625号	铁车瓦	铁匠炉业	王同志	1,200	600	1	1
福兴茂	胜利区新发路107号		食品杂货贩卖业	张俊山	100	400	1	1
福兴盛	东荣区泰和路1129号		食品杂货贩卖业	燕喜春	50	70	1	1
福兴顺	胜利区至善街32组		饭店业	李树森	50	400	1	4
福兴顺	长春区西四马路35号	水馆业	商杂业	尹福增	450	50	1	
福兴泰	头道沟区香港路2-24号		食品杂货贩卖业	崔文普	150	250	1	
福兴铁炉	长春区东四马路691号	凿子	铁匠炉业	李霭峰	500	850	1	2

续 表

店铺名称	地址	主要产品	经营类别	经理姓名	固定资金（万元）	流动资金（万元）	职工人数	
							职员	工人
福兴洋服店	长春区长通路16号	洋服	被服缝纫业	王志臣	100		1	
福兴洋服店	胜利区中街3组	洋服	被服缝纫业	马庆福	300	50	1	1
福兴洋服店	中华区白菊街11组	洋服	被服缝纫业	赵舒安	200	10	1	
福兴永	长春区新民路15号		食品杂货贩卖业	陈文凤	50	200	1	1
福兴玉洋服店	和顺区和顺七条街20号	洋服	被服缝纫业	陈玉璞	250	30	1	1
福兴长	长春区东大桥街1组		粮米贩卖业	张友三	200	3,800	1	3
福兴长	长春区东三马路155号		食品杂货贩卖业	张明瑞	200	800	1	1
福兴长	长春区东三马路72号		食品杂货贩卖业	刘鸿秀	500	800	1	1
福兴长	长春区东三马路162号	古物	古物贩卖业	王聚五	200	1,000	1	
福兴长	长春区西四马路29号	古物	古物贩卖业	张清和	100	500	1	
福兴长酱业	长春区新春街43号	酱类	酱、酱油、醋酿造业	阎熙福	1,500	1,500	2	1
福义成	长春区东天街20号	古物	古物贩卖业	王珉毅	400	1,600	1	
福义和	长春区永春市场38		食肉贩卖业	高万财	100	620	1	1

店铺名称	地址	主要产品	经营类别	经理姓名	固定资金（万元）	流动资金（万元）	职工人数	
							职员	工人
福益号	胜利区至善街5号		粮米贩卖业	王兴五	400	700	1	2
福玉东	中华区西永昌街8组		食品杂货贩卖业	孙陈氏	50	100	1	1
福玉商店	宽城区菜市街13组		华洋杂货贩卖业	张玉福	300	700	1	1
福源昌	长春区长通街45组		鲜货贩卖业	何京周	1,000	2,000	2	2
福源东	长春区新民路36号		食品杂货贩卖业	李凤林	100	400	1	1
福源公合记	头道沟区胜利街47组	古物	古物贩卖业	王振魁	100	500	2	1
福源公杂货铺	胜利区全安街36组		食品杂货贩卖业	孙道章	200	600	1	2
福源厚	和顺区临河一条2号	粉子	淀粉制造业	张福厚	1,000	1,000	1	1
福源茂	头道沟区长江路4-30号		食品杂货贩卖业	李镇九	639	830	1	1
福源盛	胜利区西四道街6号	铜制品	铜制品业	古丕惠	400	300	1	2
福源堂	长春区东天街52组		中药贩卖业	于子忠	1,000	1,000	1	
福源祥	长春区西五马路62号		食品杂货贩卖业	李国栋	300	500	1	1
福增合	胜利区全安街57组		食品杂货贩卖业	钱原升	700	800	1	1

店铺名称	地址	主要产品	经营类别	经理姓名	固定资金（万元）	流动资金（万元）	职工人数	
							职员	工人
福增魁	胜利区中街12组		食品杂货贩卖业	秦延海	300	500	1	
福增盛	头道沟区贵阳街25号		食品杂货贩卖业	崔荫昌	600	1,400	1	1
福增祥	胜利区西三道街2号		食品杂货贩卖业	徐景春	300	1,200	1	2
福增祥药房	长春区东三马路107号		中药贩卖业	杜仁九	1,000	400	1	1
福增玉	宽城区柳影街1组		粮米贩卖业	朱福	50	200	1	1
福增园	中华区重庆路407号		饭店业	谭培禄	500	300	1	2
福增源	头道沟区站前街29组		商杂业	李惠民	200	500	1	
福增长	长春区长通街45组		鲜货贩卖业	王凤池	300	2,700	1	2
福长泰	长春区新民胡同26号		食品杂货贩卖业	崔凤阁	100	400	1	1
福长兴	中华区广和街19组		食品杂货贩卖业	徐希帮	150	50	1	2
福长栈	头道沟区胜利大街1段10号		旅馆业	李际熙	550	50	2	3
福智号	中华区东永昌街10组		食品杂货贩卖业	陈穆兰	900	300	1	1
辅权号	胜利区吉林大马路2-2号		食品杂货贩卖业	李兴权	200	300	1	1

店铺名称	地址	主要产品	经营类别	经理姓名	固定资金（万元）	流动资金（万元）	职工人数	
							职员	工人
阜兴长	头道沟区斯大林大街2-20号		食品杂货贩卖业	田庚年	200	300	1	1
复昌花店	胜利区南街22组		旅馆业	孙于氏	1,000		1	5
复东胜酱园	胜利区至善街3号	酱类	酱、酱油、醋酿造业	赵钟友	300	700	3	2
复发园	头道沟区长白路7号		饭店业	刘子斌	350	200		5
复和炉	和顺区和顺街64组		铁匠炉业	袁贵成	100	400	1	4
复和盛	胜利区南大街23号		中药贩卖业	程迦保	1,000	2,000	1	2
复和永	中华区西永昌街7组		食品杂货贩卖业	刘岱福	200	400	1	3
复华祥洋服店	头道沟区长江路2段39号	洋服	被服缝纫业	王振泰	250		1	2
复华鑫古铁商	长春区东六马路9号		古物贩卖业	韩瀛州	1,000	2,700	1	1
复活鱼店	长春区永春路15号		水产贩卖业	张培田	500	200	1	3
复康药房	胜利区重庆路213号		西药贩卖业	宋占昌	400	16,500	1	
复茂永	长春区东三马路162号		服装估衣贩卖业	杨树森	100	600	1	

续 表

店铺名称	地址	主要产品	经营类别	经理姓名	固定资金（万元）	流动资金（万元）	职工人数	
							职员	工人
复庆兴	头道沟区东二条西胡同3号		食品杂货贩卖业	王惠民	50	100	1	1
复庆永书局	胜利区北大街1-45号		书籍文具贩卖业	林庆昌	1,000	14,000	1	1
复荣商店	长春区大马路3段17号		华洋杂货贩卖业	赵仲三	200	800	2	2
复生表店	头道沟区长江路1段12号		钟表修理贩卖业	李景宽	150	150	1	
复生和	胜利区北大街2段9号		鲜货贩卖业	胡耀长	400	300	1	
复生文具店	胜利区重庆路313号		书籍文具贩卖业	孙中仁	800	3,200	1	3
复生西药房	胜利区大经路9号		西药贩卖业	张福镇	1,000	7,000	1	1
复盛昌	长春区新春街8组		粮米贩卖业	张栖凤	100	900	1	2
复盛炉	宽城区胜利街16组	农具	铁匠炉业	郑学敬	50	100	1	1
复盛洋服店	长春区长通路30号	洋服	被服缝纫业	曹殿阁	200	10	1	
复盛永	胜利区北大街1段10号		饭店业	韩介宾	300	200	1	2
复顺合	长春区长通街45组		鲜货贩卖业	袁顺	50	850	1	2

店铺名称	地址	主要产品	经营类别	经理姓名	固定资金（万元）	流动资金（万元）	职工人数	
							职员	工人
复祥淀粉工厂	胜利区东二道街7号	粉子	淀粉制造业	王维翰	500	2,000	1	5
复新堂	胜利区北街15号		中药贩卖业	李庚勤	1,500	4,500	1	1
复兴表店	胜利区西三马路2段2号		钟表修理贩卖业	孙国昌	100	50	1	1
复兴昌	和顺区民丰一条6号		食品杂货贩卖业	范广儒	200	1,000	1	2
复兴车店	胜利区全安街38号		大车店业	于在波	1,050		1	3
复兴程	头道沟区东二条街30组		粮米贩卖业	温鸿程	100	400	1	1
复兴德	胜利区西三道街12号		中药贩卖业	房森兴	1,000	2,000	1	2
复兴德	胜利区吉顺街517号		食品杂货贩卖业	王树洪	300	200	1	1
复兴德	长春区长通路		古物贩卖业	廖占山	1,130	1,500	1	1
复兴东	胜利区永春路92号		书籍文具贩卖业	孙寰海	1,000	8,000	1	
复兴东	头道沟区东二条街30组		粮米贩卖业	张殿卿	200	800	1	
复兴东	长春区西四马路1段17号		粮米贩卖业	李维章	500	2,000	1	2
复兴东	长春区桃源路2组		食品杂货贩卖业	韩振声	200	150	1	1

店铺名称	地址	主要产品	经营类别	经理姓名	固定资金（万元）	流动资金（万元）	职工人数	
							职员	工人
复兴东	和顺区东盛路15号		食品杂货贩卖业	董秀实	200	1,800	1	3
复兴东	头道沟区长江路4-30号		食品杂货贩卖业	邢同庆	250	500	1	
复兴东铁炉	和顺区东吉林马路14-2号		铁匠炉业	陈学智	1,500	1,000	1	3
复兴饭店	胜利区柳影街1组		饭店业	罗恩崇	100	500	1	1
复兴古物商	胜利区民康路448号	古物	古物贩卖业	姚振海	300	1,300	1	2
复兴号	长春区大马路1段13号		饭店业	张同春	500	300	1	3
复兴号	长春区东长春大街112号		食品杂货贩卖业	孙立本	20	80	1	1
复兴号	头道沟区香港路4号		食品杂货贩卖业	唐润涛	150	1,350	1	3
复兴和	长春区重光路62号		粮米贩卖业	李大中	250	550	1	3
复兴和	头道沟区上海路77号		食品杂货贩卖业	李芝林	300	500	1	1
复兴刻字局	长春区西四马路35号		刻字	孙世宽	20	30	1	
复兴炉	胜利区西头道街11号	农具	铁匠炉业	祁祯祥	200	200	1	2

店铺名称	地址	主要产品	经营类别	经理姓名	固定资金（万元）	流动资金（万元）	职工人数	
							职员	工人
复兴帽庄	长春区大马路8号		鞋帽贩卖业	潘味三	300	100	1	1
复兴商店	胜利区民康路409号		食品杂货贩卖业	王广禄	300	500	1	1
复兴盛	头道沟区汉口大街15之1号		食品杂货贩卖业	于子衡	100	300	2	1
复兴盛	长春区西五马路66号		古物贩卖业	管玉庭	100	300	1	
复兴盛制造业	和顺区和顺街26号	皮鞋	皮鞋制造业	杨盛恩	600	1,000	1	1
复兴书局	东荣区永宁街121号		书籍文具贩卖业	吴振升	400	150	1	1
复兴泰	头道沟区上海路41之3		食品杂货贩卖业	李子和	300	700	1	2
复兴泰	胜利区新发路2号		食品杂货贩卖业	乔明远	600	700	1	
复兴泰鞋铺	胜利区北大经路63组	便鞋	鞋类制造业	刘永泰	200	50	1	
复兴同药店	长春区新春街15组		中药贩卖业	梁兴洲	1,000	2,000	2	1
复兴祥	中华区西桂林街19组		食品杂货贩卖业	杨凤林	150	450	1	2
复兴鞋店	头道沟区上海路1-25号	便鞋	鞋类制造业	娄文德	150	50	1	
复兴洋服店	中华区崇智胡同312号	洋服	被服缝纫业	朗润秋	200		1	1

续 表

店铺名称	地址	主要产品	经营类别	经理姓名	固定资金（万元）	流动资金（万元）	职工人数	
							职员	工人
复兴洋服店	胜利区西四马路2段20号	洋服	被服缝纫业	刘兴武	200	50	1	
复兴永	长春区四马路4-2号		书籍文具贩卖业	林子文	500	2,500	1	
复兴永	胜利区永春路84号		中药贩卖业	刘永州	1,000	3,000	2	
复兴园	宽城区开封街3组		饭店业	赵维新	425	225	1	3
复兴源	长春区东大桥街2组		粮米贩卖业	李邦贤	500	1,500	3	1
复兴源	头道沟区永吉路4-3号		食品杂货贩卖业	王玉书	60	200	1	1
复兴栈	头道沟区黑水路2段3号		旅馆业	李墨林	800	200	1	5
复兴长	胜利区北大街15号		食品杂货贩卖业	赵振明	100	400	1	1
复员昌	和顺区东盛路15号		食品杂货贩卖业	董庆昌	50	650	1	2
复员酒店	胜利区永春路45号		食品杂货贩卖业	金守义	100	200		
复源酱园	长春区永长路3段9号	酱类	酱、酱油、醋酿造业	李学善	1,000	5,000	3	1
复增玉药店	宽城区柳影路827号	中药	中药贩卖业	齐贵章	1,200	1,800	2	1
富丰水	宽城区菜市街19组		食品杂货贩卖业	蒋宝富	500	800	1	3

店铺名称	地址	主要产品	经营类别	经理姓名	固定资金（万元）	流动资金（万元）	职工人数 职员	职工人数 工人
富国洋服店	头道沟区辽北路2段2号	洋服	被服缝纫业	王富国	600	50	1	
富海茶社	长春区西四马路35号		影剧院娱乐场业	梁宝成	2,000		1	1
富海园	胜利区头道街2号		饭店业	李国富	200	400	1	6
富和发	长春区四马路35号		饭店业	任富	200	300	1	3
富和义清茶社	长春区新市场35号	水馆业	商杂业	阴殿和	400	100	1	1
富华号	中华区康平街4组		食品杂货贩卖业	崔庆祥	300	600	1	2
富久洋服店	头道沟区东四条街15号	洋服	被服缝纫业	张甲臣	200	50	1	
富泉汽水工厂	长春区西六马路51号	汽水	清凉饮料制造业	孙富泉	8,400	9,600	2	6
富山成小铺	胜利区自强路15号		食品杂货贩卖业	常富山	100	400	1	1
富泰饭店	和顺区吉林大马路36号		饭店业	潘荣本	900	200	2	7
富祥客栈	长春区西四马路36号		旅馆业	曹有禄	300	100	1	1
富鑫昌新衣工厂	长春区老市场胡同7号	被服	被服缝纫业	李宝富	600	1,400	1	2

续 表

店铺名称	地址	主要产品	经营类别	经理姓名	固定资金（万元）	流动资金（万元）	职工人数	
							职员	工人
富信洋服店	头道沟区上海路33-1号	洋服	被服缝纫业	阎成信	350	150	1	
富兴东	头道沟区长江路2-21		食品杂货贩卖业	张国富	4,865	6,117	3	7
富兴栈车店	宽城区柏沟街651号		大车店业	马福元	475	225	2	2
富源大车店	和顺区东盛路1号		大车店业	董福魁	100	100	2	2
馥春酱园	胜利区西四马路168号	酱类	酱、酱油、醋酿造业	阎志朴	650	1,720	1	3
馥亭商店	胜利区南关大街47号		五金贩卖业	王继芳	1,000	4,000	1	1

G

店铺名称	地址	主要产品	经营类别	经理姓名	固定资金（万元）	流动资金（万元）	职工人数	
							职员	工人
高小铺	长春区长通路26号		食品杂货贩卖业	高金声	500	100	1	1
高小铺	大西区翻身村4组		食品杂货贩卖业	高喜升	40	160	1	
革新号	长春区大马路4段8号		华洋杂货贩卖业	李毓棣	200	600	1	1
工建五金行	胜利区西长春大街2-9		五金贩卖业	徐明正	1,400	2,600	2	3

店铺名称	地址	主要产品	经营类别	经理姓名	固定资金（万元）	流动资金（万元）	职工人数	
							职员	工人
工农大车店	长春区东大街11号		大车店业	李维九	1,400	1,100	2	4
工农大车店	宽城区北五条和平路1-21号		大车店业	张玉璞	2,000		3	3
工农饭店	和顺区吉林马路60号		饭店业	陈庭贵	100	150	1	3
工农钢笔水制造业	胜利区民康路68组	钢笔水	文具制造业	朱云程	20	400	1	4
工农饺子馆	长春区东三马路7号		饭店业	陈岩	150	100	1	3
工农钟表店	长春区大马路4段37号		钟表修理贩卖业	梁彪	500	300	2	2
工谊鞋店	头道沟区斯大林大街20号	便鞋	鞋类制造业	范钦裕	300	400	1	2
工友合作炉	头道沟区珠江路6号	蹄铁	蹄铁业	贾玉昆	300	200	1	2
工友汽车代燃加工	长春区西五马路9号	薪材	薪柴业	王庆贵	135	500	1	0
工友书店	头道沟上海路15号		书籍文具贩卖业	王汉秋	120	880	1	1
工友鞋厂	胜利区自强街4组	便鞋	鞋类制造业	毛俊亭	50	105	1	1
工友鞋店	头道沟区宁波路56组	便鞋	鞋类制造业	王世英	100	50	1	2

店铺名称	地址	主要产品	经营类别	经理姓名	固定资金（万元）	流动资金（万元）	职工人数	
							职员	工人
工友鞋铺	中华区重庆街6组	便鞋	鞋类制造业	邹恒月	150	50	1	1
工友洋服店	胜利区清明街52组	洋服	被服缝纫业	彭福庆	200	10	1	2
公成合	长春区永长路42	古物	古物贩卖业	郑长祜	100	900	2	
公成兴	东荣区开封路15号		食品杂货贩卖业	宫成	200	100	1	
公大书局	胜利区北大街1-17号		书籍文具贩卖业	刘子言	1,000	4,000	1	
公大照相馆	长春区大马路21号		照相业	陶传基	800	200	1	
公道号	胜利区永长路6段2号	古物	古物贩卖业	郝道芳	300	1,000	1	1
公德堂	东荣区永宁街57号	膏	中药贩卖业	杨文泰	250	150	1	
公和锄板炉	和顺区东盛四条街19号	铁锄板	铁匠炉业	毕昌大	350	650	1	5
公和东	头道沟区东四条街3号		食品杂货贩卖业	孙祝三	300	200	1	
公和源	胜利区大经路6号	薪材	薪柴业	张景珠	3,000	7,000	2	5
公和长	胜利区西三道街54号		食品杂货贩卖业	董占元	400	100	1	1
公记唱机修理贩卖店	长春区西四马路49号		唱机修理业	傅锡恩	3,000	400	1	

店铺名称	地址	主要产品	经营类别	经理姓名	固定资金（万元）	流动资金（万元）	职工人数	
							职员	工人
公立栈大车店	长春区兴运街31号		大车店业	王礼	400	100	2	2
公民旅馆	头道沟区厦门街16号		旅馆业	尹重铉	300	100	1	1
公平号	头道沟区东二条街33组		粮米贩卖业	刘文彭	60	300	1	
公平号	长春区输六马路8号		食品杂货贩卖业	王景光	1,500	100	1	1
公庆和	胜利区大经路5号		食品杂货贩卖业	李世昌	500	1,000	1	1
公盛东小铺	和顺区东新路139号		食品杂货贩卖业	李世荣	150	600	1	1
公盛和	长春区东三马路6号		食品杂货贩卖业	刘公杰	300	200	1	1
公信号	头道沟区东二条街30组		食品杂货贩卖业	温智章	100	400	1	1
公兴成鞋料店	长春区东三马路5号		靴鞋材料贩卖业	袁裕溥	240	4,760	2	1
公兴永	长春区清真胡同10号		食肉贩卖业	韩贵林	200	600	1	1
公兴长	长春区西四马路3号		食品杂货贩卖业	张民山	150	300	1	1
公义成	和顺区五街1组		粮米贩卖业	肖振明	60	150	1	2
公义成	胜利区全安街34号		食品杂货贩卖业	曲贵良	400	1,600	1	1

店铺名称	地址	主要产品	经营类别	经理姓名	固定资金（万元）	流动资金（万元）	职工人数	
							职员	工人
公义号	胜利区中街5组		食品杂货贩卖业	姜阁州	50	350	1	1
公义商行	胜利区东四道街130号		中药贩卖业	朱锦亭	6,000		1	2
公益茶社	头道沟区长江路2段18号		影剧院娱乐场业	王坤锡	470	30	1	1
公益文具店	长春区西三马路42		书籍文具贩卖业	李芳辰	600	4,400	1	2
公益兴	胜利区南街8号		食品杂货贩卖业	李长五	2,000	6,000	5	7
公益药房	胜利区大经路10号		西药贩卖业	王卓三	1,000	4,600	2	2
功义炉	东荣区迁安路18组	蹄铁	蹄铁业	贾凤山	100	150	1	1
功有利	头道沟区贵阳街12号		食品杂货贩卖业	孙开敏	500	600	1	1
共成号	头道沟区宁波路3-2号		食品杂货贩卖业	霍云亭	100	200	1	1
共成商店	头道沟区珠江路26号		食品杂货贩卖业	佟高氏	1,000	500	1	1
共和村	胜利区北大经8组		饭店业	王升堂	500	500	1	4
共和大车店	宽城区柏沟街8号		大车店业	张鸿业	300	100	1	2
共和饭店	头道沟区长白路1段8号		饭店业	马俊卿	200	200	1	3

续表

店铺名称	地址	主要产品	经营类别	经理姓名	固定资金（万元）	流动资金（万元）	职工人数	
							职员	工人
共和炉	长春区桃源街4组	蹄铁	蹄铁业	刘树芝	90	40	1	
共和旅馆	头道沟区宁南胡同7号		旅馆业	補玉凤	300	100	1	
共和洋服店	头道沟区宁波路25号	洋服	被服缝纫业	李相天	500		1	1
共惠锄板炉	和顺区吉林马路49号		铁匠炉业	谭品三	1,000	4,000	1	9
共力冰果店	头道沟区黄河路4段4号	冰果	清凉饮料制造业	李培山	3,900	1,000	2	3
共利鞋店	中华区兴安大路301号	便鞋	鞋类制造业	尹广令	100	500	3	2
共荣洋服店	胜利区二马路21号	洋服	被服缝纫业	孟宪棋	250		1	3
共荣洋服店	头道沟区胜利大街24号	洋服	被服缝纫业	郭宗广	500	100	1	3
共同被服工业	长春区三马路7段37号	被服	被服缝纫业	姚兴阁	800	2,000	1	4
共同号小铺	长春区长通路20号		食品杂货贩卖业	刘传永华	200	500	1	
共同炉	长春区桃源路4组	蹄铁	蹄铁业	胡立恒	80	70	1	2
共同商行	长春区大马路3-2之1号		烟卷贩卖业	孙阁华	800	14,920	3	3

店铺名称	地址	主要产品	经营类别	经理姓名	固定资金（万元）	流动资金（万元）	职工人数	
							职员	工人
共同小馆	头道沟区长白路1段2号		饭店业	陈连山	150	150	1	3
共同制鞋工厂	胜利区北大经街14组	便鞋	鞋类制造业	于永楮	450	350	1	6
共兴大车店	和顺区和顺街1号		大车店业	戴积昌	320	20	2	3
共益洋服店	胜利区清明街20组	洋服	被服缝纫业	逯兴智	230	20	1	
古文刻字局	胜利区斯大林街402号		刻字	王钧	500	50	1	
光华照相馆	中华区重庆路613号		照相业	邱海源	900	100	1	1
光陆照相馆	长春区大马路3段9号		照相业	邱继臣	1,500	1,000	1	1
光明被服厂	头道沟区珠江路23号	被服	被服缝纫业	傅郝桂芳	100		1	4
光明祥小铺	头道沟区上海路69号		食品杂货贩卖业	李更明	200	300	1	1
光明眼镜店	头道沟区长江路2段11号		眼镜贩卖修理业	李振之	2,500	2,500	1	
光信号	长春区新春街7组		粮米贩卖业	田花月	100	700	1	1
广昌盛	长春区东三马路162号		食品杂货贩卖业	于瑞麟	400	500	1	1

续表

店铺名称	地址	主要产品	经营类别	经理姓名	固定资金（万元）	流动资金（万元）	职工人数	
							职员	工人
广大生产大车店	长春区东大街15号		大车店业	曹阴武	600	650	2	2
广发炉	宽城区柳影街1组	蹄铁	蹄铁业		100	50	1	2
广发顺	长春区西四马路26号		饭店业	张广明	600	150	1	2
广和旅馆	头道沟区长白路14号		旅馆业	高登云	400	100	2	5
广和铁工厂	和顺区和顺七条街7号	锄板	铁匠炉业	冯荣普	2,500	3,600	1	10
广济堂	胜利区西三马路19号		中药贩卖业	龙荣奎	50	150	1	
广来旅馆	长春区大马路1段37号		旅馆业	张化民	500		1	3
广立成	长春区兴盛路301号		食品杂货贩卖业	王德信	120	300	1	
广茂工厂	长春区新春街30组	布鞋	鞋类制造业	耿学林	500	2,000	1	2
广全永	胜利区民康路85号		食品杂货贩卖业	沙广才	300	500	1	3
广泉医社	长春区新立街32组		中药贩卖业	王德广	550	150	1	
广泉涌酱园	长春区长通街34组	酱类	酱、酱油、醋酿造业	李修道	3,440	4,240	2	1

续　表

店铺名称	地址	主要产品	经营类别	经理姓名	固定资金（万元）	流动资金（万元）	职员	工人
广荣号	中华区东桂林街5组		食品杂货贩卖业	周玉	150	350	1	1
广生洋服店	头道沟区汉口街15号	洋服	被服缝纫业	宋洪廷	180	20	1	1
广生永药店	头道沟区东三条街12号		中药贩卖业	刘耀华	1,500	2,000	2	
广盛东	和顺区东盛三条22号		食品杂货贩卖业	徐盛先	30	170	1	2
广盛祥	长春区南大街28号		五金贩卖业	张宝林	1,500	20,539	1	1
广顺发	胜利区西二道街25号		食肉贩卖业	刘恩荣	100	400	1	2
广顺合	长春区新民胡同38号		烟卷贩卖业	李广珠	50	950	1	1
广顺炉	头道沟区广南街56组		铁匠炉业	计耀武	50	150	1	2
广泰丰	头道沟区珠江路2-14号		食品杂货贩卖业	赵士清	2,100	7,400	1	5
广泰商行	头道沟区呼伦街22号		五金贩卖业	刘俊田	1,000	500	1	
广新盛	胜利区民康路508号		食肉贩卖业	马新春	100	300	1	2
广信鞋工厂	长春区吉林街133号	便鞋	鞋类制造业	柴宪章	100	400	1	2

店铺名称	地址	主要产品	经营类别	经理姓名	固定资金（万元）	流动资金（万元）	职工人数	
							职员	工人
广兴车店	胜利区全安街620		大车店业	郝来三	2,800		2	2
广兴发	长春区兴运路18号		食品杂货贩卖业	石焕发	50	200	1	
广兴久	头道沟区黑水路14号		食品杂货贩卖业	马思田	100	150	1	1
广兴顺	和顺区临河街18组	粉子	淀粉制造业	李永山	600	600	1	5
广兴永	胜利区西四道街48号		食品杂货贩卖业	齐作民	50	350	1	
广益分销处	头道沟区黑水路32-5号		鲜货贩卖业	慕凤春	800	2,200	1	4
广玉厂	胜利区北大街1-16号1		书籍文具贩卖业	周玉堂	500	2,700	1	1
广玉成	胜利区南大街2号		华洋杂货贩卖业	崔玉琛	1,000	7,000	1	2
广源冰糕店	头道沟区珠江路4段13号		食品杂货贩卖业	周志枚	100	200	1	2
广源德	胜利区西二道街71号		食品杂货贩卖业	何岐	200	800	1	1
广源居酱园	胜利区民康街71号	酱类	酱、酱油、醋酿造业	张来德	10,000	10,000	4	2
广源居酱园	和顺区吉林马路22号	酱类	酱、酱油、醋酿造业	元忠诚	5,000	23,000	4	6

续　表

店铺名称	地址	主要产品	经营类别	经理姓名	固定资金（万元）	流动资金（万元）	职工人数	
							职员	工人
广源庆刻字店	胜利区西三马路2段30		刻字	郑云章	400	100	1	
广源兴	头道沟区宁波路4215号		食品杂货贩卖业	褚长金	200	800	1	1
广远肉铺	长春区东五马路1段1号		食肉贩卖业	辛广远	200	400	1	1
归去来小铺	中华区兴安街14组		食品杂货贩卖业	史王氏	250	150	1	1
贵山铁炉	胜利区文庙街42组		铁匠炉业	李贵山	150	100	1	4
贵阳商店	头道沟区贵阳街7号		食品杂货贩卖业	刘雨田	100	400	2	
桂林军服店	长春区东天街43组	洋服	被服缝纫业	杨桂林	500	50	1	1
桂林商店	长春区桃源路214号		食品杂货贩卖业	董秉礼	300	500	1	
桂林烧饼铺	中华区西桂林街505号		饭店业	白书礼	50	100	1	2
桂林西服店	中华区兴安大路524	洋服	被服缝纫业	王贵麟	900	100	1	1
桂小铺	胜利区全安街22组		食品杂货贩卖业	桂瑞符	60	170	1	1
国光商店	胜利区北街87组		山海杂货贩卖业	王振波	300	3,200	2	
国光照相馆	长春区大马路2段3-之1		照相业	李向富	600	250	1	2

店铺名称	地址	主要产品	经营类别	经理姓名	固定资金（万元）	流动资金（万元）	职工人数	
							职员	工人
国华西药房	长春区新春街15组		西药贩卖业	费级三	500	3,500	1	1
国华洋服店	头道沟区长江路22号	洋服	被服缝纫业	丛英杰	100		1	
国华照相馆	中华区重庆街15组		照相业	王念忠	300	100	1	1
国民书局	胜利区北大经路1-10号		书籍文具贩卖业	刘文霖	2,000	13,000	2	1
国庆洋服店	胜利区大经路1段13号	洋服	被服缝纫业	高福义	700	100	1	4
国士洋服店	头道沟区宁波路4段15号	洋服	被服缝纫业	韩国士	200	50	1	
国泰饭店	长春区东三马路179号		饭店业	史凤翔	5,000	2,250	2	13
国祥玻璃镜庄	长春区东三马路194号		玻璃镜庄业	范永杰	300	1,000	1	

H

店铺名称	地址	主要产品	经营类别	经理姓名	固定资金（万元）	流动资金（万元）	职工人数	
							职员	工人
哈尔滨旅馆	头道沟区胜利大街2段20号		旅馆业	周胜春	3,270	9,030	6	7
海宾天	胜利区东二道街96号		饭店业	李忠朝	250	300	1	4

续 表

店铺名称	地址	主要产品	经营类别	经理姓名	固定资金（万元）	流动资金（万元）	职工人数	
							职员	工人
海宾鞋店	长春区新民街21组	便鞋	鞋类制造业	刘海宾	100	300	1	
海滨鞋店	长春区新民街4号	便鞋	鞋类制造业	刘海滨	100	300	1	
海发园	长春区西四马路8号		饭店业	齐振海	2,500	500	1	5
海江鱼店	头道沟区长江路市场		水产贩卖业	王坤锡	50	100	1	2
海通商店	头道沟区长江路13号		华洋杂货贩卖业	薛君贻	700	800	1	
海兴隆鞋厂	长春区新春街32组	便鞋	鞋类制造业	刘清海	1,700	300	1	2
海源盛表店	胜利区至善路25号		钟表修理贩卖业	王克志	100	250	1	
海源长	长春区长通路36号		食品杂货贩卖业	李长海	500	400	1	1
韩杂货铺	胜利区民康路71组		食品杂货贩卖业	韩统华	50	300	1	1
汉阳旅馆	头道沟区宁波街33组		旅馆业	陈令石	100	30	1	2
好莱坞照相	胜利区大经路1段30号		照相业	袁殿魁	700	300	1	
好时光像馆	胜利区大经路13-5		照相业	王文杰	600	300	1	2
合发炉	胜利区大经路57号		铁匠炉业	毕坤先	400	350	1	3

店铺名称	地址	主要产品	经营类别	经理姓名	固定资金（万元）	流动资金（万元）	职工人数	
							职员	工人
合发园	长春区兴运街47组		饭店业	张兴鸿	150	500	1	3
合发园	中华区永昌街250号		饭店业	金大为	200	100	1	4
合利成	中华区兴安大路302号		饭店业	唐志远	50	150	1	2
合利园	长春区七马路光复市场		饭店业	李学海	200	300	1	3
合利制材所	胜利区民康路444号	薪材	薪柴业	王财	1,700	500	1	2
合盛炉	长春区东四马路91号	斧子	铁匠炉业	王福俊	1,200	800	1	2
合盛祥	胜利区吉林马路9号		鲜货贩卖业	侯中衡	100	1,200	1	1
合顺成	胜利区西二道街59号		食品杂货贩卖业	于在兴	50	2,400	1	2
合顺成制墨铺	头道沟区黄河路25号	墨	文具制造业	崔吉林	300	700	2	4
合顺号	胜利区南大经街24组		粮米贩卖业	于柏云	1,000	4,000	1	7
合顺祥	长春区东天街17号		华洋杂货贩卖业	李翰臣	50	500	1	
合顺祥	东荣区新业街3组		粮米贩卖业	贺长清	350	430	1	1
合田商店	长春区东天街4组		食品杂货贩卖业	于法平	700	500	1	

续 表

店铺名称	地址	主要产品	经营类别	经理姓名	固定资金（万元）	流动资金（万元）	职工人数	
							职员	工人
合同肉铺	长春区永春路26号		食肉贩卖业	宋日绪	800	200	1	1
合兴昌	胜利区中街12组		粮米贩卖业	于得水	3,000	5,000	2	3
合兴成	胜利区南大经街41组		粮米贩卖业	徐宪哲	250	750	1	
合兴成	胜利区民康街37号	古物	古物贩卖业	邹振麟	300	300	1	1
合兴粉房	长春区永长路53-1号	粉子	淀粉制造业	王汉英	2,000	1,000	1	3
合兴福	长春区永春市场35号		食肉贩卖业	周兆麟	500	1,000	1	1
合兴福	胜利区中街7组		食品杂货贩卖业	陶景德	200	200	2	2
合兴煎饼铺	胜利区西三道街108号		食品杂货贩卖业	孟继平	100	100	1	2
合兴久	宽城区菜市街1组		食品杂货贩卖业	华雨田	100	400	2	1
合兴炉	长春区桃源街5组	斧子	铁匠炉业	王庆春	1,000	1,000	1	1
合兴炉	胜利区东三道街2号	蹄铁	蹄铁业	王世业	300	200	1	1
合兴长	头道沟区贵阳街29之2		食品杂货贩卖业	宋兆江	100	400	1	2
合资炉	胜利区北大街62号		铁匠炉业	陈金财	50	150	1	4

店铺名称	地址	主要产品	经营类别	经理姓名	固定资金（万元）	流动资金（万元）	职工人数 职员	职工人数 工人
和发炉	宽城区民生街25组		铁匠炉业	张觐臣	180	120	1	2
和发同	长春区桃源街12组		中药贩卖业	刘馨山	1,400	1,600	1	1
和发同	胜利区东二道街22号		中药贩卖业	霍振芳	2,000	4,000	2	
和发兴	头道沟区胜利大街2号		中药贩卖业	魏文岐	1,500	4,500	1	3
和发源	胜利区全安街15组		山海杂货贩卖业	李柏田	200	4,300	1	4
和发长	长春区新春街26组		鞋帽贩卖业	毕声臬	100	900	1	
和丰文具店	长春区四马路4-2号		书籍文具贩卖业	王居仁	400	4,100	1	
和凤号	胜利区平治街70号		食品杂货贩卖业	甘永辰	500	800	1	1
和茂古物商	胜利区清明街32号	古物	古物贩卖业	章志和	300	700	2	
和平大车店	宽城区北五条街20号		大车店业	吴玉昆	400	200	1	1
和平工社	中华区崇智胡同31号	钢笔水	文具制造业	于博斋	100	200	2	2
和平旅馆	头道沟区厦门路3段3号		旅馆业	金在淑	300	50	1	
和庆东	胜利区北街42号		中药贩卖业	王启东	1,000	3,000	3	1

续 表

店铺名称	地址	主要产品	经营类别	经理姓名	固定资金（万元）	流动资金（万元）	职工人数	
							职员	工人
和生鱼店	头道沟区长江路15号		水产贩卖业	齐仲和	50	100	1	1
和盛公	长春区新民街50组		中药贩卖业	乔会	1,000	2,000	1	3
和盛鱼行代理店	长春区新春街11组		水产贩卖业	王砚昆	400	600	4	7
和顺成	长春区桃源路54组		食肉贩卖业	唐泽滨	300	200	1	2
和顺成	中华区康平街18组		食品杂货贩卖业	简述明	100	400	1	1
和顺大车店	和顺区和顺街2号		大车店业	赵新业	300	300	2	1
和顺东	东荣区永宁路128号		食品杂货贩卖业	汤顺义	250	350	1	1
和顺肉铺	长春区新春路28-1号		食肉贩卖业	王凤来	500	500	1	2
和顺盛	和顺区吉林马路南21号		食品杂货贩卖业	任守法	100	250	1	1
和顺鞋店	头道沟区广南街34组	便鞋	鞋类制造业	徐承修	220	280	1	2
和顺园	和顺区和顺街五条1号		饭店业	张凤来	40	80	1	3
和泰被服厂	长春区大马路4段3号	被服	被服缝纫业	丁淮扬	3,720	12,800	2	3
和泰兴药店	长春区新春街51组		中药贩卖业	杨过林	500	1,500	1	

店铺名称	地址	主要产品	经营类别	经理姓名	固定资金（万元）	流动资金（万元）	职工人数	
							职员	工人
和新堂	胜利区北街20号		中药贩卖业	于德生	1,500	3,500	2	1
和兴成	头道沟区黑水路7-2号		食品杂货贩卖业	刘心友	600	800	1	2
和兴号	中华区重庆大路701号		书籍文具贩卖业	官云和	1,500	2,500	1	3
和兴文具店	胜利区新发路114号		书籍文具贩卖业	王绥生	1,000	11,000	2	
和兴祥	东四条街22号		食品杂货贩卖业	鲍怀信	200	300	1	1
和轩印房	长春区大马路1段20号		刻字	户仁轩	250	200	1	2
鹤合号	和顺区安守路20号		食品杂货贩卖业	张鹤会	70	200	1	
鹤鸣鞋工厂	长春区东天街36组	便鞋	鞋类制造业	王翼亭	150	150	1	
鹤轩饭店	头道沟区长江路27号		饭店业	姜鹤轩	300	200	1	3
亨达利公记表店	长春区大马路3段22号		钟表修理贩卖业	董绍宣	1,000	9,500	2	2
亨达利合记像馆	长春区大马路3段22号		照相业	魏秉衡	2,500	500	1	3
亨大刻字局	长春区东三马路182号		刻字	赵学明	50	100	1	
亨大钟表店	长春区东三马路182号		钟表修理贩卖业	李德一	600	1,400	1	

店铺名称	地址	主要产品	经营类别	经理姓名	固定资金（万元）	流动资金（万元）	职工人数	
							职员	工人
恒昌五金行	胜利区中街8组		五金贩卖业	魏振声	1,000	5,000	1	
恒大文具店	头道沟区胜利大街4-26号		书籍文具贩卖业	刘香阁	1,500	13,500	1	1
恒大鞋店	头道沟区广西路32之3号	便鞋	鞋类制造业	梁景灏	400	100	1	1
恒大兴	和顺区临河五条35号		食品杂货贩卖业	冯广升	100	200	1	
恒发炉	胜利区吉林街45组	蹄铁	蹄铁业	孟玉堂	200	200	1	2
恒丰	中华区西永昌街6组		食品杂货贩卖业	李品之	500	100	1	1
恒丰汽车行	中华区崇智路301号		商杂业	吕世泮	5,000		1	1
恒孚号	长春区大马路4-8号		书籍文具贩卖业	马降盛	500	2,500	1	
恒合利	长春区西六马路107号		食品杂货贩卖业	王剑秋	200	300	1	3
恒利酱业工厂	胜利区全安街83-7号	酱类	酱、酱油、醋酿造业	姜会忱	2,500	7,500	3	4
恒升茂	头道沟区上海路21号		食品杂货贩卖业	陈云升	500	500	1	1
恒盛炉	胜利区西二道街29组	剪子	铁匠炉业	卢鹤松	100	500	1	1

店铺名称	地址	主要产品	经营类别	经理姓名	固定资金（万元）	流动资金（万元）	职工人数 职员	职工人数 工人
恒顺泰	胜利区吉林大路402号		干货贩卖业	张登甲	400	200	1	2
恒兴大车店	长春区东天街7号		大车店业	王文科	500		2	3
恒兴东	胜利区北街1组		玻璃镜庄业	郭仙舫	500	1,000	1	
恒兴鞋店	中华区兴安大路202号	便鞋	鞋类制造业	李宝臣	200	80	1	1
恒兴长文具	长春区西三马路42		书籍文具贩卖业	原其璋	2,000	5,000	2	
恒益北	长春区新民街20组		粮米贩卖业	刘镜菲	2,000	13,000	2	3
恒源盛	头道沟区黄河路11号		山海杂货贩卖业	张铁民	800	7,200	1	2
恒增长	头道沟区东二条街30组		食品杂货贩卖业	萧长贵	150	450	1	2
红星小铺	中华区兴安大路15号		食品杂货贩卖业	张木东	100	250	1	
红星洋服店	长春区同乐路220	洋服	被服缝纫业	邵鸿禧	150		1	1
宏昌商店	长春区大马路3段8号		华洋杂货贩卖业	王唤岐	1,150	550	1	2
宏昌祥炉	长春区长通路32号	蹄铁	蹄铁业	王占清	100	300	1	1
宏大文具工厂	头道沟区东八条街2号	钢笔水	文具制造业	马广志	850	1,250	4	10

店铺名称	地址	主要产品	经营类别	经理姓名	固定资金（万元）	流动资金（万元）	职工人数 职员	职工人数 工人
宏大洋服店	头道沟区厦门路14号	洋服	被服缝纫业	王国庆	350	150	1	1
宏大照相馆	宽城区柳影街1组		照相业	王惠臣	840	460	1	1
宏鼎商店	头道沟区西三条街8号		食品杂货贩卖业	赵杰南	200	200	1	2
宏发成	中华区重庆街21组		食品杂货贩卖业	邱德芳	500	300	1	1
宏发园	中华区兴安大路403号		饭店业	崔张氏	100	100	1	1
宏瑞祥	胜利区西三道街107号		食品杂货贩卖业	吕治宏	300	500	1	1
宏盛炉	宽城区柳影街16组	蹄铁	蹄铁业	王洪志	150	150	1	2
宏泰商店	胜利区中街10组		山海杂货贩卖业	张树范	300	3,650	1	1
宏泰商店	长春区东三马路23号		食品杂货贩卖业	藤树棠	250	1,000	2	1
宏星酱业	胜利区西五马路2段5号	酱类	酱、酱油、醋酿造业	姜景星	150	450	2	5
宏兴公	胜利区至善街13组		干货贩卖业	刘泰	700	900	1	2
宏兴炉	和顺区民丰六条街2号		铁匠炉业	朱连志	200	200	1	1
洪昌号	头道沟区天津路2-13号		食品杂货贩卖业	张祝臣	150	450	1	1

店铺名称	地址	主要产品	经营类别	经理姓名	固定资金（万元）	流动资金（万元）	职工人数 职员	职工人数 工人
洪昌兴车店	长春区永长街153号		大车店业	艾景阳	550	450	2	4
洪成洋服店	长春区新春街49号	洋服	被服缝纫业	李秉彝	600		1	2
洪发成	长春区长通街45组		鲜货贩卖业	李品茹	200	1,600	1	3
洪发东	和顺区和顺路34号		食品杂货贩卖业	李洪山	60	200	1	
洪发盛	胜利区西长春大街101号		食品杂货贩卖业	满英超	100	200	1	1
洪发兴	中华区兴安大路815号		饭店业	张洪祥	600	300	1	1
洪发永	胜利区大经路82号		食品杂货贩卖业	王永泰	150	750	1	2
洪发源	胜利区文庙街10组		食品杂货贩卖业	郭洪林	500	1,000	1	1
洪卿药房	胜利区至善路302号		中药贩卖业	张大宾	400	300	1	1
洪庆元	胜利区永春路44号		食品杂货贩卖业	崔介川	1,000	4,000	3	1
洪生泉酱园	头道沟区黄河路4段6号	酱类	酱、酱油、醋酿造业	邱日玺	8,000	2,500	2	3
洪盛炉	和顺区和顺街94组	农具	铁匠炉业	贾汝山	100	200	1	2

续表

店铺名称	地址	主要产品	经营类别	经理姓名	固定资金（万元）	流动资金（万元）	职工人数 职员	职工人数 工人
洪盛园	长春区同乐胡同251号		饭店业	张洪林	50	50	1	2
洪盛园	胜利区中街6组		饭店业	马会文	150	150	1	5
洪顺祥	长春区大马路21号		华洋杂货贩卖业	杜竹亭	200	1,000	1	
洪泰昌	头道沟区珠江路2-1号		食品杂货贩卖业	李作民	200	400	1	2
洪兴号	胜利区全安街25组		食品杂货贩卖业	王洪山	150	200	1	1
洪兴号	胜利区文庙街54组		食品杂货贩卖业	王鼎秋	150	650	1	1
洪兴炉	胜利区西头道街94号	农具	铁匠炉业	袁洪耀	400	600	1	4
洪兴永	中华区重庆街5组		食品杂货贩卖业	于洪泽	400	500	1	1
鸿滨小铺	长春区东三马路176号		食品杂货贩卖业		200	600	2	1
鸿昌大	胜利区大经路1号		食品杂货贩卖业	陈敬亮	100	250	1	1
鸿昌号	头道沟区广州路3-6号		食品杂货贩卖业	赵阁臣	300	300	1	
鸿昌盛	长春区西四马路38号		烟卷贩卖业	齐鸿魁		1,200	1	2
鸿昌盛	长春区东三马路12号		食品杂货贩卖业	杨鸿业	470	330	1	2

店铺名称	地址	主要产品	经营类别	经理姓名	固定资金（万元）	流动资金（万元）	职工人数 职员	职工人数 工人
鸿昌盛	头道沟区香港路12号		食品杂货贩卖业	阎子瞻	150	350	1	
鸿发大车店	和顺区和顺街39号		大车店业	康鸿斌	400	100	1	2
鸿发东	长春区东三马路29号		鞋帽贩卖业	赵恩波	30	1,200	1	
鸿发福	头道沟区南京大街2-16号		食品杂货贩卖业	杜鸿钧	500	390	1	
鸿发盛	和顺区东盛路20号		食品杂货贩卖业	汪润忠	400	1,200	1	4
鸿发园	头道沟区长江路5段1号		饭店业	鞠鸿声	150	100	1	1
鸿发长	和顺区东盛二条2071号		食品杂货贩卖业	丛树森	100	200	1	1
鸿丰号	中华区重庆路401号		饭店业	刘敏	1,000	200	1	3
鸿丰号	和顺区安守路20号		食品杂货贩卖业	林绍业	150	240	1	1
鸿福园	长春区四马路37号		饭店业	郑作樵	1,000	500	2	1
鸿聚祥	头道沟区黄河路3-18号	兼磨坊	食品杂货贩卖业	李祥吉	700	800	1	3
鸿利商店	胜利区全安街3号		华洋杂货贩卖业	王鸿臣	400	1,300	1	1

续 表

店铺名称	地址	主要产品	经营类别	经理姓名	固定资金（万元）	流动资金（万元）	职工人数	
							职员	工人
鸿利兴药店	东荣区迁安路440	中药	中药贩卖业	郑宪章	1,200	1,800	1	1
鸿茂盛	长春区桃源街5组		饭店业	郭北有	1,200	300	1	2
鸿升德小铺	长春区新民街29号		食品杂货贩卖业	周承先	1,200	700	1	1
鸿升炉	胜利区永长街15号		铁匠炉业	李宾鸿	50	100	1	
鸿生德	中华区重庆街37组		食品杂货贩卖业	宿鸿林	400	400	1	1
鸿生铅笔工厂	长春区东天街36号		文具制造业	王鸿基	1,000	500	1	4
鸿生涌	头道沟区东二条街3段9号	酱类	酱、酱油、醋酿造业	萧墨林	12,800	1,200	2	2
鸿声唱机行	长春区新民街33组		唱机修理业	王世凯	230	870	1	
鸿胜园	和顺区吉林大马路50号		饭店业	杨作田	50	150	1	3
鸿盛发	胜利区平治街65号		食品杂货贩卖业	于洪盛	250	200	1	1
鸿盛号	中华区西永昌街7组		食品杂货贩卖业	徐鸿盛	50	150	1	1
鸿盛合	东荣区开封路18号		食品杂货贩卖业	姚万义	300	250	1	1

店铺名称	地址	主要产品	经营类别	经理姓名	固定资金（万元）	流动资金（万元）	职工人数职员	工人
鸿盛文具店	头道沟区厦门路2-6号		书籍文具贩卖业	王焕章	50	250	1	2
鸿盛兴洋服店	胜利区南大经街159组	洋服	被服缝纫业	高鸿魁	800	100	2	2
鸿盛涌	和顺区岭东路14号		食品杂货贩卖业	王进华	300	700	1	2
鸿盛园	和顺区吉林大马路69号		饭店业	杜运升	1,000	500	2	9
鸿顺炉	和顺区东站街6组		铁匠炉业	李洪修	100	100	1	1
鸿顺食品店	中华区兴安街9组		食品杂货贩卖业	肖鸿玉	200	1,000	1	1
鸿顺兴	长春区西四马路27号		食品杂货贩卖业	于鸿钧	350	350	1	1
鸿泰肉铺	头道沟区长江市场		食肉贩卖业	孙鸿泰	50	200	1	2
鸿泰鱼店	头道沟区长江路市场内		水产贩卖业	李吉鸿	50	150	1	
鸿兴东	和顺区东盛路20号		书籍文具贩卖业	林鸿业	800	800	1	1
鸿兴革厂	胜利区民康街25组	鞋面皮	皮鞋制造业	朱鸿禧	500	500	1	1
鸿兴号	长春区新春街5-1号		食品杂货贩卖业	王振山	200	800	1	1

店铺名称	地址	主要产品	经营类别	经理姓名	固定资金（万元）	流动资金（万元）	职工人数 职员	工人
鸿兴号小铺	长春区东三马路101号		食品杂货贩卖业	洪希孟	200	300	1	1
鸿兴客栈	胜利区文庙街2组		旅馆业	杜鸿臣	500	250	1	3
鸿兴林	长春区六马路36号		食品杂货贩卖业	林周氏	300	300	1	1
鸿兴盛	和顺区兴隆街2199号		食品杂货贩卖业	卢秉衡	100	150	1	1
鸿兴洋服店	和顺区吉林马路74号	洋服	被服缝纫业	刘书田	200	20	1	
鸿兴源	长春区东三马路38号		食品杂货贩卖业	郑鸿超	100	200	1	
鸿兴长	头道沟区珠江路5-11号		食品杂货贩卖业	张敏	200	600	1	
鸿益兴药房	头道沟区长江路5号		西药贩卖业	苏鸿文	1,000	6,500	2	3
鸿友商店	中华区重庆街7组		食品杂货贩卖业	薛子华	200	400	1	1
鸿源永	胜利区西三马路27号		华洋杂货贩卖业	赵秉元	100	400	1	1
厚德发	胜利区北大街21号		食品杂货贩卖业	齐聚丰	2,000	7,000	2	2
厚明帽子店	长春区大马路23组		鞋帽贩卖业	谷精厚	300	1,200	1	1
互生西药房	长春区五马路2号		西药贩卖业	陈丰田	300	2,600	1	1

店铺名称	地址	主要产品	经营类别	经理姓名	固定资金（万元）	流动资金（万元）	职工人数 职员	职工人数 工人
华北天	胜利区西四马路7号		食品杂货贩卖业	侯少华	400	500	1	2
华斌阁	头道沟区呼伦街17组	便鞋	鞋类制造业	周相阁	500	500	1	4
华昌号	长春区五马路20号		食品杂货贩卖业	刘德	200	500	1	1
华昌号	头道沟区黄河路4-1号		食品杂货贩卖业	王岐山	300	400	1	
华昌客栈	长春区桃源路408号		旅馆业	袁振纲	2,000	1,045	2	1
华昌文具店	长春区新春路15组		书籍文具贩卖业	傅炳华	150	2,250	1	
华昌鞋店	长春区新春街43组	男女皮鞋	皮鞋制造业	及华甫	100	400	1	1
华昌洋服店	中华区桂林街11组	洋服	被服缝纫业	金正永	300	50	1	
华成五金行	胜利区大经路2-3		五金贩卖业	颜心如	2,000	8,000	1	1
华春酱园	胜利区西五马路施医院胡同7号	酱类	酱、酱油、醋酿造业	杨华全	300	400	1	1
华春旅馆	头道沟区胜利大街2段15号		旅馆业	丛化龙	1,500		1	1
华春照相馆	胜利区北大街88组		照相业	高元利	1,200	500	1	1

续表

店铺名称	地址	主要产品	经营类别	经理姓名	固定资金（万元）	流动资金（万元）	职工人数	
							职员	工人
华东表店	长春区大马路1段8号		钟表修理贩卖业	石润之	350	1,550	1	2
华东号	长春区四马路2号		鞋帽贩卖业	杨馨圃	250	800	1	1
华东商行	头道沟区东二条街29组		粮米贩卖业	林钧湖	400	1,700	1	5
华丰东	头道沟区东一条14之1		食品杂货贩卖业	方庆轩	500	1,000	1	1
华丰号	胜利区东三道街51号		食品杂货贩卖业	吕俊海	2,500	1,500	1	
华丰号	头道沟区东二条街30组		食品杂货贩卖业	佟占久	200	1,000	1	3
华丰号	长春区铁行街19之1		食品杂货贩卖业	陈少华	300	200	1	1
华丰号	长春区东安街3组		食品杂货贩卖业	董全善	250	400	1	1
华丰号	胜利区北大经街65组		古物贩卖业	盛寿山	400	1,100	1	
华丰酱园	胜利区永春路43-1号	酱类	酱、酱油、醋酿造业	刘延义	2,000	3,000	1	2
华丰皮鞋店	胜利区西四马路21号	皮鞋	皮鞋制造业	耿福兴	1,200	100	1	
华丰汽水厂	头道沟区北平大路3段7号	汽水	清凉饮料制造业	李殿顺	10,000	5,000	2	5
华丰商店	长春区大马路8号		华洋杂货贩卖业	秦缓之	450	1,400	1	1

店铺名称	地址	主要产品	经营类别	经理姓名	固定资金（万元）	流动资金（万元）	职工人数	
							职员	工人
华丰铁炉	长春区新民街11	斧子	铁匠炉业	李秀岭	290	710	1	2
华丰洋服店	长春区东天街39组	洋服	被服缝纫业	于建宽	200	100	1	
华丰永	胜利区南大经515组		书籍文具贩卖业	徐培华	300	600	1	2
华丰钟表刻字店	头道沟区长江路2段21号		钟表修理贩卖业	杨鸿范	1,050	700	4	
华恒商店	胜利区西头道街24号		玻璃镜庄业	刘世庚	200	300	1	1
华林唱机修理贩卖店	长春区西四马路49号		唱机修理业	吕胜芳	200	1,500	2	
华美西服店	胜利区清明街34组	洋服	被服缝纫业	王树德	500	10	1	2
华美鞋店	东荣区新业街14组	便鞋	鞋类制造业	马守春	70	20	1	1
华美药房	胜利区长江路16号		西药贩卖业	张延滨	3,300	25,700	2	1
华生东	胜利区东长春大街3-1号		家具贩卖业	金云海	1,200	1,800	2	3
华声小铺	头道沟区东二条街2-9号		食品杂货贩卖业	邸馨声	100	300	1	1
华胜号	长春区大马路4号		食品杂货贩卖业	罗亨通	150	550	1	1

店铺名称	地址	主要产品	经营类别	经理姓名	固定资金（万元）	流动资金（万元）	职工人数 职员	职工人数 工人
华盛德	胜利区西四马路155号		食品杂货贩卖业	赵化亭	150	150	1	2
华盛东	长春区东门街102号		食品杂货贩卖业	谢淑廷	250	200	1	
华盛酱园	中华区重庆路402号	酱类	酱、酱油、醋酿造业	张华亭	500	1,200	2	1
华盛炉	胜利区吉林大路508号	蹄铁	蹄铁业	黄宝书	400	700	1	1
华盛洋服店	头道沟区长江路市场11号	洋服	被服缝纫业	赵华璋	450	50	1	
华盛洋服店	头道沟广州路3段4号	洋服	被服缝纫业	盛世久	300	50	1	1
华盛长	和顺区五条20号		食品杂货贩卖业	方振华	200	400	1	1
华顺兴	长春区长通街45组		鲜货贩卖业	杨国栋	100	1,500	1	4
华泰号	头道沟区东二条街14号		粮米贩卖业	马学周	150	500	1	
华泰食品店	头道沟区新发路101号		食品杂货贩卖业	张绍华	150	350	1	
华泰五金行	长春区东三马路23号		五金贩卖业	曹艺光	500	5,500	3	1
华泰西装店	中华区兴安路11号	洋服	被服缝纫业	杨梁	400		1	
华祥商店	长春区晴柳路404号		食品杂货贩卖业	孟繁勇	200	300	1	1

店铺名称	地址	主要产品	经营类别	经理姓名	固定资金（万元）	流动资金（万元）	职工人数 职员	职工人数 工人
华新商店	长春区大马路8号		华洋杂货贩卖业	丁少田	400	1,800	1	
华新商店	长春区东天街218号		食品杂货贩卖业	郝振华	200	600	1	3
华新商行	胜利区民康路1段43号		古物贩卖业	郭百川	500	3,000	3	3
华新洋服店	长春区东天路柳明街63号	洋服	被服缝纫业	曲国华	180	20	1	
华馨号	胜利区永春路44号		食品杂货贩卖业	路静波	500	1,000	1	2
华鑫号服装店	头道沟区东一条街12号	洋服	被服缝纫业	孙建文	200		1	
华兴昌	和顺区岭东路23号		食品杂货贩卖业	田维美	150	500	1	2
华兴成	长春区东四马路53号	古物	古物贩卖业	张瑞池	100	2,000	1	1
华兴号	宽城区菜市街10号		华洋杂货贩卖业	徐殿财	50	350	1	
华兴号	胜利区吉林南胡同320		鲜货贩卖业	王兴	200	1,300	2	4
华兴号	长春区东长春大街164号		食品杂货贩卖业	杨玉发	100	300	1	1
华兴号	中华区榻平街7组		食品杂货贩卖业	张发东	400	600	1	2

续 表

店铺名称	地址	主要产品	经营类别	经理姓名	固定资金（万元）	流动资金（万元）	职工人数	
							职员	工人
华兴像馆	和顺区东吉林路69号		照相业	孟宪章	250	150	2	1
华兴鞋帽店	长春区东三马路159号		鞋帽贩卖业	王华泉	200	800	1	
华兴靴店	头道沟区东二条街30组	便鞋	鞋类制造业	赫兴臣	650	500	1	
华兴靴工业	胜利区西四马路5号	便鞋	鞋类制造业	王玉财	950	2,550	3	6
华兴药局	中华区重庆路512号		西药贩卖业	陈铭玺	300	700	1	
华兴钟表刻字局	头道沟区珠江路6段2号		钟表修理贩卖业	韩金山	150	100	1	
华义五金行	长春区东四马路68号		五金贩卖业	刘国华	300	2,100	1	1
华影照相馆	头道沟区胜利大街2段16号		照相业	王范五	600	200	1	
华云商行	长春区大马路3段8号		华洋杂货贩卖业	黄精一	580	1,220	1	1
怀惠旅馆	头道沟区长江路4段40号		旅馆业	王树怀	600		2	2
怀信表店	胜利区南大街30号		钟表修理贩卖业	李文弼	200	500	1	
怀章药店	东荣区永宁街78号	中药	中药贩卖业	韩怀章	150	150	1	

店铺名称	地址	主要产品	经营类别	经理姓名	固定资金（万元）	流动资金（万元）	职工人数	
							职员	工人
欢宾居	中华区桂林路505号		饭店业	周洪文	150	50	1	4
欢迎旅馆	头道沟区厦门南二胡同27号		旅馆业	金顺伊	100	100	1	2
环球药房	头道沟区长江路7号		西药贩卖业	任殿新	700	6,300	1	1
换辰鞋店	长春区东大桥街73号	便鞋	鞋类制造业	彰博	300	100	1	
焕章洋服店	胜利区南大经街15组	洋服	被服缝纫业	王焕章	1,000	100	1	2
黄海食堂	头道沟区厦门南二胡同32号		饭店业	李炳淑	100	100	1	
回春堂	长春区新春街31组		中药贩卖业	丁本然	80	40	1	
汇发合	和顺区吉林马路44号		食品杂货贩卖业	李廷凤	50	200	1	
汇丰东	胜利区新发路116号		食品杂货贩卖业	戴祝三	500	1,500	2	2
汇利洋服店	长春区西六马路83号	洋服	被服缝纫业	陈汇元	400		1	1
会宾饭店	胜利区南大街48号		饭店业	李国栋	1,000	50	2	5
会宾旅馆	长春区西四马路53-4号		旅馆业	韩绍维	1,500		1	1

店铺名称	地址	主要产品	经营类别	经理姓名	固定资金（万元）	流动资金（万元）	职工人数	
							职员	工人
会昌泰	头道沟区黄河路4-28号		食品杂货贩卖业	赵金镕	800	700	1	1
会发炉	和顺区东盛路20号	农具	铁匠炉业	安会友	100	100	1	3
会力洋服店	头道沟区松江街3组	洋服	被服缝纫业	关一鸣	250	20	1	
会通达	胜利区北大街19号		山海杂货贩卖业	何芳亭	3,000	29,500	2	7
会仙春	头道沟区长江路5号		饭店业	张海廷	500	300	1	1
会友春	胜利区西长春大街2段2号		饭店业	杨凤岐	640	180	1	2
会友发	长春区西四马路39号		饭店业	陈玉珊	2,000	2,000	2	12
会友发	头道沟区珠江路43号		饭店业	郝泽民	600	1,000	1	4
会友园	胜利区南大经西长春大街36组		饭店业	蒋基才	50	50	1	1
会源长	和顺区东盛路45组		食品杂货贩卖业	贾云卿	100	400	1	1
会远久小铺	胜利区西二道街5号		食品杂货贩卖业	王慕尧	50	250	1	
惠彬洋服店	中华区建和街7-1号	洋服	被服缝纫业	沙寿山	250	50	1	1

店铺名称	地址	主要产品	经营类别	经理姓名	固定资金（万元）	流动资金（万元）	职工人数 职员	职工人数 工人
惠昌盛	胜利区平治街23号		食品杂货贩卖业	马忠惠	300	700	1	1
惠成文具店	胜利区大经路6-2号		书籍文具贩卖业	夏惠民	640	3,360	1	2
惠大商行	长春区新民街43组	古物	古物贩卖业	杨巨川	200	800	2	1
惠发德	长春区永春路19号		水产贩卖业	鲁兰荫	800	200	1	1
惠发德	长春区同乐路401号		食品杂货贩卖业	刘惠秋	162	338	1	2
惠发祥	长春区西四道街32号		食品杂货贩卖业	尹继垣	200	300	1	1
惠发长酱园	胜利区西二道街25号	酱类	酱、酱油、醋酿造业	曹惠	3,000	5,000	4	1
惠汛药房	头道沟区长江路7号		西药贩卖业	范拓	2,000	5,000	2	1
惠丰东	长春区东门路57号		食品杂货贩卖业	段多惠	300	400	1	1
惠和堂药店	头道沟区广州路7号		中药贩卖业	宋龙祥	1,000	2,000	2	
惠吉商号	中华区清和街18组		食品杂货贩卖业	赵惠吉	60	160	1	1
惠临文具店	长春区大马路4-28号		书籍文具贩卖业	王宪章	2,800	15,680	4	
惠民西药房	头道沟区长江路21号		西药贩卖业	张立峰	500	4,000	1	2

店铺名称	地址	主要产品	经营类别	经理姓名	固定资金（万元）	流动资金（万元）	职工人数	
							职员	工人
惠民洋服店	长春区东天街29组	洋服	被服缝纫业	张书田	150		1	1
惠群商店	胜利区清明街30号		食品杂货贩卖业	孟宪常	100	200	1	1
惠生西药房	长春区新春街12组		西药贩卖业	王友贤	250	1,500	1	2
惠兴昌商店	中华区重庆路23号		食品杂货贩卖业	刘永河	200	300	1	
惠兴久肉铺	头道沟区长江路4段44号		食肉贩卖业	梁春和	100	500	2	
惠源长	长春区东三马路23号		服装估衣贩卖业	王恩普	100	3,000	1	2

J

店铺名称	地址	主要产品	经营类别	经理姓名	固定资金（万元）	流动资金（万元）	职工人数	
							职员	工人
积德福	长春区东天街20组		食品杂货贩卖业	颜世仲	30	270	1	1
积庆祥	中华区永昌路422号		中药贩卖业	杨亨昌	500	500	1	1
积善堂	宽城区胜利街13组	中药	中药贩卖业	马鸿升	150	50	1	2
积盛和公记	胜利区南大街30号		中药贩卖业	尹展纶	3,000	13,100	3	3

续表

店铺名称	地址	主要产品	经营类别	经理姓名	固定资金（万元）	流动资金（万元）	职工人数	
							职员	工人
及时钟表眼镜行	长春区大马路4段26号		钟表修理贩卖业	李裕文	2,700	5,900	2	3
吉和祥	中华区西永昌街8组		食品杂货贩卖业	王文章	100	200	1	1
吉生钟表刻字店	头道沟区胜利大街5段3号		钟表修理贩卖业	赫子厚	150	100	3	
吉盛东	和顺区东吉林马路59号		食品杂货贩卖业	杨向荣	60	300	1	1
吉盛长药店	和顺区吉林马路74号	中药	中药贩卖业	孙克祥	1,000	1,400	2	1
吉顺商店	长春区东三马路142号		食品杂货贩卖业	金钦松	200	300	1	1
吉顺祥	东荣区裕民胡同8号		食品杂货贩卖业	刘吉生	200	300	1	4
吉祥表店	宽城区菜市街3组		钟表修理贩卖业	张宪吉	40	80	1	
吉祥车店	胜利区全安街47号		大车店业	檡照星	1,000		2	3
吉祥粉子房	长春区东来北街6组	粉子	淀粉制造业	齐吉五	2,000	1,500	1	4
吉祥号	头道沟区东二条街9号		饭店业	李郭氏	60	140	1	2
吉祥旅社	长春区大马路3段13号		旅馆业	史瀛洲	5,805	2,160	4	9
吉祥生	胜利区清明街209号		食品杂货贩卖业	李银华	50	250	1	

店铺名称	地址	主要产品	经营类别	经理姓名	固定资金（万元）	流动资金（万元）	职工人数	
							职员	工人
吉长旅馆	头道沟区宁波街2组		旅馆业	洪炳构	200	100	1	4
级弟工厂	头道沟区贵阳街8组	便鞋	鞋类制造业	陈级弟	30	70	1	
级三鞋工厂	头道沟区珠江路2-11号	便鞋	鞋类制造业	李连堂	250	250	1	1
极东号	长春区新春4-8组		书籍文具贩卖业	徐吉泉	3,000	5,000	1	2
集升斋鞋店	长春区大马路11号	皮鞋	皮鞋制造业	张端芳	2,220	9,780	8	7
集贤公寓	头道沟区珠江路5段5号		旅馆业	王蓝田	3,000		1	1
际泰成	长春区大马路4段9号		华洋杂货贩卖业	刘际泰	300	1,200	1	
季鸿号小铺	长春区东大街6组		食品杂货贩卖业	李鸿	50	200	1	
济民堂	和顺区安东街44号		中药贩卖业	姚如春	50	100	1	2
济人堂诊疗所	长春区永长街62号		中药贩卖业	赵朝恩	500	700	1	
济生西药房	头道沟区长江路18号		西药贩卖业	李中传	310	1,590	1	2
济源小铺	和顺区临河四条17号		食品杂货贩卖业	罗育滋	200	600	1	3

店铺名称	地址	主要产品	经营类别	经理姓名	固定资金（万元）	流动资金（万元）	职工人数	
							职员	工人
济众西药部	长春区新民街33组		西药贩卖业	曹风来	600	400	1	1
雾月书庄	胜利区中街12号		书籍文具贩卖业	李文章	700	6,300	2	2
嘉辰文具店	长春区大马路3-8号		书籍文具贩卖业	孙伯翔	300	350	1	
俭合成	长春区新民街46组	古物	古物贩卖业	王俭	200	200	1	
简易食堂	长春区东天街2段45号		饭店业	吴国权	200	100	1	1
建东书局	胜利区重庆路209号		书籍文具贩卖业	刘玉琴	400	2,700	1	1
建东五金行	长春区大马路4号		五金贩卖业	仲景正	5,180	22,823	3	2
建和文具工业社	头道沟区珠江路3段1号	钢笔水	文具制造业	曲建章	300	700	1	2
建华表店	长春区新春街13组		钟表修理贩卖业	尹克久	300	2,500	1	
建华工厂	长春区重庆路313号	粉笔	文具制造业	李洪勋	7,000	8,000	1	7
建群书店	长春区大马路4-8号		书籍文具贩卖业	韩国栋	100	800	1	1
建群西药房	胜利区北大街9号		西药贩卖业	张维宾	200	3,405	2	
建生西药房	胜利区北大街22号		西药贩卖业	李千馥	100	4,700	2	

续 表

店铺名称	地址	主要产品	经营类别	经理姓名	固定资金（万元）	流动资金（万元）	职工人数	
							职员	工人
建生长	头道沟区长白路2段2号	冰果	清凉饮料制造业	李旭东	5,000	2,500	2	2
建新文具店	长春区大马路1-9		书籍文具贩卖业	都中原	600	1,900	1	1
建章洋服店	头道沟区辽北路2段1号	洋服	被服缝纫业	韩建章	500	50	1	
健民药房	宽城区柳影路7号	中药	中药贩卖业	邢玉龙	400	500	2	
健民药房	头道沟区东二条街17号		西药贩卖业	刘恒肃	500	4,200	1	
江海盛	胜利区西五马路22号		食品杂货贩卖业	官耀山	300	300	1	
姜包铺	胜利区永长路7段19号		饭店业	姜长有	250	150	1	2
交通大旅社	头道沟区珠江路21号		旅馆业	杨廷松	2,000		1	2
杰兴粉子房	中华区东桂林街402号	粉子	淀粉制造业	李翼山	400	400	1	2
解放客栈	头道沟区第五条街18组		旅馆业	齐宝荫		600	1	1
解放旅馆	头道沟区厦门路3段18号		旅馆业	金道景	1,400	300	1	2
金城旅社	头道沟区长江路4段10号		旅馆业	陈振廷	3,500		3	2

店铺名称	地址	主要产品	经营类别	经理姓名	固定资金（万元）	流动资金（万元）	职工人数	
							职员	工人
金春号	中华区白菊街2组		食品杂货贩卖业	周汝珍	400	600	1	1
金发隆	胜利区全安街16号		旅馆业	晏德鸿	500	18	1	2
金发祥	长春区新春街52组		食品杂货贩卖业	骆福祥	100	400	1	
金发长	头道沟区长江路9号		中药贩卖业	王斌	700	1,300	1	1
金海商店	中华区兴安街11组		食品杂货贩卖业	刘金海	300	700	1	1
金洪小铺	长春区西五马路20号		食品杂货贩卖业	王秀山	100	200	1	
金山鞋店	头道沟区南京大街4－18号	便鞋	鞋类制造业	马金贵	80	50	1	1
金生表店	中华区重庆路613号		钟表修理贩卖业	郭守藩	40	10	1	
金生福	胜利区南关大街2段20号		饭店业	徐寿春	70	30	1	2
金生号			食品杂货贩卖业	李赵氏	50	250	2	
金生利	胜利区永春路65号		干货贩卖业	李召南	100	400	1	1
金声唱机社	头道沟区胜利大街5段12号		唱机修理业	张金声	150	350	2	

店铺名称	地址	主要产品	经营类别	经理姓名	固定资金（万元）	流动资金（万元）	职工人数	
							职员	工人
金声钟表刻字店	头道沟区珠江路6段2号		钟表修理贩卖业	韩金声	250	150	1	
金时表店	长春区长通路32号		钟表修理贩卖业	郭守权	200	100	1	
津源铁炉	长春区新民街4组		铁匠炉业	王俊海	200	400	1	2
锦和顺	胜利区西四马路22号		中药贩卖业	刘殿峰	1,200	4,800	1	3
锦龙药房	胜利区大经路21号		西药贩卖业	杨锦龙	1,000	4,000	1	
锦泰宏	中华区东永昌路403号	酱类	酱、酱油、醋酿造业	阎锦宏	150	400	1	3
进化文具店	头道沟区胜利街5-13号		书籍文具贩卖业	滕富荣	200	600	1	
进利祥鱼店	长春区永春路79号		水产贩卖业	李魁春	700	400	1	2
近江表店	和顺区吉林马路37号		钟表修理贩卖业	孙福修	100	50	1	
经济西药房	头道沟区长江路3号		西药贩卖业	杨得利	1,000	8,000	2	3
晶明洋服店	胜利区重庆路312号	洋服	被服缝纫业	岳晶明	70	30	1	
精麟表店	头道沟区呼伦街14组		钟表修理贩卖业	孙长春	300	200	2	
精美表店	头道沟区长江路18号		钟表修理贩卖业	史殿英	200	600	1	

店铺名称	地址	主要产品	经营类别	经理姓名	固定资金（万元）	流动资金（万元）	职工人数	
							职员	工人
精美刻字局	长春区新民街20组		刻字	刘李氏	250	50	1	1
精美刻字局	胜利区大经路2段22号		刻字	王连庆	100	100	1	
精美鞋店	胜利区西四道街22号	皮鞋	皮鞋制造业	孟宁章	200	200	1	1
精益图章店	中华区兴安大路602号		刻字	王遂良	30	30	1	
景昌号	长春区东三马路165号		服装估衣贩卖业	于景华	1,000	1,000	1	1
景春号	长春区长通路39组		食品杂货贩卖业	雷占锐	50	150	1	1
景茂盛	头道沟区东三条街9号		食品杂货贩卖业	单景芳	500	200	1	1
景顺号	胜利区文庙街17组		食品杂货贩卖业	薛自恒	200	300	1	2
景顺兴	东荣区开封路22号		食品杂货贩卖业	霍景惠	250	150	1	1
景泰古物店	长春区新春街13组		商杂业	朱景泰	300	500	1	
景芝号	中华区永昌街403号		饭店业	曹于景芝	100	200	1	3
景洲旅社	头道沟区珠江路14号		旅馆业	倪刘氏	1,000		2	1
敬五鱼行	头道沟区东二条街30组		水产贩卖业	王敬五		100	1	

续 表

店铺名称	地址	主要产品	经营类别	经理姓名	固定资金（万元）	流动资金（万元）	职工人数 职员	职工人数 工人
九江春饭店	胜利区至善街35组		饭店业	阎受田	100	200	1	3
九香春	长春区桃源路16组		饭店业	张树云	100	400	1	5
久昌源	中华区建和胡同119号		食品杂货贩卖业	吴各	100	250	1	1
久生和	长春区45组		鲜货贩卖业	张恩久	200	1,000	1	4
久远长	长春区东长春大街130号		食品杂货贩卖业	赵恩荣	200	300	1	
久长春	和顺区吉林大马路78－1号		饭店业	王鸿有	100	150	1	2
巨发成小铺	头道沟区长江路67号		食品杂货贩卖业	侯康发	200	300	1	1
巨丰长	中华区重庆街21组		食品杂货贩卖业	宋继斌	50	150	1	1
巨源盛	胜利区至善街19组		鲜货贩卖业	于凤林	500	800	1	1
聚昌福车店	胜利区全安街5号		大车店业	刘玉山	1,500	200	1	5
聚昌隆	胜利区南岭大街11号		食品杂货贩卖业	王洪惠	2,500	1,500	1	1
聚成福古物商	头道沟区厦门路10号		古物贩卖业	王贵	200	800	2	
聚成号	头道沟区厦门路16-4号		食品杂货贩卖业	钱聚成	100	300	1	1

店铺名称	地址	主要产品	经营类别	经理姓名	固定资金（万元）	流动资金（万元）	职工人数 职员	职工人数 工人
聚成源	长春区东来街178		食品杂货贩卖业	马化南	600	400	1	2
聚发福	胜利区自强街32组		古物贩卖业	张枯棋	300	500	1	1
聚发祥	长春区永春市场28号		食肉贩卖业	钱聚发	500	300	1	1
聚发永	长春区东天街12号		食品杂货贩卖业	单恩沛	100	300	1	1
聚丰祥	长春区西五马路62号		古物贩卖业	王继亮	500	1,300	1	1
聚和成	头道沟区胜利大路36号		饭店业	贾振	250	150	1	3
聚和福洋货店	长春区大马路4段3号		华洋杂货贩卖业	王德平	300	700	1	
聚生和肉店	长春区桃源路34组		食肉贩卖业	钱聚柱	300	200	1	3
聚盛东	长春区长通街2-10号		粮米贩卖业	申勋初	200	1,800	1	2
聚盛号	长春区东天街1组		食品杂货贩卖业	张进臣	500	700	1	2
聚盛祥	中华区青和街7组		食品杂货贩卖业	张连全	50	100	1	
聚盛鞋钉炉	胜利区文庙街18号	鞋钉	铁匠炉业	马义儒	60	140	1	4
聚盛兴	胜利区全安街53组		食品杂货贩卖业	刘焕朝	2,000	2,000	1	1

续 表

店铺名称	地址	主要产品	经营类别	经理姓名	固定资金（万元）	流动资金（万元）	职工人数 职员	职工人数 工人
聚盛兴	和顺区吉林大路53号		古物贩卖业	崔泽波	300	1,200	1	1
聚仙园	头道沟区上海路27号		饭店业	朱毓鑫	200	300	1	3
聚贤春	长春区西四马路15号		饭店业	潘学申	2,000	400	1	4
聚贤村饭店	长春区东天街48组		饭店业	武尚德	450	250	1	4
聚兴车店	胜利区全安街508号		大车店业	李凤文	1,000		1	5
聚兴成	头道沟区广西街11组		食品杂货贩卖业	齐汉臣	300	200	1	
聚兴合	胜利区中街7组		粮米贩卖业	刘嘉敷	50	550	1	2
聚兴合	胜利区平阳街309号		食品杂货贩卖业	左焕章	50	350	1	
聚兴合资商店	和顺区安乐路44		粮米贩卖业	赵静修	1,000	1,000	1	2
聚兴隆	宽城区菜市街9组		食品杂货贩卖业	王文祥	300	500	1	
聚兴炉	胜利区东三道街	马拉子	铁匠炉业	刘宝祥	200	1,300	1	1
聚兴商店	胜利区西三马路5号		食品杂货贩卖业	左立成	200	1,200	1	1
聚兴盛	和顺区东盛路29号		食品杂货贩卖业	宋有君	100	480	1	1

店铺名称	地址	主要产品	经营类别	经理姓名	固定资金（万元）	流动资金（万元）	职工人数 职员	职工人数 工人
聚兴永	头道沟区宁波路18号		食品杂货贩卖业	贾常仁	200	300	1	1
聚兴长	长春区东三马路16号		服装估衣贩卖业	许文	100	900	1	1
聚英楼饭店	头道沟区珠江路15号		饭店业	王荣华	4,000	12,000	5	8
聚友村	胜利区至善街43组		饭店业	李润清	300	150	1	2
聚友村饭店	和顺区东盛路20号		饭店业	李方田	100	250	1	5
聚源盛	胜利区全安街44组		食品杂货贩卖业	王华廷	50	150	1	2
聚源长	胜利区西四马路2段17号		粮米贩卖业	张相臣	1,500	6,000	2	6
聚增盛	长春区东六马路22号		古物贩卖业	李志华	500	300	1	1
军属大车店	和顺区东盛路18号		大车店业	陈锡令	500		1	2
军属肉铺	长春区四马路17号		食肉贩卖业	孙佩兴	100	200	1	
钧庆洋服店	中华区白菊街2组	洋服	被服缝纫业	杨开君	300		1	
俊臣药房	宽城区民主街27号		中药贩卖业	张周氏	400	600	1	2
俊成表店	大西区范家店街6组		钟表修理贩卖业	杨志新	20	30	1	

续 表

店铺名称	地址	主要产品	经营类别	经理姓名	固定资金（万元）	流动资金（万元）	职工人数	
							职员	工人
俊德号	头道沟区南京大路 2 段 37 号		古物贩卖业	吴春圃	100	400	1	
俊丰长	胜利区东天街 24 之 1		食品杂货贩卖业	吕殿俊	100	400	1	3
俊兴猪肉铺	长春区西六马路 103 号		食肉贩卖业	张俊声	50	200	1	2
俊源长	长春区永春路 40		食肉贩卖业	高长俊	500	500	1	1
俊源长	长春区长通街 45 组		鲜货贩卖业	张致元	300	1,200	1	2
峻峰祥	和顺区兴隆街 2201 号		食品杂货贩卖业	齐秀山	150	350	1	2

K

店铺名称	地址	主要产品	经营类别	经理姓名	固定资金（万元）	流动资金（万元）	职工人数	
							职员	工人
开明表店	长春区大马路 5 段 19 号		钟表修理贩卖业	韩城	500	400	1	
科学小书店	头道沟区长江路 1—16 号		书籍文具贩卖业	孙大禄	500	1,300	1	2
孔雀鞋店	长春区新立街 23 组	男女皮鞋	皮鞋制造业	肖家利	1,300	8,700	4	5
宽城区合作社农村服务部	宽城区信义路 1—19 号		大车店业	景耀东	1,245	180	2	2

店铺名称	地址	主要产品	经营类别	经理姓名	固定资金（万元）	流动资金（万元）	职工人数	
							职员	工人
宽发长	和顺区东盛路34号		食品杂货贩卖业	黄金铠	200	800	1	2
魁发车店	长春区东大街46组		大车店业	潘世魁	1,500	1,500	2	2
魁发东	长春区长通街46组		粮米贩卖业	王魁东	300	1,500	1	2
魁发祥	胜利区南大街1-2号		铜制品贩卖业	冉祥枝	500	4,900	1	2
魁发眼药局	胜利区东二道街69号		中药贩卖业	乔明周	500	200	1	1
魁发永	宽城区和平路2号		饭店业	段景魁	100	200	1	2
魁发源	长春区长通街34组		鲜货贩卖业	谢永魁	150	3,000	1	3
魁隆号	长春区东三马路5号		食品杂货贩卖业	钱文魁	300	500	1	1
魁生东	头道沟区东二条街30组		食品杂货贩卖业	姜日亭	30	120	1	
魁星号	胜利区永春路44号		食品杂货贩卖业	马子骞	200	1,000	1	3
魁兴饭店	胜利区大马路23号		饭店业	金魁山	500	500	1	7
魁兴酱园	长春区东大桥街25组	酱类	酱、酱油、醋酿造业	王献卿	650	350	1	
魁兴炉	胜利区永吉街40组	锁头	铁匠炉业	刘喜魁	100	200	1	

续表

店铺名称	地址	主要产品	经营类别	经理姓名	固定资金（万元）	流动资金（万元）	职工人数	
							职员	工人
魁星商店	胜利区南大街5号		食品杂货贩卖业	庞新我	1,900	11,000	6	8
魁元居	头道沟区长江路20		饭店业	赵文魁	100	150	1	1

L

店铺名称	地址	主要产品	经营类别	经理姓名	固定资金（万元）	流动资金（万元）	职工人数	
							职员	工人
来宾钟表照相馆	和顺区东新路145号		钟表修理贩卖业	王忠信	250	150		
来发长	长春区新民街39组		饭店业	康兴贵	400	600	1	4
莱聚栈	胜利区全安街54组		旅馆业	吴恩莱	100	160	1	
老昌号	长春区东三马路164号		服装估衣贩卖业	翟继宗	50	450	1	1
老德和昶	长春区大马路4-36号		书籍文具贩卖业	李肄三	4,000	10,000	3	1
老美华照相馆	胜利区大经路3段14号		照相业	张绥廷	700	300	1	1
老乡村	宽城区民生街33号		饭店业	李庆海	250	350	1	5
老乡鞋店	头道沟区广南街6号	便鞋	鞋类制造业	刘俊坡	100	100	1	1

店铺名称	地址	主要产品	经营类别	经理姓名	固定资金（万元）	流动资金（万元）	职工人数 职员	职工人数 工人
乐群	头道沟区长江路1段3号		饭店业	宋甲	350	150	1	5
梨果商行	长春区长通街45组		鲜货贩卖业	赵万邦	170	4,770	2	4
黎明表店	长春区西五马路62号		钟表修理贩卖业	刘云飞	100	100	1	
黎明春	胜利区至善路35组		饭店业	温景泉	150	350	1	3
黎明永	头道沟区吴松路2-28号		食品杂货贩卖业	董重人	200	600	1	1
李包铺	长春区新民街23号		饭店业	李庆元	600	150	1	3
李包子铺	长春区大马路2段		饭店业	李贵廷	200	250	1	3
李肉铺	长春区兴运路光复市场		食肉贩卖业	李泽祥	150	650	1	
李肉铺	长春区永春市场内		食肉贩卖业	李贺荣	500	1,000	1	
李肉铺	长春区永春路42号		食肉贩卖业	李盛荣	100	500	1	
李山鞋店	宽城区胜利街18组	便鞋	鞋类制造业	李芝山	150	100	1	1
李泰发	长春区大马路4段8号		华洋杂货贩卖业	李泰发	300	1,300	1	1
李鞋铺	长春区新立街31组	便鞋	鞋类制造业	李传贵	250	50	1	

续 表

店铺名称	地址	主要产品	经营类别	经理姓名	固定资金（万元）	流动资金（万元）	职工人数	
							职员	工人
力生小铺	长春区东门路 601 号		食品杂货贩卖业	刘志纲	200	400	1	
力王号	胜利区清明街 18 号		食品杂货贩卖业	张纯智	200	100	1	2
立昌洋服店	长春区 5 段 12 号	洋服	被服缝纫业	陈三星	2,500	45	1	2
立昌洋服店	头道沟区吴松路 2 段 26 号	洋服	被服缝纫业	水阿祥	200	50	1	1
立成号小铺	头道沟区合林路 12 号		食品杂货贩卖业	王立成	150	150	1	1
立鑫药房	长春区大马路 82 号		西药贩卖业	王立鑫	160	450	1	
立源兴	头道沟区广州路胡同 1 段-12 号		食品杂货贩卖业	谭肇先	100	200	1	1
丽丽照相馆	头道沟区胜利街 5 段 8 号		照相业	张泽民	750	250	1	1
利昌表店	长春区大马路 43 号		钟表修理贩卖业	栾富	800	400	1	
利昌洋服店	头道沟区贵阳街 22 组	洋服	被服缝纫业	贾凤岐	350	50	1	1
利成钟表店	长春区四马路 1-5 号		钟表修理贩卖业	彭国才	100	50	1	
利达照相馆	长春区大马路 5 号		照相业	邓朝安	500	300	1	1

店铺名称	地址	主要产品	经营类别	经理姓名	固定资金（万元）	流动资金（万元）	职工人数	
							职员	工人
利发成	胜利区北街1段20号		玻璃镜庄业	王文学	300	3,200	5	
利发兴	胜利区全安街3号	铜制品	铜制品业	宫崇祥	300	1,200	1	7
利丰表店	长春区大马路4段8号		钟表修理贩卖业	阎明善	200	1,000	1	1
利华表店	长春区大马路4段8号		钟表修理贩卖业	史宝玉	400	1,400	1	1
利华商店	长春区大马路4段8号		华洋杂货贩卖业	周文斗	200	700	1	
利华洋服店	长春区东三马路2段31-1号	洋服	被服缝纫业	刘殿文	250	20	1	
利华钟表店	长春区新民街20号		钟表修理贩卖业	赵政清	100	150	1	1
利华钟表行	胜利区大经路1段3号		钟表修理贩卖业	刘继荣	400	100	1	
利民大车店	胜利区全安街85号		大车店业	赵恕	500		2	2
利民饭馆	头道沟区长江路11号		饭店业	孙广和	500	400	1	2
利民公司	长春区永春路37号		水产贩卖业	邹相臣	3,000	9,950	15	9
利民煎饼铺	头道沟区上海路45号		饭店业	王如九	100	200	1	1
利民客栈	长春区东二马路59号		旅馆业	李伟	104		1	1

续　表

店铺名称	地址	主要产品	经营类别	经理姓名	固定资金（万元）	流动资金（万元）	职工人数	
							职员	工人
利民商店	长春区永春街12组		粮米贩卖业	倪春富	292	2,108	2	
利民五金行	长春区西五马路4号		五金贩卖业	邹秀仁	2,500	14,500	2	
利民西药房	长春区新春街11组		西药贩卖业	孙继勋	1,000	4,000	1	2
利民烟行	长春区庆康胡同20号		烟卷贩卖业	赵淑	1,000	4,000	3	3
利民猪肉铺	胜利区西四道街7-6号		食肉贩卖业	董秀成	100	200	3	
利群书店	胜利区大经路17号		书籍文具贩卖业	王绍曾	500	3,050	1	2
利群钟表店	长春区大马路3段19号		钟表修理贩卖业	刘恩齐	100	100	1	1
利盛达	长春区晴柳街14号		食品杂货贩卖业	王殿武	400	300	1	1
利时钟表店	中华区重庆路510		钟表修理贩卖业	白文祺	100	100	1	
利顺店	长春区兴运路74号		旅馆业	徐顺	100		1	
利泰洋服店	头道沟区宁波路3段3号	洋服	被服缝纫业	刘祥云	200	30	1	
利田铁炉	胜利区东三道街13号	铁皂力	铁匠炉业	孙玉臣	100	100	1	2
利源长	长春区西三马路1段12号		粮米贩卖业	张子明	1,200	3,000	1	2

店铺名称	地址	主要产品	经营类别	经理姓名	固定资金（万元）	流动资金（万元）	职工人数 职员	职工人数 工人
连发楼	头道沟区贵阳街14		饭店业	邢连堂	950	550	1	6
连合盛	宽城区柳影路18组		食肉贩卖业	刘元信	50	250	1	1
连华鞋店	胜利区北大经街30组	便鞋	鞋类制造业	王寿仁	650	150	1	
连盛发	长春区永春市场27号		食肉贩卖业	云万清	500	500	1	2
连盛号鞋店	胜利区五马路37号	便鞋	鞋类制造业	张维新	200	100	1	1
连盛和	永春市场19号		食肉贩卖业	云万鹏	500	1,000	1	1
连盛炉	胜利区民康路39组	农具	铁匠炉业	尤连顺	100	100	1	1
连盛冰果店	长春区西四马路52号	冰果	清凉饮料制造业	李天学	3,500	1,000	1	2
连盛永	长春区永春路19号		食肉贩卖业	云连旺	600	400	1	1
连兴达	长春区东长春大街94号		食品杂货贩卖业	赵荆山	400	800	1	2
连兴号	长春区大马路3号		鞋帽贩卖业	王振连	1,000	2,500	2	
连元盛	胜利区西五马路10号		食品杂货贩卖业	王家庚	300	400	1	1
联滨书店	长春区大马路3-10号		书籍文具贩卖业	王沛然	300	1,700	1	

续 表

店铺名称	地址	主要产品	经营类别	经理姓名	固定资金（万元）	流动资金（万元）	职工人数	
							职员	工人
联合旅馆	头道沟区黑水路5号		旅馆业	王照盛	900	100	1	3
联生商店	长春区大马路4段8号		华洋杂货贩卖业	杨济东	300	800	2	
联生书店	胜利区重庆街140号		书籍文具贩卖业	张国珊	500	2,000	1	1
良惠福鞋店	长春区新民街17组	男女皮鞋	皮鞋制造业	张树栋	1,500	3,500	1	3
良友照相馆	头道沟区长江路13号		照相业	赵良	100	100	1	
梁立成肉铺	东荣区开封街3组		食肉贩卖业	梁立成	100	300	1	1
两利文具店	长春区大马路4-8		书籍文具贩卖业	赵万惠	400	3,500	1	1
裂通栈	头道沟区黑水路17号		旅馆业	化铭远	500		1	2
林春洋服店	胜利区文庙街76号	洋服	被服缝纫业	李春林	270	80	1	1
林茂盛	长春区东三马路162号		服装估衣贩卖业	费树林	400	700	1	1
林香春	头道沟区长春街10号		饭店业	刘书香	200	400	1	4
林祥久	长春区东三马路162号		服装估衣贩卖业	刘霖	400	800	1	1
林祥鞋店	长春区新民街39号	皮鞋	皮鞋制造业	杨锡林	700	3,000	2	5

店铺名称	地址	主要产品	经营类别	经理姓名	固定资金（万元）	流动资金（万元）	职工人数 职员	职工人数 工人
林兴东	长春区长通街45组		鲜货贩卖业	艾森林	200	1,800	1	2
麟阁商店	长春区大马路4段8号		华洋杂货贩卖业	邹麟阁	200	700	1	
刘浆汁馆	和顺区临河三条1号		饭店业	刘玉书	70	130	1	1
六合春	头道沟区辽宁1段2-4号		饭店业	郎廷仁	200	300	1	5
六合园	胜利区东头道街119号		饭店业	李魁全	250	1,000	2	5
六合园馆店	宽城区永宁路20号		饭店业	张洪顺	100	150	1	3
六六六饺子馆	长春区同乐路32-9号		饭店业	赵玉和	100	200	1	2
龙昌盛	胜利区民康路101号		饭店业	何致云	200	100	1	1
龙德田粉子房	和顺区民丰一条5号	粉子	淀粉制造业	楚俊生	450	350	1	3
龙海鞋店	长春区大马路23号	皮鞋	皮鞋制造业	张兴业	2,600	10,700	1	10
龙海园	和顺区东盛路35号		饭店业	魏明学	100	300	1	2
龙江春	胜利区西二道街55号		饭店业	徐海	300	150	1	2
龙兴号	长春区老市场165号		服装估衣贩卖业	龙海明	500	2,500	1	1

店铺名称	地址	主要产品	经营类别	经理姓名	固定资金（万元）	流动资金（万元）	职工人数	
							职员	工人
隆昌客栈	胜利区北街90组		旅馆业	王际昌	270	30	2	1
隆丰文具店	头道沟区长江路21号		书籍文具贩卖业	陶云举	2,500	7,500	2	1
隆泉鞋店	头道沟区东四条街11号	便鞋	鞋类制造业	白景泉	200		1	
隆盛堂刻字钟表店	长春区大马路5段1号		钟表修理贩卖业	马龙盛	200	700	1	2
隆顺泰	胜利区北大街		中药贩卖业	魏顺泰	2,000	13,000	1	5
隆泰祥	长春区西五马路61号		食品杂货贩卖业	杨本荣	50	200	1	1
隆泰长	长春区西四马路12号		饭店业	孙型	300	400	2	2
隆兴泰	头道沟区东二条街30组		食品杂货贩卖业	于本江	200	400	1	2
隆兴五金行	头道沟区胜利大街4-9号		五金贩卖业	王绍刚	1,160	11,190	1	1
鲁华号	中华区永昌西街6组		食品杂货贩卖业	李鲁华	200	250	1	
陆亚药房	长春区新春街2组		西药贩卖业	石俊峰	500	6,500	1	1
陆元成	长春区兴盛路9-2号		饭店业	张秀成	50	150	1	1
鹿鸣春	胜利区西长春大街102号		饭店业	刘仁增	10,000	8,000	2	17

店铺名称	地址	主要产品	经营类别	经理姓名	固定资金（万元）	流动资金（万元）	职工人数	
							职员	工人
逯云忠	宽城区菜市街10号		华洋杂货贩卖业	逯云忠	20	300	1	
露丹照相馆	头道沟区长江路1-23		照相业	王殿和	400	200	1	
履顺兴	胜利区民康路70组51号	便鞋	鞋类制造业	赵仁德	50	200	1	2

M

店铺名称	地址	主要产品	经营类别	经理姓名	固定资金（万元）	流动资金（万元）	职工人数	
							职员	工人
马烧饼铺	胜利区南街41		饭店业	马宝亭	150	200	1	2
马祥春浆馆	长春区东四马路15号		饭店业	杨凤阁	70	140	1	2
满兴鞋铺	头道沟区厦门路1-5号	便鞋	鞋类制造业	王维满	50	200	1	1
茂林商店	中华区建设路6组		食品杂货贩卖业	高桂林	100	200	1	
茂盛祥洋服店	头道沟区东二条街68号	洋服	被服缝纫业	李建华	180	20	1	
茂盛永	宽城区菜市街14组		食品杂货贩卖业	竭广茂	200	300	1	
茂亭饭店	胜利区南关大街88号		饭店业	宫茂亭	200	600	1	5
梅兰酱园	长春区西三马路20号		食品杂货贩卖业	陆仕清	100	400	1	1

续　表

店铺名称	地址	主要产品	经营类别	经理姓名	固定资金（万元）	流动资金（万元）	职工人数	
							职员	工人
美昌鞋店	胜利区西长春大街 17-2 号	皮鞋	皮鞋制造业	佟忠怒	1,000	1,000	1	4
美大照相馆	胜利区北街 81 组		照相业	邓雪民	1,000	500	1	1
美芳照相馆	头道沟区胜利街 18 号		照相业	邓宝杰	1,000	1,500	1	1
美丰鞋店	长春区大马路 3 号		鞋帽贩卖业	孙荣贵	1,000	5,500	1	2
美华表店	胜利区全安街 22 号		钟表修理贩卖业	李文然	450	50	1	1
美华西药房	长春区永长街 29 组		西药贩卖业	傅广有	300	900	1	
美华照相馆	头道沟区新发路 113 号		照相业	刘介宝	700	300	1	1
美华钟表刻字店	头道沟区珠江路 3 段 17 号		钟表修理贩卖业	宋长有	60	70	2	
美良照相馆	长春区大马路 1 段 12 号		照相业	关宗礼	2,000	500	1	
美林表店	长春区东天街 43 组		钟表修理贩卖业	潘国玺	200	100	1	
美伦钟表店	长春区大马路 5 段 16 号		钟表修理贩卖业	姚恒光	200	1,300	1	1
美群洋服店	中华区康平街 4 组	洋服	被服缝纫业	孙明则	200	50	1	1

店铺名称	地址	主要产品	经营类别	经理姓名	固定资金（万元）	流动资金（万元）	职工人数 职员	职工人数 工人
美时表店	长春区长通路11号		钟表修理贩卖业	崔万宝	100	100	1	
美食店	胜利区西三马路21号		食品杂货贩卖业	徐冠玉	50	150	1	
美术馆雕刻所	胜利区北大街25号		刻字	陈左陶	500	700	1	
美术食品杂货	长春区七马路22号		食品杂货贩卖业	李贵臣	500	1,000	1	3
美香居	中华区桂林路501号		饭店业	常维宽	100	100	1	3
米羊肉铺	胜利区全安街6组		食肉贩卖业	米春芳	500	350	1	
民昌冰果店	头道沟区胜利街5段10号	冰果	清凉饮料制造业	耿学文	4,000	1,000	2	3
民丰合资商店	长春区东大桥街1组		粮米贩卖业	杨荣久	200	1,000	1	3
民丰酱园	长春区东三马路7号		食品杂货贩卖业	魏志民	400	500	1	1
民丰商店	头道沟区黄河路4-23		食品杂货贩卖业	张兆民	200	800	1	1
民开摄影社	胜利区大经路1段3号		照相业	赵士杰	700	300	1	
民力粮米店	宽城区二道沟2组		粮米贩卖业	翟学义	50	250	1	2

店铺名称	地址	主要产品	经营类别	经理姓名	固定资金（万元）	流动资金（万元）	职工人数	
							职员	工人
民生表店	头道沟区胜利大街2段4号		钟表修理贩卖业	吴增运	100	100	1	
民生车店	胜利区永吉街5542号		大车店业	李鸿阳	200	50	1	1
民生大车店	长春区兴运街53组		大车店业	徐有	400	100	1	3
民生号	长春区东三马路165号		鞋帽贩卖业	柴民生	100	1,100	1	
民生号	中华区东朝阳街9组		食品杂货贩卖业	苏长波	60	100	1	1
民生号	头道沟区宁波路4-33		食品杂货贩卖业	高鸿钧	130	150	1	1
民生酱园	长春区东安路163号	酱类	酱、酱油、醋酿造业	贾海川	1,200	800	1	4
民生客栈	长春区桃源路23号		旅馆业	张凤阳	700	50	1	1
民生良药局	长春区新春街2组		西药贩卖业	郑兰山	7,000	43,000	2	3
民生商店	长春区新立街6组		粮米贩卖业	王殿全	200	300	1	3
民生西服店	中华区重庆路508号	洋服	被服缝纫业	高民生	400		1	2
民生西药房	胜利区北大街45号		西药贩卖业	邢仁璞	800	3,700	1	2
民生永	头道沟区东三条街45号		食品杂货贩卖业	刘治民	300	500	1	2

店铺名称	地址	主要产品	经营类别	经理姓名	固定资金（万元）	流动资金（万元）	职工人数	
							职员	工人
民生照相馆	长春区大马路3段8号		照相业	于祝明	500	1,000	1	1
民享商店	长春区东大桥街2组		粮米贩卖业	赵从政	140	800	1	
民众大车店	胜利区民康路56组		大车店业	龚麟阁	1,000	100	2	2
民众大车店	宽城区仁爱路2-7号		大车店业	刘树本	400	100	2	3
民众旅馆	头道沟区长江路38号		旅馆业	房恩荣	400		1	1
民众尚鞋铺	长春区东四马路20号	便鞋	鞋类制造业	孙玉元	50	100	1	
民众西药房	胜利区全安街8号		西药贩卖业	刘之谦	550	21,450	1	1
民众鞋店	头道沟区宁波路39号	便鞋	鞋类制造业	刘永来	100	100	1	1
民主废品店	宽城区菜市街10组	古物	古物贩卖业	初振声	350	1,650	1	2
民主旅馆	头道沟区黄河路15号		旅馆业	韩济淳	300		1	2
名顺福	宽城区二道沟街5组		食品杂货贩卖业	王世名	400	300	1	1
明昌商店	长春区东七马路4号		食品杂货贩卖业	杨凤鸣	100	600	1	1
明大表店	胜利区重庆路12号		钟表修理贩卖业	安志方	150	100	1	

店铺名称	地址	主要产品	经营类别	经理姓名	固定资金（万元）	流动资金（万元）	职工人数	
							职员	工人
明大药房	长春区新春街48组		西药贩卖业	栾明三	5,000	44,000	2	2
明礼药房	头道沟区珠江路21号		中药贩卖业	郝明礼	600	900	1	
明星洋服店	长春区东三马路151号	洋服	被服缝纫业	周志义	100		1	
明远洋服店	胜利街中街14组	洋服	被服缝纫业	朝明远	350		1	
墨文厚	长春区大马路2-18号		书籍文具贩卖业	王廷文	1,000	7,500	1	2
牡丹烧饼铺	头道沟区珠江路3段1号		饭店业	李世昌	300	50	1	2

N

店铺名称	地址	主要产品	经营类别	经理姓名	固定资金（万元）	流动资金（万元）	职工人数	
							职员	工人
乃仁药房	胜利区大经路3段7号		西药贩卖业	王瑞徵	300	1,700	1	
南昌鞋店	长春区长通路1-1号	便鞋	鞋类制造业	汤星南	400	350	1	2
南味斋	胜利区西二道街51号		饭店业	高传信	50	100	1	3
农安饭店	胜利区文庙街3号		饭店业	初廷芳	150	150	1	2
农民车店	胜利区全安街9号		大车店业	史鸿周	1,000		2	2

店铺名称	地址	主要产品	经营类别	经理姓名	固定资金（万元）	流动资金（万元）	职工人数	
							职员	工人
农民饭店	胜利区至善街32组		饭店业	王治中	150	250	1	5
农民饭馆	长春区同乐街7号		饭店业	栗泽民	600	200	1	5

P

店铺名称	地址	主要产品	经营类别	经理姓名	固定资金（万元）	流动资金（万元）	职工人数	
							职员	工人
品香居	长春区东门路105号		饭店业	贾玉和	500	300	1	2
平安商店	长春区大马路8号		华洋杂货贩卖业	屠革	200	600	2	
平壤旅馆	头道沟区厦门路4段14号		旅馆业	徐永来	200	100	2	2
普济西药仪器部	长春区新春街13组		西药贩卖业	鄞广瑞	150	1,500	1	2
普济药房	长春区新春街48组		西药贩卖业	王树庭	500	6,500	1	1
普文书局	长春区大马路1-33		书籍文具贩卖业	张义隆	300	500	1	
普香居	长春区长通路6号		饭店业	孙培源	400	300	1	3
普云楼	长春区大马路2段3号		饭店业	于锡勇	1,500	1,000	1	3

Q

店铺名称	地址	主要产品	经营类别	经理姓名	固定资金（万元）	流动资金（万元）	职工人数	
							职员	工人
岐发成	胜利区西三道街28号		食品杂货贩卖业	张凤岐	400	400	1	2
启东文具店	胜利区大经路1-2号		书籍文具贩卖业	郝先初	2,000	18,000	1	1
启东药房	长春区新春街6组		西药贩卖业	郑玉璋	400	9,060	2	1
启发祥	长春区永春路15号		食品杂货贩卖业	陈家启	600	1,400	1	1
启化文具行	长春区大马路12号		书籍文具贩卖业	彭誉章	2,238	12,762	1	1
启伦文具工厂	头道沟区广西街15组	铅笔	文具制造业	杨承业	2,000	1,240	1	9
启敏鱼店	头道沟区长江路市场		水产贩卖业	高启敏	20	80	1	
启明文具店	长春区大马路2-10		书籍文具贩卖业	李滋生	2,400	20,100	2	2
启文工业	中华区	粉笔	文具制造业	张秋枫	1,500	1,500	1	3
起发园	头道沟区胜利大街32组		饭店业	马云起	1,200	300	1	3
起鹏表店	长春区东门路801号		钟表修理贩卖业	陈起鹏	100	50	1	
谦发旅社	头道沟区长江路3段21号		旅馆业	戴芳义	1,900	100	2	4
谦合成	胜利区西三道街29号		食品杂货贩卖业	王怀谦	100	500	1	2

店铺名称	地址	主要产品	经营类别	经理姓名	固定资金（万元）	流动资金（万元）	职工人数职员	职工人数工人
谦益合	长春区东三马路164号		服装估衣贩卖业	李秉谦	150	800	1	
谦益恒裕记	胜利区东长春大街23号		家具贩卖业	刘占第	300	700	1	1
谦永茂	胜利区民康街88组		食品杂货贩卖业	常永谦	900	400	1	2
前进商店	胜利区南大经街42组		粮米贩卖业	富振有	1,200	3,000	4	4
前进制鞋厂	长春区东三马路45号	便鞋	鞋类制造业	王树木	200	300	1	2
蔷薇号	中华区西永昌街11组		食品杂货贩卖业	孙立权	50	50	1	
勤发盛	长春区东天街39组		食肉贩卖业	顾景春	300	500	1	1
勤有功	长春区东天街43号		食品杂货贩卖业	邓弼臣	400	200	1	1
青年化学工业	长春区西四马路75号	钢笔水	文具制造业	熊权富	400	600	4	3
青年西药房	胜利区北大街13号		西药贩卖业	陈桐	300	1,700	1	1
青年洋服店	胜利区北大经街52组	洋服	被服缝纫业	黄显卿	1,350	50	1	1
清发成	头道沟区胜利大街11号		饭店业	尹清林	150	50	1	1
清和商店	中华区白兰街13组		食品杂货贩卖业	陈志山	200	200	1	1

续表

店铺名称	地址	主要产品	经营类别	经理姓名	固定资金（万元）	流动资金（万元）	职工人数	
							职员	工人
清林画铺	胜利区西二道街147号		商杂业	杨清林	80	120	1	1
清明号	胜利区清明街218号		食品杂货贩卖业	谢忠德	100	150	1	2
清明刻字钟表店	胜利区全安街8组		钟表修理贩卖业	胡秀峰	40	30	1	
清明鞋店	胜利区魁星街90号	布鞋	鞋类制造业	张义兰	80	20	1	3
清山鞋店	和顺区临河街35组4号	便鞋	鞋类制造业	刘青山	100	300	1	
清省羊肉馆	长春区西四马路17号		饭店业	杨增善	3,500	500	1	3
清真包子铺	长春区东天市场32-3号		饭店业	张凤林	70	80	1	1
清真馆	胜利区西二道街9号		饭店业	张文范	100	200	2	
清真烧饼铺	长春区中华区中华市场53		饭店业	石焕章	800	500	4	4
情和长小铺	中华区清和街715号		食品杂货贩卖业	蔺述阁	100	100	1	
庆昌德	和顺区吉林马路1号		食品杂货贩卖业	孙庆昌	50	100	1	1
庆德发	胜利区南大街15号		山海杂货贩卖业	于沛久	500	9,500	2	3
庆德小铺	胜利区北大经街9组		食品杂货贩卖业	李继清	50	250	1	

店铺名称	地址	主要产品	经营类别	经理姓名	固定资金（万元）	流动资金（万元）	职工人数 职员	职工人数 工人
庆发合	长春区同乐东天市场		食肉贩卖业	王庆茹	150	250	1	1
庆发长	胜利区西四马路1号		食品杂货贩卖业	赵庆	200	800	1	
庆丰号	长春区东长春大街22号		食品杂货贩卖业	孙庆	500	300	1	1
庆丰源	长春区大马路6号		食品杂货贩卖业	罗明义	500	2,500	2	3
庆丰栈	和顺区东站街1号		大车店业	彭善明	1,500	500	3	3
庆丰长	长春区西四马路33号		饭店业	傅长庆	80	300	1	4
庆峰久	宽城区菜市街10组		食品杂货贩卖业	宋云峰	900	1,500	1	1
庆海春饭店	胜利区西三道街42号		饭店业	王甲明	500	500	1	7
庆合义	长春区南大经42号		烟卷贩卖业	李广阳	250	300	1	1
庆合永	胜利区西三马路2段2号		饭店业	孟庆峰	200	300	1	4
庆和粉子房	胜利区永吉街54组	粉子	淀粉制造业	孙恩明	280	200	2	
庆和堂药局	长春区新立街5组		中药贩卖业	宁富祥	100	180	1	
庆和祥	长春区庆长同5之1号		食品杂货贩卖业	宋贤庆	150	350	1	

店铺名称	地址	主要产品	经营类别	经理姓名	固定资金（万元）	流动资金（万元）	职工人数 职员	职工人数 工人
庆华表店	中华区兴安大路2段2号		钟表修理贩卖业	杨庆贵	50	50	1	
庆华楼饭店	胜利区西四道街44号		饭店业	宫仙洲	4,000	1,500	3	8
庆林肉铺	长春区长通路15号		食肉贩卖业	刘庆林	80	1,000	1	1
庆林文具店	头道沟区天津路1-17号		书籍文具贩卖业	林述周	500	1,500	1	2
庆南旅馆	长春区西六马路49-1号		旅馆业	李圭定	300		1	3
庆权洋服店	胜利区南大经街16组	洋服	被服缝纫业	张子衡	800	150	1	2
庆仁药房	胜利区平阳路2号		中药贩卖业	丁玉堂	500	500	1	1
庆升茶庄	长春区大马路4段20		茶叶贩卖业	曹志明	1,000	8,000	2	2
庆升泉	长春区永春路40号		水产贩卖业	孙衍庆	800	500	1	2
庆升义	头道沟区长江路16号		中药贩卖业	郭逊儒	6,000	6,000	2	3
庆升永	大西区范家店11组		食肉贩卖业	李德永	300	400	1	2
庆升玉	长春区新春街17组		粮米贩卖业	傅耀廷	2,000	3,000	3	4
庆生昌	头道沟区长江路56号		粮米贩卖业	任善生	200	550	1	1

店铺名称	地址	主要产品	经营类别	经理姓名	固定资金（万元）	流动资金（万元）	职员	工人
庆盛号小铺	胜利区东长春大街3号		食品杂货贩卖业	张庆多	100	200	1	
庆盛和	长春区东三马路164号		五金贩卖业	温华封	200	1,300	1	
庆盛长	头道沟区珠江路2-15号		食品杂货贩卖业	马俊卿	300	300	1	1
庆顺号	长春区新春街23之7号	古物	古物贩卖业	邵宪彬	100	400	1	1
庆顺和	长春区新春街28组		服装估衣贩卖业	李清和	20	1,000	1	1
庆泰祥	长春区东三马路10号		服装估衣贩卖业	刘贵祥	10	500	1	
庆祥古物商	长春区东七马路2-6号	古物	古物贩卖业	张显芝	200	500	1	1
庆祥号	东荣区东永宁北胡同4号		古物贩卖业	许庆有	500	2,200	1	1
庆余鞋店	和顺区和顺二条24号	便鞋	鞋类制造业	刘庆余	40	260	1	3
庆玉成	长春区东三马路162号		服装估衣贩卖业	张玉庆		500	1	
庆育堂药店	和顺区东盛路21号		中药贩卖业	吴懿范	350	850	1	4
庆云眼镜店	长春区大马路1段8号		眼镜贩卖修理业	石润之	350	1,550	1	2
庆祯洋服店	胜利区中街4组	洋服	被服缝纫业	聂庆祯	250	10	1	

续 表

店铺名称	地址	主要产品	经营类别	经理姓名	固定资金（万元）	流动资金（万元）	职工人数	
							职员	工人
庆祝洋服店	胜利区西长春大街301号	洋服	被服缝纫业	侯祝臣	200	20	1	
秋萍刻字局	头道沟区胜利大街4段18号		刻字	李文宣	100	100	2	
曲玉中鞋店	和顺区东盛二条16号	便鞋	鞋类制造业	曲玉中	50	20	1	
全安表店	胜利区全安街43号		钟表修理贩卖业	李福英	400	100	1	1
全林洋服店	头道沟区吴松路3段13	洋服	被服缝纫业	李全林	380	30	1	1
全胜利	胜利区西二道街42组		食品杂货贩卖业	李金亭	200	200	1	1
全胜兴	长春区东三马路162号	便鞋	鞋类制造业	卢全福	5,000	1,500	1	2
全胜永	中华区安民街1组		食品杂货贩卖业	张希璞	150	250	1	2
全盛福	头道沟区珠江路2-13号		食品杂货贩卖业	杨极松	200	600	1	2
全盛合	胜利自强街12组		食品杂货贩卖业	史宝全	100	200	1	
全盛文具店	长春区大马路4-8号		书籍文具贩卖业	杨希金	400	1,600	1	
全盛园	胜利区南大街42组		饭店业	卢鹤松	100	110	1	5

店铺名称	地址	主要产品	经营类别	经理姓名	固定资金（万元）	流动资金（万元）	职工人数	
							职员	工人
全顺合	胜利区西三马路32号		食品杂货贩卖业	曹振东	120	380	1	1
全泰魁	头道沟区长江路56号		中药贩卖业	李荫圃	1,500	4,400	1	3
泉丰商店	长春区大马路7号		华洋杂货贩卖业	谭湘泉	200	1,000	2	
泉兴茂	长春区新春街177号		鞋帽贩卖业	于茂泉	200	800	1	
泉兴泰	长春区东三马路164-42号		服装估衣贩卖业	金丽泉	200	800	1	
群力制鞋厂	长春区新春街20组	皮鞋	皮鞋制造业	孙致温	200	300	1	1
群利号	长春区老市场2号		服装估衣贩卖业	张振明	300	1,000	1	
群利盛小铺	胜利区南大街1组		食品杂货贩卖业	梁深昌	30	270	1	1
群众大车店	宽城区菜市街3组		大车店业	苏万田	120	350	1	
群众饭店	和顺区第二街6组		饭店业	杨春深	40	40	1	1
群众馆	长春区东大桥街46组		饭店业	陈添玉	150	300	1	2
群众旅社	胜利区南大经街33组		旅馆业	王作栋	32,600		1	4
群众食堂	头道沟区厦门路10号		饭店业	李顺熙	100	50	1	1

续表

店铺名称	地址	主要产品	经营类别	经理姓名	固定资金（万元）	流动资金（万元）	职员	工人
群众小馆	长春区东三马路160号		饭店业	于广泰	50	200	1	2
群众洋服店	胜利区西三道街43号	洋服	被服缝纫业	刘淑英	150	20	1	
群众鱼店	头道沟区东二条街30组		水产贩卖业	崔维贤	50	100	1	

R

店铺名称	地址	主要产品	经营类别	经理姓名	固定资金（万元）	流动资金（万元）	职员	工人
人和春	胜利区民康路413号		食品杂货贩卖业	文华	150	250	1	1
人和福	长春区东三道街65号		铜制品贩卖业	艾树滋	300	6,200	1	1
人和号	长春区大马路9号	兼日用杂货	食品杂货贩卖业	韩寿亭	750	500	3	1
人和炉	胜利区东三道街131号		铁匠炉业	王盛恩	100	400	1	6
人和兴	胜利区南大街2段9号		干货贩卖业	刘俊超	570	6,930	3	3
人和兴	胜利区自强街34组	古物	古物贩卖业	郭文升	100	500	1	1
人和永	长春区永春市场27		食肉贩卖业	于国章	150	300	1	1
人民煎饼铺	长春区东天街56组		饭店业	葛清洁	800	200	1	1

店铺名称	地址	主要产品	经营类别	经理姓名	固定资金（万元）	流动资金（万元）	职工人数职员	工人
人民客栈	长春区同乐路409号		旅馆业	樊士斌	1,400		2	1
人民旅馆	头道沟区广州路3段72号		旅馆业	林镇兴	200	200	1	
人民小馆	长春区东三马路160号		饭店业	马振芳	50	250	1	3
人民小铺	胜利区至善路518号		食品杂货贩卖业	刘成忠	100	150	1	1
人民钟表刻字	长春区西四马路19号		钟表修理贩卖业	王克有	100	100	1	
仁昌和	宽城区忠孝路5段6号		食品杂货贩卖业	孙忠贤	100	900	1	2
仁成祥	中华区兴安大路40之1		食品杂货贩卖业	呼振方	200	800	1	1
仁丰号	中华区东朝阳街2组		食品杂货贩卖业	崔凤山	200	200	1	1
仁合成	长春区东七马路1号		食品杂货贩卖业	严彭和	50	550	1	1
仁合成	长春区东门路155号	兼磨坊	食品杂货贩卖业	刘学忠	650	350	1	1
仁合盛	长春区长通街45组		鲜货贩卖业	郭耀先	150	1,850	1	1
仁和车马店	胜利区民康路73号		大车店业	于忠厚	600		4	1
仁和成	和顺区东盛路25号		食品杂货贩卖业	骆福陵	200	500	1	1

店铺名称	地址	主要产品	经营类别	经理姓名	固定资金（万元）	流动资金（万元）	职工人数 职员	职工人数 工人
仁和大车店	胜利区文庙街66号		大车店业	章赵氏	350	100	1	4
仁和镜庄	胜利区东四道街122号		玻璃镜庄业	李海润	200	600	1	2
仁和盛	长春区东大桥街1组		粮米贩卖业	王仲三	200	1,800	1	3
仁和兴	胜利区南街15号		玻璃镜庄业	何惠仁	600	2,400	1	1
仁义店	长春区西四马路27号		旅馆业	陈宗贵	300	100	1	1
仁义馆	长春区西四马路15号		饭店业	韩在仁	3,500	200	2	6
仁义馆	胜利区北大街1段25号		饭店业	谭义良	150	150	1	1
仁义和	胜利区南岭大街8组		食品杂货贩卖业	呼良材	4,000	1,000	1	1
仁义和照相材料	头道沟区胜利街5段13号		照相业	于敦起	300	1,200	1	
任明德	长春区桃源街49组	男女皮鞋	皮鞋制造业	任明德	50	350	1	
日升东	胜利区至善路415号	粉子	淀粉制造业	阎理中	250	100	1	1
日升东	长春区东三马路159号		鞋帽贩卖业	辛马氏	100	500	1	1
日升东	胜利区东四道街49号		食品杂货贩卖业	霍韩氏	200	200	1	1

店铺名称	地址	主要产品	经营类别	经理姓名	固定资金（万元）	流动资金（万元）	职工人数	
							职员	工人
日升东	头道沟区珠江路2-15号		食品杂货贩卖业	薛本源	50	200	1	2
日升东	头道沟区上海路77号		食品杂货贩卖业	马俊明	200	500	1	1
日升东	头道沟区厦门路4组		食品杂货贩卖业	张孝明	50	100	1	1
日升隆	胜利区平治街23号		食品杂货贩卖业	王宪章	100	300	1	2
日升栈旅馆	头道沟区胜利大街1段2号		旅馆业	杨春山	5,000	1,500	2	8
日盛车店	和顺区第二街65组		大车店业	李振沧	700	200	1	1
日晓东	头道沟区东二条街30组		食品杂货贩卖业	侯日晓	100	500	1	1
日用商店	胜利区全安街35组		食品杂货贩卖业	阎淑文	100	200	1	2
日用商店	胜利区大经路3-11		食品杂货贩卖业	周宗文	200	400	1	1
日增盛	长春区永春街44组		粮米贩卖业	赵子星	1,600	4,700	1	
日增盛	头道沟区宁波路3-12号		食品杂货贩卖业	魏树增	150	350	1	1
荣昌表店	胜利区全安街8组		钟表修理贩卖业	王华忱	200	100	1	

店铺名称	地址	主要产品	经营类别	经理姓名	固定资金（万元）	流动资金（万元）	职工人数	
							职员	工人
荣昌表店	头道沟区东二条街2段4号		钟表修理贩卖业	金志诚	150	250	1	
荣昌号	中华区清和街20号		食品杂货贩卖业	张涟	100	100	1	
荣昌刻字店	胜利区全安街8组		刻字	胡秀峰	40	30	1	
荣诚工厂	长春区桃源街30组	布鞋	鞋类制造业	芮克勤	200	300	1	2
荣东商店	中华区重庆街37组		食品杂货贩卖业	胡希颜	400	300	1	2
荣发茶社	长春区西四马路44号		影剧院娱乐场业	栾录源	200	140	1	1
荣发利	长春区永春路13号		食品杂货贩卖业	祖声荣	200	500	1	1
荣发祥	东荣区东丰路155号		食品杂货贩卖业	刘荣发	100	550	1	1
荣发祥	中华区重庆街6组		食品杂货贩卖业	齐凤祥	200	1,000	1	1
荣发兴	头道沟区南京大街1-9号		食品杂货贩卖业	王秉钧	200	400	1	1
荣华车店	胜利区文庙街47号		大车店业	王荣	500	200	2	1
荣华春	长春区桃源路新丰西胡同12号		饭店业	贾品三	800	200	1	5

店铺名称	地址	主要产品	经营类别	经理姓名	固定资金（万元）	流动资金（万元）	职员	工人
荣华洋服店	胜利区重庆路315号	洋服	被服缝纫业	韩守华	700	50	1	1
荣茂号	胜利区西长春大街7号		食品杂货贩卖业	苗绍田	50	150	1	
荣升鞋店	长春区新春街32号	大上鞋	皮鞋制造业	崔长荣	400	1,600	2	3
荣生表店修理店	和顺区吉林大路49号		钟表修理贩卖业	史荣生	150	100		1
荣声号	头道沟区东一条34号	葛瓦斯	清凉饮料制造业	李世荣	500	1,000	1	3
荣盛号	胜利区大经路459	古物	古物贩卖业	朱基山	200	1,000	1	1
荣盛和	宽城区仁爱路5段6号		食品杂货贩卖业	贾锡荣	300	700	1	1
荣兴福	中华区东朝阳街16组		食品杂货贩卖业	贾宝荣	50	100	1	1
荣兴服装店	长春区东长春大街1段1-3号	洋服	被服缝纫业	田树槐	350	50	1	1
荣兴洋服店	头道沟区东三条街27号	洋服	被服缝纫业	张文元	1,240	500	1	2
荣源盛小铺	头道沟区黄河路2-24之4		食品杂货贩卖业	刘宏智	200	100	1	1
如新洋服店	长春区西三马路3号	洋服	被服缝纫业	王树贤	400	50	1	

续 表

店铺名称	地址	主要产品	经营类别	经理姓名	固定资金（万元）	流动资金（万元）	职工人数 职员	职工人数 工人
如意表店	和顺区吉林马路46号		钟表修理贩卖业	黄朝珍	100	100	1	
如意洋服店	胜利区西四马路2段21号	洋服	被服缝纫业	王宗绪	1,300	30	1	
儒林表店	长春区西三马路1段1号		钟表修理贩卖业	李儒林	100	100	1	
瑞昌银楼	长春区大马路9号		金银首饰贩卖业	郭瑞銮	2,200	13,800	2	3
瑞成祥	长春区东三马路25号		服装估衣贩卖业	刘瑞岐	200	800	1	1
瑞发祥	头道沟区上海路17-3号		食品杂货贩卖业	周玉昆	700	800	1	1
瑞丰表店	长春区大马路四号		钟表修理贩卖业	郭瑞峰	150	700	1	
瑞丰祥	长春区东天西胡同219号		食品杂货贩卖业	王瑞丰	300	700	1	1
瑞丰祥	长春区新立街75组	古物	古物贩卖业	刘瑞岭	200	800	1	
瑞华表店	长春区东二马路53号		钟表修理贩卖业	王凤和	50	50	1	
瑞华乐店	长春区大马路4段8号		唱机修理业	朱连瑞	100	400	1	

店铺名称	地址	主要产品	经营类别	经理姓名	固定资金（万元）	流动资金（万元）	职工人数 职员	职工人数 工人
瑞华文具店	长春区新民街22组		书籍文具贩卖业	杨俊贤	1,200	3,700	1	1
瑞华钟表店	长春区大马路4段8号		钟表修理贩卖业	杨鸿举	200	500	1	1
瑞琪号	胜利区东门路601号	古物	古物贩卖业	封荣琪	300	1,700	2	
瑞庆公	头道沟区广州路3-24号		食品杂货贩卖业	王梦道	200	600	1	2
瑞亭洋服店	重庆街21组	洋服	被服缝纫业	李瑞亭	20	30	1	
瑞祥鱼店	头道沟区长江路市场内		水产贩卖业	孙香亭	50	150	1	
瑞新合	长春区东三马路162号		服装估衣贩卖业	奚瑞		700	1	1
瑞新钟表刻字局	胜利区全安街8组		钟表修理贩卖业	原靖石	100	200	1	
润丰诊疗所	长春区长通路6组		中药贩卖业	蔡永青	200	100	1	
润升祥手工鞋铺	长春区桃源街6组	手工鞋	皮鞋制造业	王树田	50	70	1	
润漳洋服店	长春区桃源街35组	洋服	被服缝纫业	黄润漳	200	50	1	1
润之古物商	胜利区吉林路18-1号	古物	古物贩卖业	张润之	600	800	1	

S

店铺名称	地址	主要产品	经营类别	经理姓名	固定资金（万元）	流动资金（万元）	职工人数 职员	职工人数 工人
三成祥	胜利区吉林大路9号		粮米贩卖业	张继学	500	1,000	2	1
三德玉	头道沟区广州路66号	古物	古物贩卖业	秦德玉	200	1,600	2	1
三发炉	长春区东二马路25-1号		铁匠炉业	牟世忠	100	400	1	1
三合成	长春区永长路4号		唱机修理业	徐凤山	400	500	3	
三合成	长春区桃源路2号		饭店业	王廷财	200	200	1	1
三合成	宽城区杨家街15组		食肉贩卖业	王振廷	200	300	1	
三合成	宽城区菜市街11组		食肉贩卖业	李荣华	60	240	2	1
三合成	宽城区北五条街16号		食肉贩卖业	刘维忠	200	300	1	2
三合成	长春区桃源路201号		食品杂货贩卖业	朱相廷	150	250	1	2
三合成	胜利区北大街20号		食品杂货贩卖业	赵俊臣	400	800	2	
三合成	胜利区吉林大马路724号		古物贩卖业	王鸿生	400	800	3	
三合成饭馆	头道沟区长江路44		饭店业	沙有祥	150	200	1	2

店铺名称	地址	主要产品	经营类别	经理姓名	固定资金（万元）	流动资金（万元）	职工人数	
							职员	工人
三合成粉房	胜利区清明街204	粉子	淀粉制造业	李相春	500	200	1	2
三合成肉铺	长春区兴运路80号		食肉贩卖业	崔永堂	100	400	1	1
三合畜油饼	中华区惠民路308号		食肉贩卖业	冯国卿	100	200	1	2
三合大车店	东荣区开封街510		大车店业	张子绅	300		2	1
三合大车店	宽城区民生街24组		大车店业	王国升	600	200	3	4
三合大车店	和顺区远达街9组		大车店业	谭九臬	500	1,000	1	5
三合店	头道沟区长白路2段8号		旅馆业	唐鸿宾		50	2	
三合发	长春区西四马路35号		饭店业	韩玉亭	400	300	1	5
三合发小铺	头道沟区胜利大街5-40		食品杂货贩卖业	刘玉发	1,000	300	1	1
三合公	宽城区菜市街10组		食肉贩卖业	胡金顺	100	300	2	1
三合馆	长春区长通路35组		饭店业	萧树珊	300	300	1	3
三合馆	宽城区和平路7号		饭店业	刘延长	200	400	1	3
三合馆	宽城区迁安路510号		饭店业	毕林兴	170	300	1	3

店铺名称	地址	主要产品	经营类别	经理姓名	固定资金（万元）	流动资金（万元）	职工人数	
							职员	工人
三合馆	长春区东天街42号		饭店业	刘绍堂	100	400	1	2
三合客栈	长春区桃源路108号		旅馆业	田德恒	200	100	2	
三合利	胜利区南大经街41组		粮米贩卖业	王淑敏	500	1,500	1	3
三合炉	胜利区东三道街17号		铁匠炉业	李万财	70	80	1	
三合炉	宽城区新生街和顺路20号	蹄铁	蹄铁业	丛广钧	100	100	1	1
三合泉酱园	和顺区吉林大路34号	酱类	酱、酱油、醋酿造业	张辅仁	2,000	5,000	2	3
三合肉铺	长春区新春路5组		食肉贩卖业	于春和	400	200	1	2
三合肉铺	长春区永春路45号		食肉贩卖业	刘凤德	500	500	1	2
三合肉铺	长春区东大桥街3组		食肉贩卖业	李世荣	400	600	1	2
三合盛	和顺区和顺街14组	粉子	淀粉制造业	薛焕章	500	500	2	2
三合盛	和顺区临河街12组		粮米贩卖业	于稚三	40	300	1	
三合盛	宽城区柳影路3号		饭店业	谢双盛	20	10	1	1
三合盛	长春区东四马路94号		食肉贩卖业	王廷相	100	200	1	

店铺名称	地址	主要产品	经营类别	经理姓名	固定资金（万元）	流动资金（万元）	职工人数 职员	职工人数 工人
三合盛	头道沟区上海路173号		食肉贩卖业	王允秀	100	500	1	1
三合盛	胜利区永春路45-1		食肉贩卖业	赵希俊	60	740	1	1
三合盛	长春区东天街3组		食品杂货贩卖业	盛敏庆	500	600	2	
三合盛	胜利区北街90组		食品杂货贩卖业	许相林	450	1,950		2
三合盛	宽城区菜市街1组		食品杂货贩卖业	苏广义	500	2,000	3	2
三合盛	中华区安民街2组		食品杂货贩卖业	张奎三	150	200	1	2
三合手工鞋铺	头道沟区东四条街6组	便鞋	鞋类制造业	杨肇刚	200			1
三合水	宽城区菜市街		食品杂货贩卖业	李春宽	200	300	2	
三合顺	长春区西四马路42号		饭店业	回峻岭	250	200	1	3
三合铁炉	长春区东四马路85号	斧子	铁匠炉业	刘振明	250	700	1	4
三合铁炉	和顺区东盛路3号	镐头	铁匠炉业	于汇海	100	140	1	2
三合同	胜利区吉林马路8号		食品杂货贩卖业	高佐民	400	800	1	2
三合祥	胜利区民康街18组		食肉贩卖业	李魁富	60	140	1	1

店铺名称	地址	主要产品	经营类别	经理姓名	固定资金（万元）	流动资金（万元）	职工人数 职员	职工人数 工人
三合祥	东荣区开封街105号		食肉贩卖业	张久成	100	400	1	2
三合鞋铺	胜利区永长路7-4号	布鞋	鞋类制造业	张锡恩	200	50	1	2
三合兴	长春区新春街18组		粮米贩卖业	货文彬	200	2,200	2	2
三合兴	中华区永昌路255号		饭店业	张义生	300	100	1	4
三合兴	胜利区西四马路943号		饭店业	刘崇	500	300	1	3
三合兴	宽城区菜市街10组		食肉贩卖业	刘树荣	90	300	2	1
三合兴	长春区东天路8号		食品杂货贩卖业	吴惠民	300	500	1	2
三合兴	胜利区自强街25组		食品杂货贩卖业	付青山	400	600	1	1
三合兴	中华区康平街18组		食品杂货贩卖业	郭玉海	100	600	1	2
三合义	宽城区菜市街9组		食品杂货贩卖业	刘宝树	100	600	1	1
三合义	胜利区吉林马路93-3	古物	古物贩卖业	马鸿礼	100	600	1	2
三合永	和顺区吉林马路79号	粉子	淀粉制造业	李树森	2,000	1,000	2	2
三合永	长春区东天街31号		饭店业	张宝贵	50	150	1	1

店铺名称	地址	主要产品	经营类别	经理姓名	固定资金（万元）	流动资金（万元）	职工人数	
							职员	工人
三合永	胜利区南街40组		食品杂货贩卖业	孟祝三	100	400	1	2
三合永	长春区西五马路20号		食品杂货贩卖业	郭春情	40	120	1	1
三合永磨坊	胜利区全安街73组	粉子	淀粉制造业	张文理	600	200	1	2
三合鱼店	头道沟区长江路市场		水产贩卖业	马理俭	30	150	1	1
三合园	长春区长通路26号		饭店业	张树棠	100	200	1	2
三合园	和顺区东盛路19号		饭店业	朱宝良	150	150	1	2
三合增	头道沟区西七马路3段2号		食肉贩卖业	王庆余	100	400	1	1
三和号	头道沟区宁波路18号		食肉贩卖业	张维德	460	3,004	2	2
三和兴	和顺区东盛路27号	便鞋	鞋类制造业	刘清山	200	50	1	5
三和兴	长春区东三马路159号		鞋帽贩卖业	石俊山	500	500	1	
三江春	长春区桃源街15组		饭店业	徐志和	500	500	1	6
三聚永小铺	胜利区东四道街127号		食品杂货贩卖业	孙宝荣	50	450	1	2
三力古物商	胜利区大经路7段23		古物贩卖业	赵明	200	900	1	4

店铺名称	地址	主要产品	经营类别	经理姓名	固定资金（万元）	流动资金（万元）	职工人数	
							职员	工人
三力洋服店	胜利区南大经街30组	洋服	被服缝纫业	刘俊荣	600	100	1	1
三利粉子房	和顺区东盛三条3号	粉子	淀粉制造业	徐鸿荣	250	600	1	2
三利合粉子房	大西区民主村2组	粉子	淀粉制造业	李怀良	400	600	2	3
三明眼药房	长春区桃源街38组		中药贩卖业	杨锡三	700	100	1	1
三庆合	长春区西五马路62号	古物	古物贩卖业	董毓经	100	500	1	2
三生长酱园	胜利区民康街83号	酱类	酱、酱油、醋酿造业	赵子和	5,700	8,300	2	7
三盛公	头道沟区胜利大街5-10之4		食品杂货贩卖业	张宝忠	1,000	3,900	1	1
三盛合	长春区兴运路99号		食品杂货贩卖业	麻金廷	400	400	1	1
三盛合	胜利区全安街35组		食品杂货贩卖业	常德林	200	500	1	1
三盛合车店	长春区桃源路1号		大车店业	张汲三	300		2	2
三盛隆	长春区永春路17号		食品杂货贩卖业	马惠风	200	700	1	1
三盛炉	长春区东四马路69号	斧子	铁匠炉业	宋文盛	300	1,200	1	2
三盛炉	胜利区大经路28组	剪子	铁匠炉业	杨运志	50	50	1	3

店铺名称	地址	主要产品	经营类别	经理姓名	固定资金（万元）	流动资金（万元）	职员	工人
三盛炉	东荣区东荣路1146号	菜刀	铁匠炉业	王其绪	40	100	1	3
三盛炉	胜利区大经路16号	蹄铁	蹄铁业	郭文贵	400	600	1	2
三盛永	胜利区平治街16组		粮米贩卖业	王振远	200	500	1	2
三盛永	胜利区西三马路6513号		食肉贩卖业	崔长泰	400	200	1	1
三盛园	头道沟区东三条街17号		饭店业	刘廷聚	150	350	1	3
三盛园饭店	胜利区大经路5段1号		饭店业	程宝山	150	200	1	4
三盛长	头道沟区东二条街33号		食品杂货贩卖业	王德恩	200	700	1	2
三顺合	长春区新春街52组		饭店业	孙学民	700	300	1	
三顺客栈	长春区春巷胡同102号		旅馆业	席东宾	300	300	2	1
三顺炉	长春区桃源街48组	蹄铁	蹄铁业	杨荣升	180	140	1	3
三顺兴	长春区兴运路70号		食肉贩卖业	王宝庭	100	100	1	1
三泰祥	宽城区菜市街10组		粮米贩卖业	韩同禄	200	250	1	1
三新洋服店	头道沟区黑水路3段12之2号	洋服	被服缝纫业	王品三	150	50	1	

续 表

店铺名称	地址	主要产品	经营类别	经理姓名	固定资金（万元）	流动资金（万元）	职工人数	
							职员	工人
三信西药房	长春区新立街17组		西药贩卖业	康新天	500	5,500	2	1
三兴成	长春区东安街102号		食品杂货贩卖业	于世功	500	600	1	2
三兴炉	东荣区太有路2号	菜刀	铁匠炉业	袭鸣玉	50	100	1	2
三兴鞋做房	头道沟区广南街45号	便鞋	鞋类制造业	王永顺	100	400	1	1
三阳泰	头道沟区东二条街23号		食品杂货贩卖业	张锦泉	1,560	4,350	1	5
三阳银楼	长春区大马路23号		金银首饰贩卖业	魏占元	7,000	15,000	2	5
三一兴	头道沟区吴松路3-24号		食品杂货贩卖业	刘乃风	200	300	1	
三义成	长春区西四马路22号		饭店业	尹凤朝	150	200	1	5
三义成	宽城区柳影路70号		饭店业	贾鸣杰	55	180	1	
三义成	胜利区吉林马路18号		食肉贩卖业	赵万国	300	200	1	1
三义成	中华区康平街15组		食品杂货贩卖业	潘兴永	300	500	1	2
三义大车店	胜利区全安街9号		大车店业	崔玉琛	200		1	1
三义德	胜利区中街4组		粮米贩卖业	胡鸢翊	500	2,500	2	2

店铺名称	地址	主要产品	经营类别	经理姓名	固定资金（万元）	流动资金（万元）	职工人数 职员	职工人数 工人
三义德	长春区长通街45组		鲜货贩卖业	倪秉文	50	950	2	1
三义合	中华区兴安街9组		食品杂货贩卖业	孙玉海	200	1,000	1	2
三义合小铺	头道沟区辽北路2-2号		食品杂货贩卖业	李传贵	200	200	1	2
三义和	宽城区菜市街10组		食肉贩卖业	董际良	100	350	2	1
三义和	胜利区西长春大街13号		食品杂货贩卖业	郝士春	1,000	2,000	1	1
三义隆	胜利区永春路117		粮米贩卖业	季满和	500	500	1	1
三义隆	长春区西长春大街3号		食品杂货贩卖业	张佩珍	200	500	1	
三义炉	东荣区远达路1347号	蹄铁	蹄铁业	张发祥	150	150	1	2
三义盛	胜利区西二道街123号		食品杂货贩卖业	刘福东	600	400	1	
三义盛	中华区桂林路30号		商杂业	吕殿升	4,000	200	1	1
三义祥	胜利区重庆路105号		食品杂货贩卖业	李显章	500	1,000	1	2
三义祥	宽城区菜市街23组	古物	古物贩卖业	张清山	200	700	2	
三义小馆	长春区东天街7号		饭店业	杨孟起	3,800	480	1	3

店铺名称	地址	主要产品	经营类别	经理姓名	固定资金（万元）	流动资金（万元）	职工人数	
							职员	工人
三义兴	长春区东四道街32号	粉子	淀粉制造业	赵青泉	300	200	2	3
三义兴	胜利区西长春大街2-18号		家具贩卖业	刘万昌		600	1	3
三义兴	和顺区安乐街44号		食肉贩卖业	沙俊坡	100	150	1	
三义兴	头道沟区黑水路3段14		食肉贩卖业	王贵有	60	140	1	1
三义兴小铺	头道沟区东二条街27组		食品杂货贩卖业	商俊杰	150	600	2	1
三义永	胜利区西长春大街307号		五金贩卖业	李词源	3,000	25,700	2	2
三义园	头道沟区北平路11号		饭店业	杨春海	650	250	1	3
三义粥馆	胜利区西三马路5号		饭店业	刘发贤	20	130	1	2
三益牧场	中华区重庆路18号		商杂业	董毓舒	2,000	40	1	
三友茶社	长春区晴柳路417号		影剧院娱乐场业	于世功	430	320	1	3
三友发	长春区西四马路35号		饭店业	安殿发	98	200	1	3
三友工业所	长春区上海路45号	文具盒	文具制造业	郭庆甫	1,000	500	1	2

店铺名称	地址	主要产品	经营类别	经理姓名	固定资金（万元）	流动资金（万元）	职工人数	
							职员	工人
三友刻字	东荣区永宁路21号		刻字	李云峰	220	180	1	
三友商店	胜利区至善街19组		干货贩卖业	万树森	600	900	2	1
三友文具工厂	头道沟区东四条街11号		文具制造业	宇志英	1,000	2,000	1	9
三元粉子房	和顺区岭东路32组	粉子	淀粉制造业	钟富	350	250	1	2
三元银楼	长春区大马路26号		金银首饰贩卖业	孙书启	200	7,888	2	3
三原纸厂	长春区西五马路12号		古物贩卖业	王文昌	1,500		1	3
森木匠铺	胜利区西二马路15号		家具贩卖业	孙林	200	300	1	1
山成五	长春区新春路48组		靴鞋材料贩卖业	刘铭山	150	3,850	1	1
山成玉	长春区新立街47号		食品杂货贩卖业	赵海山	200	100	1	1
山成玉茶庄	长春区大马路1段13号		茶叶贩卖业	张彦伦	1,000	2,000	1	1
山盛和	长春区新民街47号	皮鞋	皮鞋制造业	王凤山	700	350	1	1
山中鱼店	长春区永春路26号		水产贩卖业	孙堃山	800	200	2	
上海酱园	头道沟区宁波路3段37号	酱类	酱、酱油、醋酿造业	丁宪章	7,000	10,000	1	4

续表

店铺名称	地址	主要产品	经营类别	经理姓名	固定资金（万元）	流动资金（万元）	职工人数	
							职员	工人
上海四五六支店明记	长春区东门路101号		饭店业	张柏兴	300	500	2	4
邵小铺	中华区重庆街2组		食品杂货贩卖业	邵树修	50	300	1	1
神洲表店	头道沟区东三条街17号		钟表修理贩卖业	王振英	400	80	2	
沈阳旅馆	头道沟区南京大街2段7号		旅馆业	常荣九	800		2	1
慎昌钟表眼镜店	头道沟区胜利大街5段6号		钟表修理贩卖业	田景春	700	100	2	
升发炉	宽城区柏沟街10组	蹄铁	蹄铁业	蓝起升	120	80	1	1
升三文具工业所	长春区东四马路82号	钢笔水	文具制造业	李升三	400	1,200	2	1
生发东小铺	长春区东天街1-53号		食品杂货贩卖业	李朝贵	50	150	1	
生发祥	胜利区东三道街26号		食品杂货贩卖业	张树生	300	1,000	1	2
生发长肉铺	胜利区西四道街41号		食肉贩卖业	麻殿银	100	60	1	1
生发长纸店	头道沟东六条街25组		书籍文具贩卖业	郭树生	300	700	3	
生林洋服店	长春区东七马路45号	洋服	被服缝纫业	栾生林	200		1	

店铺名称	地址	主要产品	经营类别	经理姓名	固定资金（万元）	流动资金（万元）	职工人数 职员	职工人数 工人
胜达工业	中华区兴安胡同111号	葛瓦斯	清凉饮料制造业	许恩文	125	717	1	4
胜达汽水工厂	长春区东三马路11号	汽水	清凉饮料制造业	吴连志	8,000	10,000	5	4
胜东洋服店	头道沟区东四条街28号	洋服	被服缝纫业	王恩远	500	50	1	
胜利表店	长春区长春街15组		钟表修理贩卖业	郑世仪	1,300	14,900	1	2
胜利表店	中华区同志街509号		钟表修理贩卖业	姚金华	50	100	1	1
胜利大车店	宽城区宋家街1组		大车店业	陈有	150	30	2	1
胜利饭店	长春区桃源路1号		饭店业	李文财	50	150	1	2
胜利饭店	长春区东天街43号		饭店业	夏振刚	300	150	1	1
胜利饭馆	长春区兴运街41组		饭店业	姜国卿	350	250	1	4
胜利股铺	中华区兴安大路2段16号		食肉贩卖业	栾世忠	100	150	1	1
胜利馆	头道沟区胜利大街32号		饭店业	李荫堂	400	200	1	3
胜利馆	胜利区民康路27号		饭店业	赵秉山	200	200	1	2

店铺名称	地址	主要产品	经营类别	经理姓名	固定资金（万元）	流动资金（万元）	职工人数	
							职员	工人
胜利灌汤工厂	头道沟区胜利大街21号		食肉贩卖业	谢家庆	1,200	1,300	4	
胜利号	胜利区平治街103号		食品杂货贩卖业	李多点	100	300	1	1
胜利花店	胜利区全安街73组		旅馆业	荣占好	80		1	1
胜利酒馆	长春区西四马路17号		饭店业	罗炳照	300	200	1	4
胜利汽水工厂	长春区永长路104号	汽水	清凉饮料制造业	单松亭	10,000	8,000	5	3
胜利肉铺	胜利区永吉街45组		食肉贩卖业	耿其昌	200	800	2	
胜利书店	胜利区吉林路3-20号		书籍文具贩卖业	王绍曾	200	1,300	1	2
胜利小铺	中华区东朝阳街8组		食品杂货贩卖业	张世民	50	90	1	
胜利鞋店	长春区桃源街52组	便鞋	鞋类制造业	韩振才	300	100	1	1
胜利洋服店	头道沟胜利大街2段21	洋服	被服缝纫业	遇凤桐	250	50	1	1
胜利洋服店	头道沟区厦门路3段10号	洋服	被服缝纫业	郑洛贤	200	150	1	1
胜利洋服店	和顺区安乐路46号	洋服	被服缝纫业	盛学成	180	20	1	
胜利洋服店	胜利区全安街114组	洋服	被服缝纫业	孙李氏	600	100	1	1

店铺名称	地址	主要产品	经营类别	经理姓名	固定资金（万元）	流动资金（万元）	职工人数	
							职员	工人
胜新商店	长春区桃源路69组		食品杂货贩卖业	孙文武	100	400	1	
胜兴表店	长春区西四马路35号		钟表修理贩卖业	刘景隆	50	100	1	1
盛昌盛	宽城区菜市街19组		食品杂货贩卖业	王日升	500	400	1	1
盛春定食小馆	长春区桃源路4-2号		饭店业	张品三	100	50	1	3
盛东商行	长春区永长路2号	古物	古物贩卖业	邹志忠	200	700	1	
盛发园	长春区永春街52号		食肉贩卖业	李希文	200	300	1	1
盛俊炉	胜利区西三道街108号	蹄铁	蹄铁业	刘发俊	100	100	1	2
盛元馆	长春区西四马路永振胡同12号		饭店业	王访圣	80	120	1	2
时昌表店	头道沟区胜利大街4段3号		钟表修理贩卖业	李春田	200	100	1	
时春商店	中华区兴安街11组		食品杂货贩卖业	赵法库	200	250	1	1
时来客栈	长春区西四马路28号		旅馆业	卢刘氏	40	15	2	
士权商店	胜利区北大街15号		山海杂货贩卖业	姜士权	1,000	5,000	1	1

续 表

店铺名称	地址	主要产品	经营类别	经理姓名	固定资金（万元）	流动资金（万元）	职工人数	
							职员	工人
士儒洋服店	中华区兴仁街9组	洋服	被服缝纫业	郑士儒	170	10	1	
世昌德	长春区东三马路51号		食品杂货贩卖业	佟善格	100	200	1	1
世昌隆	长春区新春街16组		粮米贩卖业	刘泽博	400	2,000	2	3
世昌兴	胜利区北大街12号		食品杂货贩卖业	李世五	300	300	1	
世合兴	胜利区全安街60组		食品杂货贩卖业	聂世有	150	800	1	1
世合长粉子房	和顺区临河三条27号	粉子	淀粉制造业	王世则	300	1,700	1	3
世和盛	胜利区北街38组		粮米贩卖业	王池	1,000	1,500	2	4
世恒发	胜利区南关大街102号		铁匠炉业	马世明	100	50	1	2
世华鞋帽商店	长春区新民路33组		鞋帽贩卖业	朱彬	500	1,500	1	1
世纪洋服店	胜利区南大经街13组	洋服	被服缝纫业	支常福	290	10	1	
世界大旅社	胜利区北街81组		旅馆业	刘耀亭	1,500		1	2
世界西药房	胜利区大经路17号		西药贩卖业	孟霭然	1,500	6,500	2	
世来鞋手工铺	胜利区北街72组	便鞋	鞋类制造业	周世嘉	120	130	1	

店铺名称	地址	主要产品	经营类别	经理姓名	固定资金（万元）	流动资金（万元）	职工人数	
							职员	工人
世明表店	胜利区西长春大路13号		钟表修理贩卖业	王鉴	150	100	1	
世新大药房	长春区新立街53组		西药贩卖业	侯世卿	500	6,500	1	1
世兴大车店	宽城区柳影街5组		大车店业	张振明	330	50	2	
世兴东铁行	长春区东六马路8号		古物贩卖业	及世臣	200	2,200	1	
世一堂	胜利区南大街2号		中药贩卖业	崔振国	3,082	70,170	3	9
收文书局	长春区新市场35号		书籍文具贩卖业	耿收文	500	1,000	1	
守田大车店	胜利区全安街515号		大车店业	李仰成	210		2	1
寿山洋服店	中华区东永昌街301号	洋服	被服缝纫业	萧长海			1	
曙光商店	头道沟区长江路9号	兼被服业	华洋杂货贩卖业	姜淑厚	1,200	1,500	1	1
曙光钟表修理	头道沟区长江路1段7号		钟表修理贩卖业	邢诚义	200	50	1	
双德义	中华区清和街9组		食品杂货贩卖业	王凤林	250	250	1	1
双发合	长春区东长春大街3-18号		家具贩卖业	杨玉成	150	850	1	2
双发合	长春区新春街8组		粮米贩卖业	刘汉臣	700	3,500	2	2

店铺名称	地址	主要产品	经营类别	经理姓名	固定资金（万元）	流动资金（万元）	职工人数	
							职员	工人
双发合	长春区桃源路101号		食品杂货贩卖业	贺尚元	400	600	1	
双发马掌炉	长春区东四道街28号	蹄铁	蹄铁业	崔情珍	200	150	1	1
双发祥	胜利区南关市场		食肉贩卖业	刘廷祥	100	400	1	3
双发园	胜利区北大街1段31号		饭店业	王庆衍	500	120	1	
双合成	头道沟区黄河路27号		食品杂货贩卖业	马志骊	200	500	2	1
双合号	胜利区西长春大街2-3之2号		家具贩卖业	燕连第	30	200	1	1
双合花店	胜利区南街21组		旅馆业	杨德堃	500	100	1	2
双合胜	胜利区至善街35组	粉子	淀粉制造业	唐永久	200	100	1	1
双合盛	东荣区泰东街11组	粉子	淀粉制造业	顾文柱	500	500	1	1
双合盛	长春区新春街7号		山海杂货贩卖业	于阳春	150	350	1	1
双合盛	长春区东天街39组		粮米贩卖业	郑铁城	100	500	1	1
双合盛	头道沟区长江市场		食肉贩卖业	张林	50	100	1	
双合盛	长春区新春路75号		食品杂货贩卖业	张天民	300	1,000	1	1

店铺名称	地址	主要产品	经营类别	经理姓名	固定资金（万元）	流动资金（万元）	职工人数 职员	工人
双合盛	头道沟区长白路1-4号		食品杂货贩卖业	孙宇亨	450	600	1	2
双合盛小铺	长春区东天街1-15		食品杂货贩卖业	蔡振世	100	100	1	1
双合食肉店	头道沟区长江市场		食肉贩卖业	孙后田	40	160	1	1
双合小馆	中华区重庆路8号		饭店业	李学廷	100	300	1	3
双合鞋铺	胜利区西长春大街2-36号	便鞋	鞋类制造业	张福林	100	50	1	2
双合兴	宽城区菜市街1组		食品杂货贩卖业	孔宪有	100	50	1	1
双合兴	宽城开封街17号	古物	古物贩卖业	王福田	50	450	1	1
双合义	胜利区重庆路130号		食品杂货贩卖业	黄景林	300	1,700	1	2
双合义	长春区西五马路65号	古物	古物贩卖业	张宽心	100	400	1	1
双合园	头道沟区厦门街18号		饭店业	谭永祥	150	150	1	1
双合园	胜利区自强街31组		饭店业	徐守善	500	200	1	1
双和发	东桂林街16组		食品杂货贩卖业	王淑阳	400	1,100	1	2
双和号	胜利区至善街19组		食品杂货贩卖业	赵锡良	500	500	2	1

续 表

店铺名称	地址	主要产品	经营类别	经理姓名	固定资金（万元）	流动资金（万元）	职工人数	
							职员	工人
双和胜酱园	长春区桃源路212号	酱类	酱、酱油、醋酿造业	高占魁	500	200	3	2
双和盛	长春区东安街12组	便鞋	鞋类制造业	藏纯阳	60	40	1	1
双林号	东荣区新业街19号	便鞋	鞋类制造业	王宝琳	250	50	1	
双林号	长春区新立街9组	便鞋	鞋类制造业	王会春	190	10	1	
双龙杂货铺	头道沟区厦门路31号		食品杂货贩卖业	陈志德	200	300	1	1
双庆永	中华区洪熙街7组		食品杂货贩卖业	赵殿舜	100	300	1	1
双盛德	头道沟区汉口街5之3		食品杂货贩卖业	赵镇峰	100	500	1	1
双盛东	长春区桃源路16号		食品杂货贩卖业	伍锦友	50	200	1	1
双盛福小铺	胜利区平治街106号		食品杂货贩卖业	李政原	300	300	1	2
双盛膏药店	和顺区东盛路43号		中药贩卖业	李希颜	400	200	1	1
双盛合	长春区桃源路216号		食品杂货贩卖业	齐长春	500	500	1	
双盛魁	头道沟区辽宁路1-4号		食品杂货贩卖业	何柏魁	300	500	1	1
双盛魁商店	胜利区大经路20号		食品杂货贩卖业	李耀阁	100	300	1	3

店铺名称	地址	主要产品	经营类别	经理姓名	固定资金（万元）	流动资金（万元）	职工人数	
							职员	工人
双盛马掌炉	胜利区民康路457号	蹄铁	蹄铁业	刘凤章	200	100	1	3
双盛泉	东荣区开封路34号		食品杂货贩卖业	毛鹤章	300	600	1	2
双盛兴	和顺区东盛路27号		山海杂货贩卖业	梁佑廷	800	1,200	2	3
双盛永	头道沟区广厦原胡同13号		粮米贩卖业	房训仁	200	600	1	1
双盛永	东荣区开封路36号		食品杂货贩卖业	宋林盛	200	300	1	1
双盛栈车店	胜利区文庙街7号		大车店业	李岐山	1,300	200	2	4
双兴包子铺	胜利区西三马路1-10号		饭店业	孟繁有	150	100	1	1
双兴成	宽城区胜利街19组		食品杂货贩卖业	周子学	400	600	1	1
双兴盛	宽城区二道沟街2组		食品杂货贩卖业	于天芝	50	150	1	
双兴盛	胜利区东三道街15号		食品杂货贩卖业	载筒一	150	350	1	1
双阳车店	和顺区第二街6号		大车店业	麻庆文	300	100	3	3
双阳旅店	头道沟区宁波街57组		旅馆业	边德明	200	100	1	1
双阳旅馆	胜利区东头道街12号		旅馆业	贾德庆	400	600	2	1

续表

店铺名称	地址	主要产品	经营类别	经理姓名	固定资金（万元）	流动资金（万元）	职工人数	
							职员	工人
双义成鞋工厂	长春区新春街30组	皮布鞋	鞋类制造业	王长义	1,200	3,800	2	12
双义隆	长春区大马路4段8号		华洋杂货贩卖业	王梦麟	300	700	2	
双义鞋店	宽城区富丰街8组	便鞋	鞋类制造业	温承胜	40	100	1	1
双源合	和顺区东新路11号		食品杂货贩卖业	丁庆元	60	140	1	2
双振隆	长春区东来南街126号		食品杂货贩卖业	王吉岭	50	450	1	
水发兴	宽城区胜利街1组		食品杂货贩卖业	田尊五	500	1,500	2	1
水兴源	宽城区仁爱路5段6号		食品杂货贩卖业	杨连佑	100	600	1	1
顺昌号	长春区新春路177		鞋帽贩卖业	白静轩	400	1,200	1	
顺德号	长春区永春路2-9号		陶瓷器贩卖业	王治山	50	450	1	1
顺发炉	和顺区岭东路18号	蹄铁	蹄铁业	于相国	200	100	1	1
顺发永肉铺	胜利区清明街111号		食肉贩卖业	贾文魁	300	700	1	2
顺发园	胜利区南关大街86号		饭店业	秦润堂	300	1,000	1	4
顺发源	头道沟区黑水路4-16号		食品杂货贩卖业	李志良	150	350	1	2

店铺名称	地址	主要产品	经营类别	经理姓名	固定资金（万元）	流动资金（万元）	职工人数 职员	职工人数 工人
顺合发	胜利区西二道街59号		铁匠炉业	杨新民	200	100	1	5
顺利兴	头道沟区辽宁路2-1号	古物	古物贩卖业	刘玉连	800	300	1	1
顺泰小铺	头道沟区贵阳街17号		食品杂货贩卖业	肖仁山	120	200	1	
顺天大旅社	胜利区民康街59组		旅馆业	王俊儒	5,500	200	1	3
顺兴号	长春区东天街2组		食品杂货贩卖业	于裕俭	150	150	1	
顺兴肉铺	中华区桂林路1号		食肉贩卖业	李师法	50	400	1	
四宝堂文具店	长春区大马路5-2之4		书籍文具贩卖业	陈维岳	3,000	2,700	2	2
四宝园	中华区桂林路505号		饭店业	刘恩和	100	100	1	1
四海茶社	长春区西四马路27号		影剧院娱乐场业	黄起斌	500	100	1	1
四海春	胜利区东头道街16号		饭店业	高玉亭	500	500	1	5
四海春	长春区永春路3段5号		饭店业	傅连城	100	300	1	5
四海春饭店	长春区西三马路1段2号		饭店业	刘春芳	600	200	2	9
四海饭店	宽城区柏沟街58组		饭店业	吕鸿吉	300	100		3

续 表

店铺名称	地址	主要产品	经营类别	经理姓名	固定资金（万元）	流动资金（万元）	职工人数 职员	职工人数 工人
四海客栈	长春区桃源路102号		旅馆业	李志超	800	400	1	2
四合包子铺	长春区西三马路143号		饭店业	田有和	200	200	1	4
四合车店	和顺区东盛路12号		大车店业	柴明三	460	100	3	4
四合成	宽城区菜市街11组		食肉贩卖业	张丛林	60	320	3	1
四合成	胜利区大经路4段27号		古物贩卖业	刘占魁	500	1,500	2	2
四合成肉铺	长春区东大街25组		食肉贩卖业	口洪举	200	400	1	3
四合发	胜利区至善街33组	粉子	淀粉制造业	张玉城	600	200	1	2
四合发	胜利区西四道街39号		饭店业	吕玉悦	100	150	1	3
四合发	头道沟区长白路7号		饭店业	傅子章	400	400	1	5
四合发	头道沟区长江路		饭店业	李仪亭	600	400	1	3
四合发	胜利区大经路33号		食品杂货贩卖业	王禄生	300	500	1	1
四合公车店	宽城区柏沟街1组		大车店业	李林义	200	80	1	2
四合馆	和顺区临河六条3号		饭店业	陈永成	100	300	1	3

店铺名称	地址	主要产品	经营类别	经理姓名	固定资金（万元）	流动资金（万元）	职工人数 职员	职工人数 工人
四合炉	东荣区迁安路46号		铁匠炉业	李克让	350	450	1	3
四合商店	长春区新民街42号		粮米贩卖业	陈绍堂	500	5,000	2	1
四合烧饼铺	胜利区东长春大街3段67号		饭店业	翟景坤	200	300	1	4
四合盛	长春区东三马路1-4		服装估衣贩卖业	朱同发	20	200	1	1
四合盛	长春区东四道街2号		食肉贩卖业	邱洪儒	50	350	2	2
四合盛	长春区永春路7组		食肉贩卖业	王廷宽	500	500	1	1
四合盛	胜利区大经路45号		食品杂货贩卖业	宋新吾	1,000	500	1	1
四合盛	胜利区南街12号	古物	古物贩卖业	张伟	400	1,600	2	1
四合盛古物	胜利区自强街18号	古物	古物贩卖业	崔忠信	200	800	1	1
四合小饭馆	长春区东马路163号		饭店业	郭清泰	100	350	2	5
四合兴	中华区东桂林街18组	粉子	淀粉制造业	刘文玉	400	400	1	3
四合兴	长春区东天街3号		食品杂货贩卖业	马福臣	200	400	2	2
四合兴	头道沟区长白路1-10号		食品杂货贩卖业	安振铭	100	700	1	1

续表

店铺名称	地址	主要产品	经营类别	经理姓名	固定资金（万元）	流动资金（万元）	职工人数 职员	职工人数 工人
四合兴励肉铺	宽城区迁安路北二条街222号		食肉贩卖业	金凤山	50	200	3	
四合兴小铺	胜利区平治街103		食品杂货贩卖业	孟广薪	250	550	2	2
四合兴小铺	和顺区吉林马路33号		食品杂货贩卖业	何忠庆	250	1,000	1	3
四合义	长春区桃源街52组		饭店业	徐连水	150	100	2	2
四合义	胜利区西三马路44号		饭店业	廖同义	200	300	1	6
四合义	宽城区菜市街11组		食肉贩卖业	田凤阁	120	680	1	3
四合义	中华区兴安大路38号	古物	古物贩卖业	王福云	200	800	5	
四合义煎饼铺	长春区西四马路45号		饭店业	刘恩元	300	300	1	3
四合永	胜利区民康路118号		大车店业	武杰三	1,200	200	1	3
四合永粉房	胜利区平治街77号	粉子	淀粉制造业	谭富	700	200	1	1
四合园	宽城区胜利街1组		饭店业	吴凤鸣	200	50	1	2
四聚兴	长春区东天西胡同10号		食品杂货贩卖业	赵殿有	200	500	1	2
四来顺	长春区西四马路42号		饭店业	马朝君	3,500	100	1	5

店铺名称	地址	主要产品	经营类别	经理姓名	固定资金（万元）	流动资金（万元）	职工人数职员	职工人数工人
四明商店	头道沟区胜利大街1段11号		粮米贩卖业	富筑垣	500	1,600	1	7
四胜长	和顺区吉林马路48号	中药	中药贩卖业	王树铭	100	900	1	
四盛长	长春区全安街8号		中药贩卖业	徐松林	2,000	6,000	2	3
四时春	长春区西四马路38号		烟卷贩卖业	李瑞珍		1,200	1	2
四时春饭店	长春区新民胡同46号		饭店业	金璞	1,300	300	1	4
四顺齐	和顺区吉林大马路11号		饭店业	能起凤	90	100	2	3
四兴成	胜利区北街35组		粮米贩卖业	孟宪林	400	500	1	2
四兴合	长春区东大街3号		饭店业	郭伯谦	500	300	1	
四云楼	长春区大马路10号		饭店业	张秉庆	500	1,000	1	3
松大商店	长春区大马路7号		食品杂货贩卖业	蔡松坡	1,250	600	1	1
松山鱼行	头道沟区长江路市场		水产贩卖业	刘松山	20	80	1	1
松长茂	长春区长通路100号		食品杂货贩卖业	孙占松	150	250	1	1
孙包铺	长春区西四马路37号		饭店业	孙玉清	500	300	1	3

T

店铺名称	地址	主要产品	经营类别	经理姓名	固定资金（万元）	流动资金（万元）	职工人数	
							职员	工人
太东表店	中华区兴安大路204号		钟表修理贩卖业	刘云先	50	50	1	
太平车店	和顺区吉林马路2-8号		大车店业	刘海军	700	300	1	6
太平号	头道沟区广西街26组		粮米贩卖业	薛树声	100	400	1	
太阳旅馆	头道沟区宁波街36组		旅馆业	金祥昊	250	200	1	2
泰昌刻字局	长春区大马路4段11号		刻字	刘国新	50	100	1	
泰昌行	胜利区北大街14-1号		书籍文具贩卖业	张相林	1,000	9,000	2	1
泰昌钟表店	长春区大马路4段11号		钟表修理贩卖业	赵春享	1,200	1,800	1	1
泰东号	长春区小五马路30-2号	古物	古物贩卖业	梁儒盛	1,000	300	1	1
泰发茶庄	头道沟区长江路3段13号		茶叶贩卖业	王渭川	50	150	1	3
泰发东药店	宽城区宋家街2组	中药	中药贩卖业	于永泰	800	400	1	1
泰发炉	宽城区菜市街2组		铁匠炉业	郑统泰	150	100	1	1
泰发盛	头道沟区厦门路26组		粮米贩卖业	段芳太	150		1	

续 表

店铺名称	地址	主要产品	经营类别	经理姓名	固定资金（万元）	流动资金（万元）	职工人数	
							职员	工人
泰发玉	长春区西四马路56号		古物贩卖业	孙子玉	500	1,000	1	1
泰丰五金行	头道沟区胜利大街4-12号		五金贩卖业	王少斌	3,000	22,000	3	2
泰丰祥	胜利区大经路1号		食品杂货贩卖业	遇新九	700	1,300	2	1
泰合锄板炉	和顺区第二街45组		铁匠炉业	毕福堂	200	1,800	1	3
泰和成药店	宽城区远达街1605号		中药贩卖业	李殿儒	250	150	1	
泰和炉	长春区东天街5号		铁匠炉业	李印堂	50	60	1	1
泰和闻	长春区大马路6号		食品杂货贩卖业	檀致善	300	900	1	1
泰和药店	长春区新民街18号		西药贩卖业	赵子钧	1,800	43,000	3	4
泰和钰	胜利区东二道街11组		古物贩卖业	郭文喜	600	3,000	1	2
泰华鞋店	中华区康平街509号	便鞋	鞋类制造业	孙天民	30	70	1	
泰华药品部	长春区新春街13组		西药贩卖业	赵宝琏	350	1,650	1	3
泰吉祥	头道沟区辽北路3-1号		食品杂货贩卖业	吴忠普	200	400	1	
泰盛炉	东荣区迁安街540号	镰刀	铁匠炉业	景凤章	400	100	1	

续表

店铺名称	地址	主要产品	经营类别	经理姓名	固定资金（万元）	流动资金（万元）	职工人数 职员	职工人数 工人
泰鲜旅馆	长春区西六马路58号之60		旅馆业	姜泰彦	500		1	1
泰兴锄板炉	和顺区临河五条街37号		铁匠炉业	毕凤亭	200	1,300	1	3
泰兴厚	长春区新立街50组		饭店业	张鑫厚	400	500		1
泰兴炉	胜利区文庙街1组	铁锹	铁匠炉业	王克勤	400	600	1	1
泰兴源	胜利区民康街65组		食品杂货贩卖业	肖英杰	200	1,000	1	4
泰源号	头道沟区东二条街44组		粮米贩卖业	郭景林	500	1,500	2	3
唐主号	中华区重庆街3组		食品杂货贩卖业	李涤凡	400	600	1	1
体育用品部	长春区大马路481号		书籍文具贩卖业	王福威	100	750		
天宝昌银楼	长春区四马路24号		金银首饰贩卖业	马壮宇	4,000	2,000	3	9
天宝堂	长春区新民街12组		中药贩卖业	朴绣章	1,000	5,400	1	1
天保堂	胜利区西四道街13号		中药贩卖业	张慎修	2,000	3,000	2	3
天昌旅社	头道沟区黄河路3段15号		旅馆业	姚子兴	1,300	200	1	2

店铺名称	地址	主要产品	经营类别	经理姓名	固定资金（万元）	流动资金（万元）	职工人数	
							职员	工人
天昌钟表店	长春区大马路3段19号		钟表修理贩卖业	赵子庆	100	1,500	1	
天成炉	长春区东天街13号		铁匠炉业	李书德	300	500	1	3
天成炉	胜利区全安街102组	蹄铁	蹄铁业	李连升	150	700	1	2
天成兴小铺	头道沟区东二条街2-28号		食品杂货贩卖业	杨学魁	300	700	1	
天成裕	长春区西三马路43号		食品杂货贩卖业	朱焕文	100	500	2	1
天成钟表修理店	长春区大马路3段1号		钟表修理贩卖业	盛玉亭	1,000	1,000	1	1
天德表店	长春区大马路3段19号		钟表修理贩卖业	李志义	500		1	
天德厚	长春区永春路34号		水产贩卖业	于佐臣	800	200	1	2
天德堂复记	胜利区南关大路7号		中药贩卖业	田生良	3,000	5,000	4	2
天德堂膏药铺	东荣区太有街1305号	膏	中药贩卖业	柴栖林	100	100	1	
天德祥	胜利区平治街144号		食品杂货贩卖业	仲伟书	200	200	1	1
天德涌	和顺区四街72组		粮米贩卖业	赵云峰	150	350	1	2
天德长	胜利区重庆路105号		中药贩卖业	王已修	2,000	5,000	2	2

续 表

店铺名称	地址	主要产品	经营类别	经理姓名	固定资金（万元）	流动资金（万元）	职工人数	
							职员	工人
天发祥	胜利区北大街20号		五金贩卖业	赵博文	800	5,200	1	2
天发祥小铺	长春区永长路70号		食品杂货贩卖业	戴文祥	1,050	200	1	
天丰久	胜利区全安路13号		山海杂货贩卖业	杨东升		4,500	2	4
天丰祥	长春区柳明街26组		食品杂货贩卖业	富星辉	250	700	1	1
天丰永	胜利区全安街22号		山海杂货贩卖业	吕干臣		8,000	3	4
天丰源	和顺区民丰六条13号		食品杂货贩卖业	王玉成	100	150	1	1
天福楼	头道沟区长江路19号		饭店业	费秀亭	200	200	1	4
天福堂	长春区新春街4组		中药贩卖业	秦雨公	1,000	1,000	1	2
天合成	长春区桃源路17组	古物	古物贩卖业	刘子周	1,000	2,000	1	
天合酱园	头道沟区吴淞路3段17号	酱类	酱、酱油、醋酿造业	商勇仁	1,861	2,285	1	2
天合旅馆	头道沟区长江路14号		旅馆业	张维忠	2,000		1	3
天合文具工厂	头道沟区香港路12号	墨	文具制造业	李国卿	400	300	1	1
天合药房	长春区新立街7组		中药贩卖业	杨文玉	800	2,000	2	

店铺名称	地址	主要产品	经营类别	经理姓名	固定资金（万元）	流动资金（万元）	职员	工人
天合银楼	长春区大马路4段2号		金银首饰贩卖业	孙启明	1,000	7,250	1	3
天合鱼店	头道沟区长江路市场		水产贩卖业	朱子言	100	300	1	2
天和利	胜利区北大街39号		山海杂货贩卖业	林锡厚	6,000	11,500	1	4
天和祥	宽城区开封街6号		食品杂货贩卖业	常文荣	200	200	1	
天和药房	头道沟区长江路12号		中药贩卖业	李振春	650	350	2	
天华北	头道沟区长江路446号		食品杂货贩卖业	刘宝昌	500	500	1	1
天华斋表店	胜利区文庙街20号		钟表修理贩卖业	白山	110	40	1	
天律包铺	长春区新民街24组		饭店业	郑惠民	100	100	1	2
天津馆	胜利区斯大林大街13号		饭店业	刘殿臣	250	50	1	2
天津号	头道沟区天津路2-10号		书籍文具贩卖业	徐景贤	40	260	1	2
天津老包子铺	中华区重庆路409号		饭店业	白世恩	100	200	1	3
天聚宝	胜利区南大经街41组		粮米贩卖业	孙鸿良	50	350	1	
天聚永	头道沟区吴松路41号		食品杂货贩卖业	刘清智	100	200	1	

店铺名称	地址	主要产品	经营类别	经理姓名	固定资金（万元）	流动资金（万元）	职工人数	
							职员	工人
天利手工鞋铺	长春区东大桥街27号	手工鞋	皮鞋制造业	郑富令	220	30	1	
天利祥小铺	胜利区西四道街147号		食品杂货贩卖业	明林祥	200	200	1	1
天利园	宽城区菜市街704号		饭店业	尚心斋	300	200	1	2
天利长	长春区东大桥2组		粮米贩卖业	宋维周	500	900	1	1
天民药房	胜利区西四道街67号		中药贩卖业	范天民	1,200	1,500	1	
天庆德	胜利区南大经街29组		书籍文具贩卖业	赵文正	3,250	2,000	1	1
天庆德鱼店	头道沟区长江路市场		水产贩卖业	金德安	30	120	1	2
天庆长	头道沟东二条街28		中药贩卖业	刘兴涛	300	2,000	2	2
天瑞昌	长春区东大桥街1组		粮米贩卖业	张润泽	400	1,000	1	1
天升长	中华区重庆街22组		食品杂货贩卖业	毛成刚	30	210	1	1
天生东小铺	长春区东门路33号		食品杂货贩卖业	郭永志	100	200	1	
天生合正记	头道沟区贵阳路3号		食品杂货贩卖业	乔允正	360	1,140	1	2
天生堂	长春区东大桥街43组		中药贩卖业	梁输卿	600	1,900	1	2

店铺名称	地址	主要产品	经营类别	经理姓名	固定资金（万元）	流动资金（万元）	职工人数 职员	职工人数 工人
天生祥	头道沟区胜利大街5-4号		食品杂货贩卖业	郭宪廷	800	1,200	3	2
天盛表店	东荣区开封路1号		钟表修理贩卖业	陈凤池	300	200	1	
天盛东小铺	长春区东天路35号		食品杂货贩卖业	贾瑞卿	150	150	1	1
天盛合	和顺区东盛路15号		食品杂货贩卖业	王建勋	300	200	1	
天时钟表刻字店	胜利区北大街31号		钟表修理贩卖业	赵景祥	200	100	1	2
天顺铜	胜利区西头道街8号	铜制品	铜制品业	宫清山	200	800	1	4
天顺兴铜铺	胜利区平治6号	铜制品	铜制品业	单淑明	100	210	1	1
天顺源	胜利区大经路36号		饭店业	唐梅林	400	250	2	4
天泰车店	胜利区南街19号		大车店业	张宝山	1,000		2	5
天泰鱼店合记	长春区永春路80号		水产贩卖业	王义敏	800	300	1	2
天泰栈	头道沟区东二条街37组		旅馆业	李文彬		800	1	3
天祥唱机修理店	长春区大马路3段1号		唱机修理业	傅玉明	150	300	2	
天祥号	头道沟区长江路4-48号		食品杂货贩卖业	杨镇东	50	150	1	1
天祥商店	长春区大马路4段8号		华洋杂货贩卖业	刘维信	200	1,300	1	

店铺名称	地址	主要产品	经营类别	经理姓名	固定资金（万元）	流动资金（万元）	职工人数 职员	职工人数 工人
天兴表店	宽城区仁爱路6段2号		钟表修理贩卖业	纪春和	50	50	1	
天兴成	头道沟区黄河路2-9号		食品杂货贩卖业	张天锡	300	300	1	
天兴德	胜利区新发路102号		食品杂货贩卖业	杨秉德	1,500	2,500	1	4
天兴德	中华区重庆路409号		食品杂货贩卖业	高连兴	600	600	1	1
天兴东	胜利区重庆路315号		食品杂货贩卖业	张玉珍	200	300	1	
天兴东粮米店	胜利区北大经街5组		粮米贩卖业	孙盛方	600	1,400	2	3
天兴发	长春区东六马路3号	古物	古物贩卖业	刘宋氏	300	400	1	
天兴福小铺	头道沟区吴松路贵阳街1号		食品杂货贩卖业	牟世光	200	300	1	1
天兴厚	长春区东天街2号		食品杂货贩卖业	杨廷模	500	1,000	1	1
天兴久	长春区桃源路23号		食品杂货贩卖业	周源	200	200	1	
天兴炉	长春区东四马路84号	斧子	铁匠炉业	赵玉奎	1,200	1,500	1	1
天兴炉	双德区范家街4组		铁匠炉业	张继生	400	200	1	2
天兴洋服店	胜利区全安街99组	洋服	被服缝纫业	王宝财	200	30	1	

店铺名称	地址	主要产品	经营类别	经理姓名	固定资金（万元）	流动资金（万元）	职工人数 职员	职工人数 工人
天兴源	头道沟区黑水路2-15号		食品杂货贩卖业	范俊秀	300	200	1	1
天一表店	头道沟区上海路17号		钟表修理贩卖业	刘文和	500	200	1	
天一表店	头道沟区贵阳街37-2号		钟表修理贩卖业	张和厚	100	150	1	
天一坊	头道沟区东四条街17号		饭店业	王玉成	250	250	1	1
天一炉	胜利区全安街53组		铁匠炉业	章林	70	70	1	1
天一堂	胜利区北大街33号		中药贩卖业	盛范五	1,000	7,000	3	
天亿行	头道沟区胜利大街1-44之2号		书籍文具贩卖业	刘万兆	500	2,500	5	
天义堂	和顺区东盛路17号		中药贩卖业	杨和清	500	1,000	2	2
天益大药房	中华区兴安大路520号		中药贩卖业	杨耀宗	450	450	1	1
天益堂	中华区兴安大路502号		中药贩卖业	杨永森	400	500	1	1
天益鞋店	胜利区北大经街42组	便鞋	鞋类制造业	高步堂	100	50	1	1
天益栈	长春区东三马路145号		旅馆业	李平侯	1,000	100	2	2
天玉成	东荣区新业街84号		古物贩卖业	余国芳	1,000	1,500	1	

续表

店铺名称	地址	主要产品	经营类别	经理姓名	固定资金（万元）	流动资金（万元）	职工人数	
							职员	工人
天玉合剪子炉	胜利区南关大街102号	剪子	铁匠炉业	王兆海	200	100	1	7
天玉泉合记酱园	胜利区永春路57-1号	酱类	酱、酱油、醋酿造业	张增山	6,000	10,000	1	7
天玉堂	长春区东大桥街41组		中药贩卖业	孙玉坤	645	732	1	1
天育堂	胜利区3段67号		中药贩卖业	李香林	1,000	1,000	1	1
天源长	头道沟区胜利大街4-11		食品杂货贩卖业	高兴源	100	200	1	1
天增东	胜利区南关大街2-39号		五金贩卖业	王九卿	500	7,500	1	2
天增酱油工厂	和顺区信和一条2号	酱类	酱、酱油、醋酿造业	王文	200	200	1	2
天增炉钰记	胜利区中街1组	马拉子	铁匠炉业	李晏芳	1,000	8,000	1	4
天增庆	和顺区临河街71组		粮米贩卖业	潘尽国	300	2,100	2	1
天增铁炉	长春区东安街30组	蹄铁	蹄铁业	唐吉利	200			1
天增祥	长春区东四马路94号		陶瓷器贩卖业	李景魁	150	350	1	
天增玉	长春区新立街51组		中药贩卖业	汪玉亭	2,500	4,000	1	1
天增长	和顺区安乐35号		食品杂货贩卖业	王积荣	50	500	1	1

店铺名称	地址	主要产品	经营类别	经理姓名	固定资金（万元）	流动资金（万元）	职工人数	
							职员	工人
天真照相馆	长春区西四马路1号		照相业	赵英才	2,000	1,000	1	1
田和兴	长春区东安街50组		食品杂货贩卖业	田福林	80	200	1	
廷盛炉	东天街2段15号	大勺	铁匠炉业	陈振东	200	300	1	1
亭增衣帽工厂	胜利区西三道街9号	被服	被服缝纫业	胡玉瑄	500	200	1	3
通北栈大车店	宽城区菜市街58组		大车店业	姜梦麟	400	100	3	3
通聚文具店	长春区大马路15号		书籍文具贩卖业	郑如敬	700	3,000	2	
通顺德	宽城区菜市街10组		粮米贩卖业	房佐卿	700	800	1	
通洋茂	中华区重庆街16组		食品杂货贩卖业	赵子明	10	90	1	
同安旅馆	胜利区全安街15组		旅馆业	陈殿安	1,500		1	2
同昌刻字店	长春区大马路3段13号		刻字	张仲汉	50	200	1	
同昌隆	胜利区北街1段20号		玻璃镜庄业	韩德宣	400	1,200	2	
同昌兴	胜利区西四马路1号		食品杂货贩卖业	朱敏	100	700	1	2
同昌钟表店	长春区大马路3段13号		钟表修理贩卖业	赵长会	1,200	1,800	1	2

续 表

店铺名称	地址	主要产品	经营类别	经理姓名	固定资金（万元）	流动资金（万元）	职工人数	
							职员	工人
同成兴药店	宽城区远达街618号		中药贩卖业	何全良	1,200	1,000	1	
同春堂	胜利区西四马路14号		中药贩卖业	徐恩竑	900	4,600	4	
同春堂药店	头道沟区汉口路4号		中药贩卖业	孙文礼	100	100	1	
同春园	长春区西四马路28组		饭店业	袁宝书	200	200	1	3
同大文具店	头道沟区长江路19号		书籍文具贩卖业	李智文	600	9,400	1	2
同德福	头道沟区宁波路23组	古物	古物贩卖业	吴明德	100	500	1	
同德盛银楼	长春区大马路5号		金银首饰贩卖业	蔡相臣	1,000	11,500	2	11
同德药房	胜利区北大街2号		西药贩卖业	徐文汉	600	4,200	1	1
同发车店	头道沟区黄河路6段6号		旅馆业	傅国玺	500		1	4
同发成	长春区西四马路1段19号		饭店业	李占财	2,700	600	2	7
同发东	长春区新春街1组		粮米贩卖业	冯国栋	200	800	1	1
同发福	长春区长通街45组		鲜货贩卖业	刘增祜	200	1,000	3	2
同发福	胜利区文庙街60组		食品杂货贩卖业	李清福	100	400	1	1

店铺名称	地址	主要产品	经营类别	经理姓名	固定资金（万元）	流动资金（万元）	职工人数	
							职员	工人
同发和	胜利区大马路2-5号		中药贩卖业	郑嘉德	3,000	7,000	1	3
同发和东记药店	宽城区迁安路6号		中药贩卖业	金百章	600	800	1	
同发和长记	胜利区东二道街63号		中药贩卖业	王立输	500	1,500	1	2
同发隆	胜利区南大经7组		粮米贩卖业	田瑞符	659	4,141	3	3
同发炉	胜利区西三道街65号	镰刀	铁匠炉业	李长禄	500	900	1	4
同发肉铺	长春区永春路19号		食肉贩卖业	刘金贵	300	700	1	3
同发水	宽城区菜市街9号		食品杂货贩卖业	杨宝信	100	250	1	
同发铁炉	头道沟区长白路4号		铁匠炉业	崔丙洁	150	100	1	1
同发祥	中华区兴安大路6016		中药贩卖业	郭钟祥	400	600	1	1
同发祥	胜利区北街45号		中药贩卖业	刘耀先	600	2,400	1	3
同发祥	长春区兴运街48组		鲜货贩卖业	张国钧	200	1,800	1	4
同发祥	长春区长通路35号		食品杂货贩卖业	杨瑞珍	350	300	1	2
同发兴	胜利区大经路2号		食品杂货贩卖业	刘元滨	300	600	1	2

店铺名称	地址	主要产品	经营类别	经理姓名	固定资金（万元）	流动资金（万元）	职工人数 职员	职工人数 工人
同发兴木厂	长春区东二马路30-2号		家具贩卖业	侯玉山	300	2,200	1	2
同发益	长春区桃源路16号		中药贩卖业	张子庚	400	300	1	1
同发园	长春区长通街35组		饭店业	张杨氏	100	200	1	2
同发源酱肉铺	长春区东门路302		饭店业	武鸿海	1,300	500	1	3
同发长	胜利区全安街29号		食品杂货贩卖业	孙起发	500	200	1	1
同发长	胜利区南大经路18号		食品杂货贩卖业	裴好善	200	1,000	2	2
同芳照相馆	长春区东三马路113－9号		照相业	邓焜尧	835	600	1	
同丰号	中华区兴安大路4段39号	古物	古物贩卖业	李宝桐	500	2,500	3	
同丰商店	长春区永长街54组		粮米贩卖业	朱树林	200	1,000	1	2
同富春	长春区东大桥街5组		饭店业	张祥		300	1	3
同合成	胜利区南大经街26组		粮米贩卖业	贾杰臣	200	800	2	3
同合成	宽城区菜市街10组		食品杂货贩卖业	齐祯	1,000	2,000	3	5

店铺名称	地址	主要产品	经营类别	经理姓名	固定资金（万元）	流动资金（万元）	职工人数	
							职员	工人
同合锄板炉	头道沟区长白胡同1号		铁匠炉业	杜兰清	300	2,000	1	2
同合发	胜利区通化路548号		食品杂货贩卖业	李中山	50	350	1	1
同合福	中华区崇智路12号		食品杂货贩卖业	孟繁业	100	300	1	2
同合号	头道沟区香港路2-3号		食品杂货贩卖业	聂世勋	200	800	1	1
同合炉	胜利区文庙街2组	皂力	铁匠炉业	王良	2,100	800	1	3
同合炉	和顺区和顺街74组		铁匠炉业	穆德深	300	220	1	4
同合炉	东荣区迁安路11号	蹄铁	蹄铁业	王桐年	300	150	1	
同合肉铺	头道沟区珠江路5段4号		食肉贩卖业	宋宝臣	200	600	1	1
同合商店	长春新春街1组		粮米贩卖业	高应举	596	1,404	2	
同合盛	胜利区西四道街41号		食品杂货贩卖业	凌树山	50	150	1	
同合泰	长春路2段1号		食肉贩卖业	史河	200	300	1	1
同合兴	长春区青柳胡同4号	铜制品	铜制品业	赵国永	400	600	1	2
同合兴	中华区康平街1组	兼磨坊	粮米贩卖业	管品三	100	400	1	1

续 表

店铺名称	地址	主要产品	经营类别	经理姓名	固定资金（万元）	流动资金（万元）	职工人数 职员	职工人数 工人
同合兴	东荣区新业街4组		粮米贩卖业	卢文发	200	400	1	1
同合兴	胜利区至善路61组	古物	古物贩卖业	葛树礼	300	1,700	1	2
同合园	长春区晴柳街1号		饭店业	陈维文	400	200	1	2
同和成	东荣区永宁街101号	中药	中药贩卖业	杨维忠	400	500	1	1
同和春	长春区东三马路14号		饭店业	刘永禄	500	200	1	4
同和庆药局	东荣区迁安路1401	中药	中药贩卖业	刘忠明	550	350	1	
同和商号	中华区康平街1组		食品杂货贩卖业	刘世有	100	300	1	1
同和盛	胜利区至善路72-7号		鲜货贩卖业	金正文	50	950	1	1
同和盛	胜利区至善街19组		食品杂货贩卖业	赵树辛	1,000	1,500	2	
同和盛药房	胜利区东天街401号		中药贩卖业	杜万祥	600	1,000	1	2
同和祥	长春区新春街50组		中药贩卖业	胡泰祥	300	2,700	1	2
同和祥缸店	胜利区吉林大马路3-9号		陶瓷器贩卖业	宋殿荣	1,000	5,000	1	2
同和小铺	长春区东四马路9号		食品杂货贩卖业	张子元	200	300	1	1

店铺名称	地址	主要产品	经营类别	经理姓名	固定资金（万元）	流动资金（万元）	职工人数 职员	职工人数 工人
同和兴	长春区上海路40号		食肉贩卖业	赵云亭	100	200	1	1
同和兴	胜利区南街20组		食品杂货贩卖业	贾魁元	800	6,000	3	2
同华盛	胜利区自强街33组		食品杂货贩卖业	龚兆云	300	100	1	1
同记酱园	长春区东天街47组		食品杂货贩卖业	佟继先	300	200	1	1
同记铁炉	长春区永长街67号	农具	铁匠炉业	李全同	300	200	1	1
同记药房	和顺区东盛路29号	中药	中药贩卖业	徐景洲	460	540	2	1
同记制鞋厂	长春区新春街20组	鞋靴	皮鞋制造业	袁志和	150	700	1	2
同聚昌	胜利区南街27号		山海杂货贩卖业	王百川	3,000	10,000	4	1
同聚厚	胜利区全安街59号		粮米贩卖业	王怀	300	700	1	1
同聚兴	长春区桃源路301号		食品杂货贩卖业	张荣久	650	1,000	1	2
同聚永	长春区桃源街1-36号	便鞋	鞋类制造业	谭继尧	500	2,500	1	5
同康酱园	头道沟区广南路5-42号	酱类兼食品杂货	酱、酱油、醋酿造业	张位三	4,000	12,000	1	5
同康药房	长春区长通路39号		中药贩卖业	郭景华	200	300	1	

店铺名称	地址	主要产品	经营类别	经理姓名	固定资金（万元）	流动资金（万元）	职工人数	
							职员	工人
同乐茶社	长春区东门路40号		影剧院娱乐场业	李紫忱	500	100	1	3
同乐春	胜利区西二道街117号		饭店业	吕志实	200	100	1	3
同乐春	和顺区东盛路17号		饭店业	张秉岐	150	150	1	4
同乐园	长春区西四马路36号		饭店业	曹金富	300	300	1	1
同乐园	胜利区大经路7段22		饭店业	张书志	150	150	1	2
同乐园	胜利区至善街33组		饭店业	李惠财	100	200	1	2
同乐园	长春区东天街11号		饭店业	郑佐臣	300	200	1	2
同力号	长春区桃源街11组		粮米贩卖业	刘仪	2,680	1,420	1	3
同力冰果店	长春区大马路1段3号	冰果	清凉饮料制造业	孟宪杭	2,500	1,000	1	5
同力洋服店	头道沟区贵阳街28-4号	洋服	被服缝纫业	温立泉	450	50	1	1
同利粉子房	和顺区临河一条41号	粉子	淀粉制造业	王省然	900	1,200	1	3
同利顺烧饼铺	头道沟区东四条街4组		饭店业	蒯申祺	150	100	1	1
同茂号	长春区西四马路34号	冰果	清凉饮料制造业	纪家茂	4,000	1,000	2	1

店铺名称	地址	主要产品	经营类别	经理姓名	固定资金（万元）	流动资金（万元）	职工人数	
							职员	工人
同茂泰	长春区西三马路1号		食品杂货贩卖业	王殿池	277	2,616	1	3
同茂永	胜利区树勋街20号		食品杂货贩卖业	任春湖	500	300	1	
同茂照相馆	长春区大马路4段38号		照相业	王永宽	1,200	3,600	2	4
同懋号	头道沟区东二条街43号		食品杂货贩卖业	陈曾恕	200	400	1	2
同庆茶庄	胜利区大经路2段4号		茶叶贩卖业	杨子英	1,000	3,000	2	1
同庆成药店	东荣区迁安路548号	中药	中药贩卖业	袁国权	800	600	1	1
同庆春药店	和顺区东盛路23号		中药贩卖业	乔万春	600	1,200	1	3
同庆号	胜利区大经路4号		中药贩卖业	陈静室	2,000	2,000	2	1
同庆号	头道沟区吴松路2-26号		食品杂货贩卖业	宋籽云	100	200	1	2
同庆和	长春区新春街7组		食品杂货贩卖业	刘谟庆	300	700	1	1
同仁东	头道沟区长江路18号		水产贩卖业	梁介忱	50	100	1	1
同仁号	头道沟区长江路1-9号		食品杂货贩卖业	韩其俊	500	1,000	1	1
同仁药店	头道沟区胜利大街21号		中药贩卖业	马清田	3,000	10,500	6	

店铺名称	地址	主要产品	经营类别	经理姓名	固定资金（万元）	流动资金（万元）	职工人数	
							职员	工人
同升车店	宽城区柳影街16组		大车店业	李庆桐	200		1	2
同升福	胜利区南大经街4组		粮米贩卖业	祖从周	1,000	4,000	2	1
同升炉	胜利区关帝庙街11号		铁匠炉业	陈国裕	1,000	1,000	1	2
同生旧书废纸	头道沟区上海路81号		书籍文具贩卖业	林竹生	50	1,150	2	1
同生商店	头道沟区贵阳街18号		食品杂货贩卖业	祝占声	300	700	1	1
同生祥	长春区长通路14号		食品杂货贩卖业	李玉山	1,100	1,000	1	2
同生祥	宽城区菜市街3号	古物	古物贩卖业	王福云	200	600	1	5
同生玉	头道沟区东六条街35组		粮米贩卖业	刘治安	1,275	18,834	1	1
同盛春	头道沟区胜利大街1段10号		饭店业	范利斋	300	200	1	3
同盛大车店	大西区民主村1组		大车店业	戴喜山	150		1	1
同盛合	长春区永春路36号		食肉贩卖业	赵振英	500	1,000	1	1
同盛合	和顺区吉林马路北2号		食品杂货贩卖业	王治臣	300	300	1	2
同盛合小卖店	长春区西四马路19号		食品杂货贩卖业	张殿忠	200	300	1	2

店铺名称	地址	主要产品	经营类别	经理姓名	固定资金（万元）	流动资金（万元）	职工人数 职员	职工人数 工人
同盛和	头道沟区珠江路2段1号		古物贩卖业	张振兴	150	550	1	1
同盛炉	胜利区关帝庙街47号	铁锹	铁匠炉业	李润宝	1,000	1,500	1	1
同盛祥	头道沟区贵阳路16组		中药贩卖业	刘家佩	300	900	2	
同盛永	胜利区永春路44号		食肉贩卖业	许维同	150	400	1	1
同盛永	长春区桃源路2号		食品杂货贩卖业	邱焕杰	250	550	1	2
同盛园饭店	长春区东三马路164号		饭店业	陈芳明	100	200	1	2
同盛源	胜利区大经路21号		中药贩卖业	张源泉	600	900	1	2
同顺成	长春区新民街25组		粮米贩卖业	朱万英	1,000	3,500	3	2
同顺和	长春区长通路134号		食品杂货贩卖业	董树旺	400	300	1	1
同顺炉	胜利区全安街11组	农具	铁匠炉业	刘其桐	200	800	1	2
同顺炉	和顺区吉林马路	蹄铁	蹄铁业	张文喜	300	700	1	1
同顺肉铺	头道沟区长江市场		食肉贩卖业	李建勋	50	150	1	1
同顺泰药局	中华区兴安大路313号		中药贩卖业	刘守忠	500	500	1	2

店铺名称	地址	主要产品	经营类别	经理姓名	固定资金（万元）	流动资金（万元）	职工人数职员	工人
同顺祥	胜利区南大经25组		粮米贩卖业	朱庆臣	40	560	1	
同顺兴	胜利区东三道街37号	铜制品	铜制品业	韩炳文	400	600	1	2
同顺兴	头道沟区黑水路6-4号		食品杂货贩卖业	任国卿	400	800	1	2
同泰昌	长春区长通路34号		中药贩卖业	吕森荣	240	540	1	1
同泰合	头道沟区黄河路4-21号	便鞋	鞋类制造业	王名山	500	2,000	1	3
同泰五金行	长春区大马路20号		五金贩卖业	刘兆钧	800	9,200	1	2
同泰兴	胜利区永春路13号		食品杂货贩卖业	曹增恒	300	1,200	2	
同心福	长春区长通街12组		鲜货贩卖业	刘金祜	200	800	1	1
同心商店	长春区大马路4段8号		华洋杂货贩卖业	唐万江	150	750	2	
同心实业	长春区新民街24组		粮米贩卖业	姚兴文	1,230	5,250	2	1
同心药房	头道沟区珠江路26号		西药贩卖业	李瑛	460	2,397	2	
同新祥	长春区新民街22组	便鞋	鞋类制造业	黄金铎	700	400	1	
同信祥	长春区东二马路3-12号		家具贩卖业	李荣祥	300	5,100	1	2

店铺名称	地址	主要产品	经营类别	经理姓名	固定资金（万元）	流动资金（万元）	职工人数 职员	职工人数 工人
同兴昌	长春区新春街35组		鞋帽贩卖业	武荫南	300	1,000	1	1
同兴昌	长春区大马路1段4号		鲜货贩卖业	王可敬	500	1,000	1	4
同兴大车店	宽城区柏沟街54组		大车店业	高洪吉	300	100	1	2
同兴福	胜利区吉林大路89号		干货贩卖业	赵富	150	1,050	1	2
同兴号	头道沟区厦门路4-4号		食品杂货贩卖业	唐全	300	300	2	1
同兴号小铺	头道沟区黑水路4-2号		食品杂货贩卖业	吕全祺	300	500	1	2
同兴和	胜利区北街24号		中药贩卖业	张本正	4,500	5,500	1	4
同兴和药店	宽城区柳影路706号	中药	中药贩卖业	巩先富	1,000	400	1	1
同兴利小铺	头道沟区辽北街3-12号		食品杂货贩卖业	魏炳元	50	150	1	1
同兴隆	胜利区西二道街20号		华洋杂货贩卖业	王树桐	800	7,200	2	3
同兴炉	长春区东来街2组	鞋钉	铁匠炉业	吴世芝	80	120	1	3
同兴炉	胜利区南街26组	柳光鞋钉	铁匠炉业	杨振宇	300	2,700	2	4
同兴旅馆	头道沟区长白路2段6号		旅馆业	聊有儒	500		1	2

店铺名称	地址	主要产品	经营类别	经理姓名	固定资金（万元）	流动资金（万元）	职员	工人
同兴茂	宽城区杨家街7组		食品杂货贩卖业	王云腾	150	850	1	1
同兴庆	胜利区全安街82号		食品杂货贩卖业	孙庆	600	900	1	2
同兴商店	头道沟区东二条街39组		粮米贩卖业	迟子温	837	9,569	1	1
同兴商店	和顺区安乐路37号		食品杂货贩卖业	张富增	1,300	2,700	1	2
同兴商店	宽城区菜市街10组		食品杂货贩卖业	王云轩	200	1,000	2	1
同兴盛	胜利区全安街29号		中药贩卖业	赵祥久	970	3,830	3	
同兴盛	长春区新泰街8组		粮米贩卖业	龚柏权	500	2,500	1	4
同兴冰果店	长春区大马路43号	冰果	清凉饮料制造业	王可敬	4,000	1,000	1	2
同兴鞋店	头道沟区东二条街19组	便鞋	鞋类制造业	刘芳	185	55	1	1
同兴洋服店	头道沟区厦门街35组	洋服	被服缝纫业	窦云龙	500		1	3
同兴洋服店	胜利区清明街62组	洋服	被服缝纫业	康永良	250	50	2	
同兴玉	长春区东四马路53号		古物贩卖业	曹玉玺	70	2,880	1	
同兴源	胜利区西三马路51号		食品杂货贩卖业	于蠹轩	500	1,500	2	1

店铺名称	地址	主要产品	经营类别	经理姓名	固定资金（万元）	流动资金（万元）	职工人数 职员	职工人数 工人
同兴源	和顺区吉林马路37号		食品杂货贩卖业	李权衡	500	1,500	1	2
同兴长	胜利区西二道街2号		华洋杂货贩卖业	邹蕴普	1,000	7,000	1	6
同义成	长春区大马路4段3-9		服装估衣贩卖业	王景泉	1,000	200	1	2
同义成	宽城区菜市街10组		食肉贩卖业	毕秀清	100	400	1	2
同义大车店	长春区东大街18号		大车店业	金家和	700		3	7
同义大车店	长春区桃源路24号		大车店业	张凤义	1,500	50	1	2
同义馆	长春区永长街8组		饭店业	张凤林	60	80	1	1
同义合	长春区新春街1组		粮米贩卖业	张锡明	300	1,200	1	2
同义合	大西区范家店11组		食肉贩卖业	李春林	100	400	1	2
同义合	长春区永春路17号		食品杂货贩卖业	李传富	800	3,000	1	2
同义合	长春区长通路45号		食品杂货贩卖业	裴存礼	300	2,000	1	2
同义和	长春区西四马路75号		食品杂货贩卖业	张如义	200	800	1	3
同义和	胜利区西三马路3号		食品杂货贩卖业	王忠兴	200	1,300	1	2

店铺名称	地址	主要产品	经营类别	经理姓名	固定资金（万元）	流动资金（万元）	职工人数	
							职员	工人
同义客栈	长春区兴运路5号		旅馆业	丁锡銮	150	100	1	2
同义炉	和顺区东盛路3号	蹄铁	蹄铁业	李文桐	120	120	1	1
同义命	长春区东三马路6号		饭店业	赵兴智	1,000	400	1	5
同义盛小铺	大西区范家店街11组		食品杂货贩卖业	张景元	400	500	1	2
同义祥	长春区长通路43组		食品杂货贩卖业	杨景璠	180	300	1	1
同义鞋店	头道沟区东二条街78号	便鞋	鞋类制造业	孔峰五	250	250	1	1
同义鑫	胜利区北街76组	古物	古物贩卖业	田长德	300	700	1	2
同义兴	长春区东三马路15号		食品杂货贩卖业	田海成	200	500	1	
同义洋服店	头道沟区厦门街17组	洋服	被服缝纫业	潘景祥	500	50	1	
同义鱼店	长春区永春路29号		水产贩卖业	刘世元	900	100	1	2
同义长	长春区长通街45组		鲜货贩卖业	许泰盛	100	1,500	1	2
同义长	宽城区胜利街14号		食品杂货贩卖业	田茂德	300	700	1	1
同益成衣庄	长春区永长街8号		服装估衣贩卖业	刘秉武	300	700	1	1

店铺名称	地址	主要产品	经营类别	经理姓名	固定资金（万元）	流动资金（万元）	职工人数	
							职员	工人
同益刻字局	长春区长通街6组		刻字	张成绪	50	50	1	
同益炉	宽城区胜利街17组	蹄铁	蹄铁业	史宪尧	100	100	1	2
同益文具店	长春区大马路1-9		书籍文具贩卖业	马祥宗	720	1,280	1	1
同益兴	长春区新春街6号		山海杂货贩卖业	刘子元	300	2,600	1	4
同益兴	长春区东天街51组		粮米贩卖业	郝建勋	200	2,300	2	1
同意成	和顺区安乐路44号		饭店业	李广德	200	200	1	1
同意小馆	胜利区重庆路105号		饭店业	李秋山	200	200	1	2
同意园	宽城区信义路8号		饭店业	马永丰	250	350	1	5
同友商店	长春区大马路26号		华洋杂货贩卖业	范玉杰	150	550	1	1
同友鞋店	长春区大马路8号		鞋帽贩卖业	李玉堂	1,000	9,300	2	2
同玉成	头道沟区长江市场		食肉贩卖业	马治安	20	80	1	
同育堂	长春区大马路22号		中药贩卖业	王锡三	6,460	33,540	3	7
同源汽水厂	胜利区西四道街74号	汽水	清凉饮料制造业	王相衫	8,000	12,000	2	6

续 表

店铺名称	地址	主要产品	经营类别	经理姓名	固定资金（万元）	流动资金（万元）	职工人数	
							职员	工人
同增合	长春区东门路101		食品杂货贩卖业	李曲氏	200	500	1	1
同增茂	长春区西五马路66号		古物贩卖业	朱增秀	300	1,700	1	1
同增庆药局	中华区东桂林路420号		中药贩卖业	孙金库	290	260	1	1
同增益	长春区新春街28号		粮米贩卖业	王江	1,500	3,000	1	2
同志表店	中华区重庆路1组		钟表修理贩卖业	武河泉	60	20	1	
同志公	头道沟区东二条街30组		食品杂货贩卖业	王书宝	200	1,000	1	3
同志和	和顺区吉林马路南29号		食品杂货贩卖业	张志中	50	250	1	1
同志小馆	中华区自由大路501号		饭店业	陈远廷	150	150		2
同志兴	长春区大马路4-8号		书籍文具贩卖业	王益俊	200	800	1	
同志园	宽城区永宁路31号		饭店业	孙荣升	100	200	1	4

W

店铺名称	地址	主要产品	经营类别	经理姓名	固定资金（万元）	流动资金（万元）	职工人数	
							职员	工人
万德栈	长春区桃源路201号		旅馆业	李景堂	250	50	1	1

店铺名称	地址	主要产品	经营类别	经理姓名	固定资金（万元）	流动资金（万元）	职员	工人
万发成	长春区新民街18组		烟卷贩卖业	王玉元		1,000	1	3
万发东	长春区同乐路203号		食品杂货贩卖业	隋万惠	100	200	1	1
万发合小铺	胜利区东头道街28号		食品杂货贩卖业	李万发	800	1,000	1	1
万发炉	和顺区安乐街38组	农具	铁匠炉业	陈庆怀	100	100	1	1
万发炉	东荣区迁安北三条13号		铁匠炉业	杨芳顺	100	200	1	2
万发旅馆	长春区东四马路78号		旅馆业	齐万发	7,800	500	2	2
万发顺	中华区西桂林街14组		食品杂货贩卖业	张鹏九	450	300	1	1
万发顺	长春区西五马路67号		古物贩卖业	万春祥	200	500	1	1
万发祥	胜利区永春路44号		食品杂货贩卖业	杨万林	300	1,200	1	2
万发祥	胜利区北大经街21组		食品杂货贩卖业	张新潮	50	400	2	1
万发兴	长春区新春街1组		粮米贩卖业	曹段氏	100	500	1	1
万发义	长春区新民胡同25-3号		食肉贩卖业	徐万春	200	1,000	3	
万发永	长春区永春路19号		食肉贩卖业	钱巨会	600	300	1	1
万发长鞋店	头道沟区广南街2组	便鞋	鞋类制造业	葛树茂	120	30	1	2

店铺名称	地址	主要产品	经营类别	经理姓名	固定资金（万元）	流动资金（万元）	职员	工人
万丰源	和顺区三街52组		粮米贩卖业	董丰年	200	1,800	3	2
万丰长	胜利区重庆路131号		食品杂货贩卖业	周万德	350	650	1	2
万福合	头道沟区上海路2段30号		粮米贩卖业	全梦非	1,000	2,000	1	3
万福兴	长春区东六马路20号		古物贩卖业	张明杰	500	3,700	1	
万合炉	东荣区迁安路1532号	车瓦	铁匠炉业	宋德龙	200	250	1	1
万和公	胜利区民康街43组		古物贩卖业	王万寿	400	600	1	
万和酱园	胜利区大经路5段10号	酱类	酱、酱油、醋酿造业	王令香	100	300	5	2
万和居	头道沟区长白路10号		饭店业	韩世勤	350	250	1	3
万和盛	中华区东桂林街16组		食品杂货贩卖业	张永昌	200	600	1	
万和顺	长春区永长路3号		食品杂货贩卖业	曲万和	150	350	1	2
万聚东	头道沟区东二条路25号		食品杂货贩卖业	孙正忠	2,000	4,000	2	8
万聚兴	长春区长通街45组		鲜货贩卖业	李宝义	100	1,100	1	2
万聚永	东荣区开封路17号		食品杂货贩卖业	赵振修	50	100	1	

店铺名称	地址	主要产品	经营类别	经理姓名	固定资金（万元）	流动资金（万元）	职工人数	
							职员	工人
万康酱园	长春区新民街3段19号	酱类	酱、酱油、醋酿造业	陈宝瑞	20,000	9,489	10	3
万年春	中华区康平街10组		食品杂货贩卖业	黄中立	50	30	1	
万年号	头道沟区长江路18号		五金贩卖业	阎万年	500	2,500	1	1
万年青	胜利区西三马路42号		中药贩卖业	万鹏程	200	1,000	1	1
万庆发	长春区东天街4号		食品杂货贩卖业	马万会	400	400	1	
万生隆	胜利区民康路418号		食品杂货贩卖业	王翠山	300	500	1	1
万盛东	头道沟区上海路15号		食品杂货贩卖业	赵克用	60	200	1	1
万盛炉	长春区东四马路91号	农具	铁匠炉业	彭万荣	200	400	1	
万盛炉	长春区东天街5组	斧子	铁匠炉业	李万山	1,100	500	1	
万盛炉	胜利区民康街29号	菜刀	铁匠炉业	李万山	400	500	1	4
万盛铜	胜利区东二道街9号	铜制品	铜制品业	潘万银	200	1,100	1	
万盛兴	长春区新春街20组	便鞋	鞋类制造业	邵万财	200	1,000	1	1
万盛永	胜利区南大经街47组		粮米贩卖业	田万江	50	500	1	

续表

店铺名称	地址	主要产品	经营类别	经理姓名	固定资金（万元）	流动资金（万元）	职工人数	
							职员	工人
万盛永	长春区桃源路21号		食品杂货贩卖业	于万福	800	300	1	
万盛园	和顺区东盛路19号		饭店业	刘成德	100	200	1	2
万顺和	长春区东天街32-2		饭店业	李廷春	100	100	1	1
万顺画铺	长春区东四马路11号		商杂业	唐凤翔		150	1	1
万顺炉	胜利区大经路9段15号	蹄铁	蹄铁业	牟云桥	800	300	1	1
万顺鱼店	长春区永春路75号		水产贩卖业	孙绪斌	800	200	1	2
万泰东	中华区兴安大路3-19号		食品杂货贩卖业	汲泰东	50	200		1
万泰隆	胜利区全安街2组		食品杂货贩卖业	张序五	100	3,900	1	1
万通号	头道沟区长江路1-9号		食品杂货贩卖业	袁盛良	900	1,200	1	1
万兴福	长春区东门路414号		食品杂货贩卖业	曹积琇	200	250	1	
万兴酱园	胜利区北大街28号	酱类	酱、酱油、醋酿造业	邢殿阁	6,300	10,700	4	5
万兴隆牛羊商店	长春区桃源路34组		食肉贩卖业	云万兴	350	150	1	2
万兴隆尚鞋厂	长春区永长路11组	便鞋	鞋类制造业	贾凤山	50	200	1	

店铺名称	地址	主要产品	经营类别	经理姓名	固定资金（万元）	流动资金（万元）	职工人数	
							职员	工人
万兴永	长春区西四马路12号		食品杂货贩卖业	孔兆申	100	200	1	1
万兴源	胜利区大经路23号		食品杂货贩卖业	许万宝	100	400	1	1
万兴栈	头道沟区黄河路4号		旅馆业	李德同	350	50	1	2
万兴长	长春区西四马路7号		食品杂货贩卖业	刘众英	1,500	2,000	2	2
万亿表店	宽城区菜市街20组		钟表修理贩卖业	彭万一	100	300	1	
万增兴	胜利区全安街86之1		食品杂货贩卖业	楼俊五	300	300	1	1
王包铺	中华区重庆路401号		饭店业	王庆利	300	300	1	2
王饱铺	长春区新市场13号		饭店业	王慎楼	800	150	1	1
王德传	长春区大马路8号		华洋杂货贩卖业	王德传	300	900	1	
王芳斋	长春区新民街28组		饭店业	魏永贵	700	500	2	3
王茗茶社	长春区桃源街43组		影剧院娱乐场业	张钰钟	1,200	400	1	2
王肉铺	双德区范家店8组		食肉贩卖业	王永泽	100	400	1	3
王铁炉	东荣区直良路513号	车瓦	铁匠炉业	王宝珍	40	140	1	2

续 表

店铺名称	地址	主要产品	经营类别	经理姓名	固定资金（万元）	流动资金（万元）	职工人数	
							职员	工人
王鞋铺	中华区崇智路613号	便鞋	鞋类制造业	王贵周	60	20	1	
王雅轩肉铺	头道沟区市场路30组		食肉贩卖业	王雅轩	50	200	1	2
王志炉	和顺区临河三条街39号	铁钉	铁匠炉业	王有志	50	100	1	
维新号	胜利区文庙街25组		食品杂货贩卖业	于宪章	300	1,200	1	2
维新号	头道沟区厦门路1-21号		食品杂货贩卖业	李文周	500	500	1	1
维新货店	胜利区永春路94号		食品杂货贩卖业	姜永麟	500	1,000	1	1
维新鞋帽工厂	头道沟区长江路2之2号	便鞋	鞋类制造业	梁世光	100	200	1	2
伟光小铺	胜利区全安街100组		食品杂货贩卖业	史伟光	20	80	1	1
卫生馆	胜利区至善街702号		饭店业	张志良	300	100	1	5
文波商店	胜利区至善街19组		干货贩卖业	张海亭	500	700	1	1
文波书局	胜利区重庆路138号		书籍文具贩卖业	王静波	800	3,900	1	2
文昌盛	头道沟区上海路10-4号		食品杂货贩卖业	王少文	200	400	1	
文昌书籍文具店	胜利区南大经路41号		书籍文具贩卖业	赵永满	1,000	14,000	3	1

店铺名称	地址	主要产品	经营类别	经理姓名	固定资金（万元）	流动资金（万元）	职工人数 职员	职工人数 工人
文德号	胜利区清明街302号		食品杂货贩卖业	张允文	800	350	1	2
文发盛小铺	和顺区临河二条25号		食品杂货贩卖业	张炳文	100	150	1	1
文风钟表刻字局	长春区东三马路178号		钟表修理贩卖业	李宜三	300	200	1	2
文光旧书商店	头道沟区厦门路4组		书籍文具贩卖业	张吉文	200	800	3	1
文光钟表刻字店	胜利区西三道街14号		钟表修理贩卖业	王品三	200	100	1	1
文海鱼店	长春区永春路81号		水产贩卖业	张文海	500	200	1	3
文华笔庄	胜利区东四道街122号	毛笔	文具制造业	崔德印	100	300	1	2
文华璐制鞋	长春区新春街31组	便鞋	鞋类制造业	王常铭	1,500	800	1	2
文华兴文具	长春区三马路35号		书籍文具贩卖业	王文阁	1,250	1,500	1	3
文华洋服店	胜利区西五马路2段2号	洋服	被服缝纫业	赵士英	350		1	1
文化工业	头道沟区黄河路26号	铅笔	文具制造业	李祝三	2,000	6,000	4	12
文化工业社	中华区重庆路713号		文具制造业	陈贵范	100	400		
文化钟表刻字	头道沟区长江路18号		钟表修理贩卖业	耿国君	120	200	1	

续表

店铺名称	地址	主要产品	经营类别	经理姓名	固定资金（万元）	流动资金（万元）	职工人数	
							职员	工人
文继洋服店	头道沟区呼伦街29组	洋服	被服缝纫业	毕文学	350	150	1	1
文聚隆	胜利区西二道街71号		食品杂货贩卖业	鲁赵氏	500	1,500	1	4
文聚兴	中华区桂林路409号		食品杂货贩卖业	施文清	500	300	1	1
文魁号	头道沟区安东路2-2号		食品杂货贩卖业	李宗章	200	500	1	2
文礼洋服店	头道沟贵阳街17号	洋服	被服缝纫业	傅文礼	1,500	500	1	2
文龙洋服店	头道沟区长江路3段9号	洋服	被服缝纫业	周关全	150	150	1	1
文茂号钟表店	长春区大马路3段8号		钟表修理贩卖业	由伯伦	300	1,200	1	1
文升号	长春区永春市场内		食肉贩卖业	李炳文	500	500	1	1
文生祥	胜利区重庆路220号		食品杂货贩卖业	周淑暖	150	250	1	
文胜小铺	胜利区大经路6号		食品杂货贩卖业	于文盛	150	250	1	
文盛涌	头道沟区东二条街30组		食品杂货贩卖业	杨文博	100	400	1	
文兴商店	长春区新春街21组		粮米贩卖业	刘醒民	300	2,200	1	2
文兴图章所	胜利区大经路3段5号		刻字	李文	50	150	1	

店铺名称	地址	主要产品	经营类别	经理姓名	固定资金（万元）	流动资金（万元）	职工人数	
							职员	工人
文秀粉笔工厂	胜利区北大经街39号		文具制造业	赵文秀	300	700	1	1
文业刻字局	胜利区北大街14之3号		刻字	吴连贵	50	100	1	
文业书局	胜利区北大街17号		书籍文具贩卖业	贾宏得	1,000	4,500	1	3
文远洋服店	胜利区南大街15号	洋服	被服缝纫业	谭堉镠	500	50	1	1
文云洋服店	长春区七马路7号	洋服	被服缝纫业	韩有文	200	50	1	1
文智西服店	长春区晴柳街38组	洋服	被服缝纫业	张桂珍	30	30	1	
汶新商店	长春区上海路54号		食品杂货贩卖业	薛云沛	100	400	2	1
乌苏里大菜馆	头道沟区长江路7号		饭店业	崔庆堂	600	400	1	1
五福大车店	和顺区第三街5号		大车店业	丁文生	630	70	2	6
五福堂	胜利区西三道街95号		中药贩卖业	阎五侠	100		1	
五湖春	头道沟区长白路2号		饭店业	孙占廷	250	250	1	4
五四文具制造厂	头道沟区斯大林大街50号	钢笔水	文具制造业	杨富春	200	500	1	1

续 表

店铺名称	地址	主要产品	经营类别	经理姓名	固定资金（万元）	流动资金（万元）	职工人数 职员	工人
五香春饭店	胜利区至善街20组		饭店业	刘鸿滨	50	400	2	4
五香居	宽城区开封街29号		饭店业	郭广斌	300	400	1	
五洲药房	长春区新春街2组		西药贩卖业	胡慧明	2,700	8,800	2	2
物华兴银楼	长春区大马路4段51号		金银首饰贩卖业	孙知民	3,300	18,765	5	11

X

店铺名称	地址	主要产品	经营类别	经理姓名	固定资金（万元）	流动资金（万元）	职工人数 职员	工人
西湖春	长春街大马路8号		饭店业	王顺义	6,700	3,700	3	11
惜光表店	胜利区西长春大街208号		钟表修理贩卖业	关世清	300	100	1	
惜时钟表店	中华区永昌路424号		钟表修理贩卖业	雷迅	180	50	1	
显盛兴	长春区东三马路159号		鲜货贩卖业	刘显堂	200	500	1	2
香九肉铺	头道沟区长江路市场		食肉贩卖业	孙香九	500	250	1	1
祥发东	长春区长通路1号		食品杂货贩卖业	贾清祥	50	300	1	2
祥发公	中华区兴安大路4-19		食品杂货贩卖业	张学公	200	800	1	1

店铺名称	地址	主要产品	经营类别	经理姓名	固定资金（万元）	流动资金（万元）	职工人数	
							职员	工人
祥发炉	胜利区平治街28组	蹄铁	蹄铁业	刘高氏	150	100	1	3
祥茂五金行	长春区西五马路66号		五金贩卖业	孙昌惠	850	4,150	1	2
祥泰兴腐乳房	长春区长春大街74号	腐乳	酱、酱油、醋酿造业	叶顺康	1,400	1,000	1	1
向阳商店	头道沟区长白路1-15号		食品杂货贩卖业	田向阳	300	400	1	
小洞天	长春区桃源路15组		饭店业	邱凤山	1,000	500	1	3
小世界	长春区晴柳街434号		饭店业	武鸿盛	1,750	1,000	2	7
小香村	头道沟区长白路17号		饭店业	梁百品	1,000	500	1	2
晓鸣表店	胜利区西三马路2段3号		钟表修理贩卖业	列云卿	200	100	1	
协昌商店	长春区东三马路92号		靴鞋材料贩卖业	汲醒尘	500	2,500	1	1
协聚馆	长春区东大街2组		饭店业	王国信	600	150	1	5
协盛古物商	胜利区平治街32号	古物	古物贩卖业	王子福	200	1,000	1	2
协盛兴鞋店	长春区大马路19号		鞋帽贩卖业	东月如	133	4,666	1	
协同福	长春区永春市场16号		食肉贩卖业	马进福	500	500	1	2

店铺名称	地址	主要产品	经营类别	经理姓名	固定资金（万元）	流动资金（万元）	职工人数 职员	职工人数 工人
协同兴	长春区兴运街52组		鲜货贩卖业	王子君	300	700	1	2
协兴盛小铺	长春区东四马路7号		食品杂货贩卖业	范朝江	1,000	600	1	1
协兴长	头道沟区东六条街28组		粮米贩卖业	张良壁	200	300	1	
协义兴	胜利区自强街2号	古物	古物贩卖业	董荫轩	500	1,400	2	1
协振兴	长春区西六马路58号		食品杂货贩卖业	邵运章	231	500	1	1
谢发园	胜利区大经路9段28号		饭店业	谢景云	200	100	1	2
心平书店	胜利区重庆路211号		书籍文具贩卖业	罗苏士洁	800	3,200	1	1
心顺和	和顺区和顺三条5号		食品杂货贩卖业	吴廷弼	100	300	1	2
辛辛商店	胜利区文庙街10组		食品杂货贩卖业	杨荫三	300	400	1	1
新安客栈	长春区西五马路20号		旅馆业	吕修来	500	135	2	
新北洋表店	长春区大马路1段5号		钟表修理贩卖业	赵立安	1,250	600	1	1
新昌号	头道沟区东四条街32组		粮米贩卖业	王心田	1,321	9,154	1	2
新昌号	中华区重庆路409号		食品杂货贩卖业	李锡昌	250	250	1	1

店铺名称	地址	主要产品	经营类别	经理姓名	固定资金（万元）	流动资金（万元）	职工人数	
							职员	工人
新昌号	中华区兴安街8组	兼小磨坊	食品杂货贩卖业	姚克俭	50	350	1	
新昌酱园	长春区长通路45号		食品杂货贩卖业	李树栋	600	600	1	3
新昌文具店	长春区大马路4-2		书籍文具贩卖业	李智民	400	4,000	1	1
新昌源	胜利区全安街60号		食品杂货贩卖业	刘玉玺	300	700	1	2
新昌钟表店	头道沟区东二条街29组		钟表修理贩卖业	吴益斋	100	200	1	
新长春商店	头道沟区贵阳街33号		食品杂货贩卖业	李天启	400	600	1	1
新长发	长春区桃源路101号		食品杂货贩卖业	赵新洲	200	200	1	
新长永	长春区新春街3组		食品杂货贩卖业	王永福	20	130	1	1
新成东	头道沟区黄河路4-27号		食品杂货贩卖业	陶吉云	200	1,500	1	2
新成旅社	头道沟区南京大街2段2号		旅馆业	田恩赐	2,000		2	2
新春书店	胜利区大经路35号		书籍文具贩卖业	张鸿轩	400	1,100	2	2
新春药房	长春区新春街48组		西药贩卖业	徐鼎臣	22,000	26,000	2	2
新大号	中华区重庆街2组		食品杂货贩卖业	裴日新	450	600	1	2

续表

店铺名称	地址	主要产品	经营类别	经理姓名	固定资金（万元）	流动资金（万元）	职工人数	
							职员	工人
新大陆照相馆	长春区大马路2段11号		照相业	王中尧	650	200	1	1
新德药房	和顺区民丰一条街11号	中药	中药贩卖业	胡常德	100	100	1	
新东饭店	头道沟区珠江路4段18号		饭店业	李庭裕	1,000	3,500	1	10
新东号	胜利区南大街22号		食品杂货贩卖业	刘赵玉清	600	1,900	1	1
新东酱园	头道沟区东三条街46组	酱类	酱、酱油、醋酿造业	郭泰昌	400	1,500	1	2
新东铁行	胜利区永吉街42组		古物贩卖业	戎王清	100	500	1	1
新东文具店	头道沟区胜利大街4-7号		书籍文具贩卖业	张进一	500	4,500	1	1
新东洋服店	长春区东长春大街120	洋服	被服缝纫业	胡鹤年	200	50	1	
新发春	长春区桃源路106号		饭店业	石树春	500	300	1	
新发大车店	和顺区民丰街1号		大车店业	赵新芝	360		2	2
新发大车店	头道沟区东七条街5号		大车店业	于振江	300	200	3	
新发东	长春区桃源路216号		食品杂货贩卖业	王连升	160	500	1	2

店铺名称	地址	主要产品	经营类别	经理姓名	固定资金（万元）	流动资金（万元）	职工人数 职员	职工人数 工人
新发号	长春区大马路2-4号		烟卷贩卖业	王裕民	50	700	1	1
新发号	长春区东三马路127号		食品杂货贩卖业	郭效忠	300	500	2	2
新发合	胜利区北大街1段20号		鲜货贩卖业	赵凤林	500	1,000	1	3
新发合	长春区桃源街16组		鲜货贩卖业	冯德礼	50	350	1	1
新发炉	长春区新春街29组	菜刀	铁匠炉业	冯福祥	800	3,500	1	1
新发商店	胜利区西四道街54号		食品杂货贩卖业	张滴尘	1,500	500	1	4
新发盛	长春区晴柳路18-6		饭店业	傅起明	450	350	1	2
新发祥	头道沟区东三条北京街37号	古物	古物贩卖业	刘沛新	100	900	1	
新发小铺	胜利区南街18之2号		食品杂货贩卖业	杨春圃	100	900	1	
新发永	长春区西五马路65号	古物	古物贩卖业	王玉永	500	1,000	1	2
新发园	长春区永春路43号		饭店业	张九州	500	500	1	4
新发园	中华区桂林路506号		饭店业	张福堂	200	80	1	1
新发园	头道沟区胜利大路17号		饭店业	萧凤翔	600	300	1	4

续 表

店铺名称	地址	主要产品	经营类别	经理姓名	固定资金（万元）	流动资金（万元）	职工人数	
							职员	工人
新发长	头道沟区东二条街38组		食品杂货贩卖业	石博新	200	800	1	1
新发长	和顺区和顺街99组		食品杂货贩卖业	薛启东	300	2,200	5	
新丰东	和顺区东新路225号		食品杂货贩卖业	萧树森	150	450	1	
新丰号屑物商	长春区东六马路23号	古物	古物贩卖业	尹玉海	400	2,600	1	3
新风工艺社	胜利区大经路90号	钢笔水	文具制造业	杨富兴	400	1,700	4	2
新风洋服店	长春区东天街67组	洋服	被服缝纫业	赵维山	250	100	1	
新光被服工厂	长春区永长街1组	被服	被服缝纫业	张作光	500	100	2	5
新光洋服店	头道沟区北平大路2段18号	洋服	被服缝纫业	赵孙氏	300	100	1	1
新和商店	头道沟区长江路4号		华洋杂货贩卖业	于亭午	700	1,200	1	
新华表店	长春区大马路1段35号		钟表修理贩卖业	盛宝轩	100	100	1	
新华表店	长春区大马路4段8号		钟表修理贩卖业	杨世福	400	1,600	1	
新华春	胜利区至善街35号		饭店业	刘树槐	400	150	1	2
新华春	胜利区吉林大路68-7号		饭店业	侯兴武	150	150	1	2

店铺名称	地址	主要产品	经营类别	经理姓名	固定资金（万元）	流动资金（万元）	职工人数 职员	职工人数 工人
新华东	和顺区东吉林大路86号		食品杂货贩卖业	张志骧	50	150	1	
新华号	长春区西五马路67号		食品杂货贩卖业	王镜塘	25	175	1	1
新华酱园	中华区北安路601号	酱类	酱、酱油、醋酿造业	宋润生	1,000	1,000	1	2
新华刻字铺	中华区重庆路59号		刻字	杨惠丰	100	500	1	
新华贸易行	头道沟区东六条街13号		粮米贩卖业	张中阳	10,000	20,000	2	2
新华商店	头道沟区胜利大街42组		华洋杂货贩卖业	滕占清	250	750	1	
新华盛小铺	长春区东三马路15号		食品杂货贩卖业	侯凤桐	200	300	1	1
新华书局	长春区大马路5-10号		书籍文具贩卖业	王文光	2,000	10,000	1	1
新华戏院卖店	长春区新春街19组		鲜货贩卖业	李春荣	500	500	1	2
新华鞋店	和顺区东盛路13号	便鞋	鞋类制造业	郭景恩	80		1	1
新华鞋店	胜利区清明街62组	便鞋	鞋类制造业	孙学岐	500	500	1	3
新华鞋帽店	长春区大马路1号		鞋帽贩卖业	刘海龙	3,000	7,000	2	2
新华鞋帽店	长春区东三马路157号		鞋帽贩卖业	虞康氏	200	400	1	

店铺名称	地址	主要产品	经营类别	经理姓名	固定资金（万元）	流动资金（万元）	职工人数 职员	职工人数 工人
新华洋服店	长春区东长春大街 120号	洋服	被服缝纫业	刘俊卿	250	50	1	
新华照相馆	胜利区重庆路 314号		照相业	孙武英	550	150	1	1
新金山撮影	长春区大马路 5段 16号		照相业	刘仁增	500	500	1	1
新旧书店	胜利区西三马路 2-28号		书籍文具贩卖业	赵文德	1,600	2,200	1	1
新聚东	头道沟区东六条街 5号		食品杂货贩卖业	厉世恒	1,000	2,000	1	1
新立号铁炉	长春区永长街 63组	菜刀	铁匠炉业	王寿立	300	400	1	1
新立洋服店	长春区西五马路 65号	洋服	被服缝纫业	郭沛然	300	50	1	1
新利和	胜利区东三道街 54号	铜制品	铜制品业	王省五	400	600	1	2
新联合葛瓦斯厂	头道沟区贵阳路 29号	葛瓦斯	清凉饮料制造业	孙廷玉	500	1,000	1	2
新隆商行	长春区大马路 3-9		书籍文具贩卖业	谭鼎新	3,000	7,000	2	2
新履鞋铺	长春区长通路 18号	便鞋	鞋类制造业	吕殿阁	250	50	1	
新美春	长春区东三马路 112号		饭店业	彭树林	200	400	1	2
新美华银楼	长春区大马路 12号		金银首饰贩卖业	董魁五	3,000	7,000	1	3

店铺名称	地址	主要产品	经营类别	经理姓名	固定资金（万元）	流动资金（万元）	职工人数	
							职员	工人
新民村	胜利区至善路35号		饭店业	柴永发	200	300	1	2
新民大车店	胜利区民康街17组		大车店业	宋殿芳		500	2	2
新民工厂	头道沟区宁波街14组	便鞋	鞋类制造业	刘德才	300	400	1	4
新民化学工业所	胜利区北大街45号	钢笔水	文具制造业	林庆昌	500	1,500	1	1
新民旅社	长春区东三马路179号		旅馆业	于盛福	900	45	1	2
新民文具店	头道沟区胜利街4-18号		书籍文具贩卖业	马艺民	3,800	1,200	1	
新民西药房	长春区新春街34组		西药贩卖业	李兴远	500	5,500	1	1
新民戏院	长春区西四马路19号		影剧院娱乐场业	赵俊德	8,000	6,050	6	89
新民小饭馆	宽城区和平路18号		饭店业	祝树勋	100	400	1	3
新明石膏粉笔	头道沟区胜利大街131号		文具制造业	刘亚秉	2,000	2,000	3	4
新明文具工业	头道沟区东四条街14组	钢笔水	文具制造业	卢存善	1,480	2,520	1	3
新明鞋店	胜利区北街78组	便鞋	鞋类制造业	刘鸿兴	100	100	1	1
新秋小铺	头道沟区珠江路171号		食品杂货贩卖业	王陈氏	200	200	1	

续表

店铺名称	地址	主要产品	经营类别	经理姓名	固定资金（万元）	流动资金（万元）	职工人数 职员	职工人数 工人
新升隆	长春区重光路62号		食品杂货贩卖业	隋明基	500	2,000	1	2
新升西药房	头道沟区胜利大街13号		西药贩卖业	孙记斋	300	700	1	2
新生春	胜利区重庆路126号		饭店业	张成为	400	300	1	2
新生粉笔制造厂	宽城区仁爱路5段6号	粉笔	文具制造业	刘仲秋	1,000	1,500	1	2
新生工厂	头道沟区黄河路22号	钢笔水	文具制造业	刘桂杞	1,000	3,000	2	2
新生工业	长春区东天街11组	钢笔水	文具制造业	李铭阁	100	400	1	
新生馆	中华区西永昌街8号		饭店业	杨庆海	300	100	1	
新生号	长春区长通路24组		粮米贩卖业	张新生	400	2,600	3	
新生号	胜利区永吉街9号		食品杂货贩卖业	唐松鹤	250	30	1	
新生号	长春区桃源路65组		食品杂货贩卖业	陈德山	100	200	1	
新生号	长春区新春街72组	古物	古物贩卖业	刘勤哲	100	400	1	1
新生刻字店	中华区同志街508号		刻字	李宗儒	100	100	1	
新生隆	长春区西三马路43号		食品杂货贩卖业	刘廷智	100	400	1	3

店铺名称	地址	主要产品	经营类别	经理姓名	固定资金（万元）	流动资金（万元）	职工人数	
							职员	工人
新生旅社	头道沟区胜利大街5段3号		旅馆业	严再生	800		1	2
新生茂	胜利区自强街34组		食品杂货贩卖业	阎志薪	50	150	1	1
新生铅笔工厂	胜利区北大经街29组	铅笔	文具制造业	解峻卿	500	1,500	1	3
新生肉铺	胜利区永吉街45组		食肉贩卖业	陈秉仁	200	600	2	
新生堂	胜利区北大街37号		中药贩卖业	郭煜华	2,317	4,669	2	1
新生文具店	长春区大马路3-8		书籍文具贩卖业	彭海亭	160	1,090	1	
新生文具店	长春区大马路4-8号		书籍文具贩卖业	王鸿昌	1,500	500	1	
新生西药部	长春区新立街23号		西药贩卖业	朱照琦	350	1,650	1	1
新生祥	和顺区三街108号		食品杂货贩卖业	何子新	100	300	1	1
新生小铺	宽城区柳影路33号		食品杂货贩卖业	殷贵荣	200	500	1	1
新生行	头道沟区黑水路南京街40号		山海杂货贩卖业	康鹏九	340	7,333	4	
新生玉	中华区西永昌街8组		食品杂货贩卖业	韩玉田	600	400	1	1

店铺名称	地址	主要产品	经营类别	经理姓名	固定资金（万元）	流动资金（万元）	职工人数	
							职员	工人
新盛鞋店	胜利区西四马路67号	便鞋	鞋类制造业	王泽虞	150	50	1	
新盛兴	胜利区文庙街36组	铜制品	铜制品业	毕中音	50	100	1	1
新盛园	宽城区仁爱路6号		饭店业	唐庆来	5	250	1	2
新实西药部	长春区新民街33组		西药贩卖业	张宝君	250	1,150	1	1
新泰五金行	长春区大马路39号		五金贩卖业	吴明贤	2,000	35,000	3	2
新新包子铺	头道沟区长江路2段1号		饭店业	孙益谅	1,200	800	2	6
新新春	头道沟区长白路1段15号		饭店业	戚有智	150	150	1	2
新新饭店	胜利区南大街18号		饭店业	张绍岐	5,280	1,000	3	10
新新旅馆	长春区东四马路99号		旅馆业	林道深	3,500	1,500	3	4
新新洋服店	头道沟区香港路16号	洋服	被服缝纫业	解根海	300	20	1	1
新兴号	胜利区2号		铜制品业	王玉候	100	300		
新兴号	头道沟区宁波街31组	古物	古物贩卖业	蒋佔华	200	1,500	1	2
新兴肉铺	长春区桃源路30号		食肉贩卖业	李金生	500	1,000	2	3

店铺名称	地址	主要产品	经营类别	经理姓名	固定资金（万元）	流动资金（万元）	职工人数 职员	职工人数 工人
新兴泰	胜利区西五马路21号		食品杂货贩卖业	曲仲凤	100	250	1	1
新兴文具行	长春区大马路3-7		书籍文具贩卖业	李文林	4,000	21,000	4	1
新兴西药房	长春区大马路26号		西药贩卖业	张高青云	400	1,500	1	
新兴永	长春区西四马路25号		食品杂货贩卖业	赵汝谦	100	600	1	1
新易商店	长春区大马路8号		华洋杂货贩卖业	惠弼宸	200	1,000	1	1
新源表行	中华区西桂林501号		钟表修理贩卖业	吴国权	40	50	2	
新源盛酱园	胜利区民康街83号	酱类	酱、酱油、醋酿造业	李长盛	4,000	6,000	1	6
新中表店	长春区大马路3段8号		钟表修理贩卖业	陈庆武	350	1,650	1	1
新中国摄影社	头道沟区斯大林大街48之1		照相业	周连福	300	200	1	
新中号	长春区大马路49号		烟卷贩卖业	杨雅轩	100	400	1	
新中旅馆	头道沟区东四条街25号		旅馆业	温显庭	700	500	2	2
新中旅社	头道沟区长江路3段5号		旅馆业	李权麟	2,100		3	4
鑫发盛	胜利区全安街16号		华洋杂货贩卖业	张秉鑫	1,430	4,570	2	2

续 表

店铺名称	地址	主要产品	经营类别	经理姓名	固定资金（万元）	流动资金（万元）	职工人数	
							职员	工人
鑫发长	头道沟区辽北路37号	粉子	淀粉制造业	刘忠涛	800	800	2	2
鑫合商店	胜利区南街1组		食品杂货贩卖业	吴鑫三	850	4,150	3	2
鑫生文具店	胜利区北大经路19号		书籍文具贩卖业	李成鑫	1,000	3,500	1	1
鑫鑫商店	胜利区东天街12组		食品杂货贩卖业	蔡景云	150	450	1	2
信爱药房	胜利区大经路1号		西药贩卖业	王化新	500	3,700	2	1
信成肉铺	长春区永春市场29号		食肉贩卖业	汤凤仪	400	500	1	1
信成祥	长春区东三马路162号		服装估衣贩卖业	费树泽	500	500	1	1
信成祥	长春区兴运街48组		食品杂货贩卖业	张炳昌	300	200	1	
信成祥新衣工厂	长春区东三马路165号	被服	被服缝纫业	康信廷	1,000	4,000	1	3
信成洋服店	胜利区北大街39号	洋服	被服缝纫业	惠以亭	200		1	
信诚洋服店	长春区大马路3段17号	洋服	被服缝纫业	沈宗诚	600	100	1	2
信德长	头道沟区长江路18号		华洋杂货贩卖业	隋永和	300	700	1	

店铺名称	地址	主要产品	经营类别	经理姓名	固定资金（万元）	流动资金（万元）	职工人数	
							职员	工人
信立洋服店	长春区西四马路1段13-6号	洋服	被服缝纫业	胡敬一	300	200	1	1
信茂号	长春区大马路2-20号		五金贩卖业	张安如	1,000	2,300	1	1
信生茂	胜利区全安街16号		山海杂货贩卖业	郑伯强	200	800	1	2
信泰隆	胜利区西四马路8号		食品杂货贩卖业	左士敬	200	800	1	3
信兴隆	长春区新春街1组		食品杂货贩卖业	王瑞华	170	630	1	1
信义成	长春区东天街17组		食品杂货贩卖业	孙泗源	200	800	1	1
信义号	中华区重庆路15组		食品杂货贩卖业	高忠信	200	300	1	
信义和	中华区慈光路45号		食品杂货贩卖业	王庆章	150	250	1	2
信义酱园	头道沟区贵阳路16号	酱类	酱、酱油、醋酿造业	张占元	2,500	1,200	2	2
信义炉	和顺区四街1组		铁匠炉业	王孔信	150	300	1	1
信义祥	胜利区西四马路2-1		食肉贩卖业	金富林	400	600	1	2
信义洋服店	头道沟区长江路3段5号	洋服	被服缝纫业	刘春荣	600	200	1	2

店铺名称	地址	主要产品	经营类别	经理姓名	固定资金（万元）	流动资金（万元）	职工人数	
							职员	工人
信义药房	头道沟区长江路15号		西药贩卖业	王守先	1,500	3,500	1	1
信义长	中华区康平街14组		食品杂货贩卖业	李长足	100	400	1	1
信源号	长春区长通路47号		食品杂货贩卖业	郑安池	200	300	1	1
信源兴	中华区康平街10组		食品杂货贩卖业	胡昆	200	300	1	
信源长	中华区重庆路6组		粮米贩卖业	王立石	50	150	1	2
星五药房	头道沟区胜利大街30号		西药贩卖业	崔作奎	600	1,900	1	
行宾馆	长春区新春街51组		饭店业	才中行	100	100	1	2
兴安表店	中华区兴安大路610号		钟表修理贩卖业	金海峰	100		1	
兴安号	中华区白菊路12号		食品杂货贩卖业	陈学孟	100	600	1	1
兴安浆汁馆	中华区兴安大路610号		饭店业	金春科	50	50	1	1
兴安刻字局	中华区康平街10组		刻字	刘志德	20	30	1	
兴安西药房	中华区兴安大路409号		西药贩卖业	陶在田	500	500	1	1
兴昌盛	胜利区大经路41号		食品杂货贩卖业	李云彩	800	200	1	

店铺名称	地址	主要产品	经营类别	经理姓名	固定资金（万元）	流动资金（万元）	职工人数	
							职员	工人
兴昌洋服店	中华区兴安大路628号	洋服	被服缝纫业	赵进荣	300	30	1	
兴东表店	和顺区东盛路24号		钟表修理贩卖业	王克忠	200	100	1	1
兴东号	长春区新民街33组		粮米贩卖业	赵文慈	1,500	4,700	2	3
兴东商店	长春区大马路4段8号		华洋杂货贩卖业	苏雨欣	300	1,100	1	
兴东五金行	长春区大马路5-1号		五金贩卖业	邵继贤	1,000	9,000	1	
兴东洋服店	长春区二马路5-8号	洋服	被服缝纫业	张鹏东	300		1	
兴东油脂工厂	中华区兴安大路423号	油墨	文具制造业	艾云山	4,000	1,000	1	5
兴发东	胜利区南大街41组		粮米贩卖业	李功勋	400	1,100	2	
兴发号	头道沟区东四条街18组		食品杂货贩卖业	刘金宣	150	100	1	1
兴发号	头道沟区上海路1段1号	古物	古物贩卖业	郭东宽	100	600	1	
兴发玉	头道沟区长江路2-1号		食品杂货贩卖业	曲石民	200	800	1	1
兴发源	和顺区东盛路10号		食品杂货贩卖业	张益三	200	300	1	
兴发长	长春区长通街45组		鲜货贩卖业	孙占文	150	800	1	

续　表

店铺名称	地址	主要产品	经营类别	经理姓名	固定资金（万元）	流动资金（万元）	职工人数	
							职员	工人
兴发长	胜利区西二道街43号		食品杂货贩卖业	庞发财	100	100	1	
兴国洋服店	长春区兴运路57	洋服	被服缝纫业	徐云庆	300		1	
兴合成	胜利区大经路7段13号		食肉贩卖业	王宝兴	200	800	2	
兴合大车店	宽城区宋家街28组		大车店业	蔡智	200	100	1	3
兴合发	西头道街841号		食肉贩卖业	王宝林	50	450	1	
兴合福	胜利区全安街84号		食品杂货贩卖业	王宝珍	300	1,500	3	1
兴华摄影场	中华区重庆路412号		照相业	周兴良	600	200	1	
兴华旅社	长春区西五马路69号		旅馆业	金玉堂	19,500	2,680	1	4
兴华铅笔工厂	和顺区和顺街48组	钢笔	文具制造业	宋庆三	1,500	1,500	4	6
兴华商店	长春区大马路3段8号		华洋杂货贩卖业	吕文阁	350	950	1	1
兴华盛	长春区桃源街40组		食品杂货贩卖业	李心	50	250	1	
兴华西药房	长春区新立街53组		西药贩卖业	于贺亭	200	1,400	1	1
兴华鞋料商行	长春区东四马路39号		靴鞋材料贩卖业	王子诚	350	650	1	1

店铺名称	地址	主要产品	经营类别	经理姓名	固定资金（万元）	流动资金（万元）	职工人数 职员	职工人数 工人
兴华鞋铺	胜利区文庙街31组	便鞋	鞋类制造业	赵文起	50	50	1	
兴华洋服店	头道沟区宁波路2段20号	洋服	被服缝纫业	马知和	200	25	1	
兴华洋服店	头道沟区东四条街4组	洋服	被服缝纫业	许焕升	200		1	
兴华钟表店	胜利区大经路2段5号		钟表修理贩卖业	顾林	250	50	1	
兴利洋服店	长春区东三马路161号	洋服	被服缝纫业	萧春茂	350	50	1	
兴利洋服店	头道沟区广州路4段1号	洋服	被服缝纫业	黄晓凡	200		1	
兴麟花店	长春区东三马路74号		旅馆业	杜宝麟	1,300		1	1
兴隆昌	中华区兴安大路206号		食品杂货贩卖业	赵万厚	250	350	1	1
兴隆成	头道沟区长江路2号		华洋杂货贩卖业	赵伯超	1,000	1,850	1	1
兴隆大车店	胜利区民康路442号		大车店业	陈文升	800	200	1	3
兴隆号	长春区永春路30号		食肉贩卖业	韩松樵	500	1,000	1	1
兴隆号	胜利区大经路14号		食品杂货贩卖业	阎志民	200	300	1	

续 表

店铺名称	地址	主要产品	经营类别	经理姓名	固定资金（万元）	流动资金（万元）	职工人数	
							职员	工人
兴隆铧炉	长春区东来街10组	锅	铁匠炉业	张怀芝	3,000	9,000	3	9
兴隆炉	胜利区民康路13		铁匠炉业	梁君庆	100	100	1	2
兴隆商店	胜利区平治街17号	古物	古物贩卖业	卢振章	500	1,500	1	2
兴隆五金行	长春区南大街24号		五金贩卖业	梁华兴	1,004	48,727	1	1
兴隆洋服店	长春区东六马路42号	洋服	被服缝纫业	王海山	500	100	1	2
兴隆洋服店	和顺区和顺三条街1号	洋服	被服缝纫业	李文忠	150	20	1	1
兴隆洋服店	胜利区平治街1组	洋服	被服缝纫业	刘文	250		1	1
兴茂隆杂货铺	头道沟区长江路5-9号		食品杂货贩卖业	盛福林	500	1,500	2	1
兴茂盛	长春区大马路8号		食品杂货贩卖业	张泰祐	3,900	800	1	2
兴茂盛	头道沟区宁波路1-56号		食品杂货贩卖业	路怀兴	200	600	1	1
兴民铁炉	东荣区永宁北胡同3号	铇印子	铁匠炉业	刘清瑞	350	150	1	
兴农锄板炉	胜利区北大街2段6号	锄板	铁匠炉业	杨林阁	1,000	3,000	9	11
兴仁烟行	长春区西四马路38号		烟卷贩卖业	刘显达		600	1	1

店铺名称	地址	主要产品	经营类别	经理姓名	固定资金（万元）	流动资金（万元）	职工人数	
							职员	工人
兴善钟表店	长春区大马路2段11号		钟表修理贩卖业	刘庆昌	2,000	500	1	1
兴盛表店	长春区东大桥3组		钟表修理贩卖业	陈广和	150	50	1	
兴盛饼铺	胜利区大经路216号		饭店业	马玉良	100	100	1	1
兴盛馆	长春区兴盛路91号		饭店业	苏振魁	100	150	1	1
兴盛合	胜利区西长春大街302号		食品杂货贩卖业	郝振江	100	500	1	2
兴盛合	胜利区永春路13号		食品杂货贩卖业	于沛源	200	800	1	2
兴盛炉	中华区兴安大路39号	蹄铁	蹄铁业	孙玉琨	100	200	1	
兴盛鞋铺	胜利区清明街222号	便鞋	鞋类制造业	姚文华	100	50	1	1
兴盛长	胜利区大经路7段18号	古物	古物贩卖业	刘兴国	100	400	1	8
兴顺昌	和顺区吉林马路60号	中药	中药贩卖业	马登峰	1,000	2,600	1	1
兴顺成	长春区长通路18号		食品杂货贩卖业	姚连顺	500	1,000	2	3
兴顺成	胜利区大经路45号		食品杂货贩卖业	李兴成	200	500	1	
兴顺诚	胜利区西三道街96号		中药贩卖业	宋续环	3,000	41,000	5	2

店铺名称	地址	主要产品	经营类别	经理姓名	固定资金（万元）	流动资金（万元）	职工人数	
							职员	工人
兴顺合	胜利区北大街2-34号		食品杂货贩卖业	王照盛	150	200	1	
兴顺和	和顺区岭东路16号		食品杂货贩卖业	刑运兴	150	350	1	2
兴顺客栈	胜利区全安街5组		旅馆业	李树林		400	1	1
兴顺隆	长春区长通路12号		食品杂货贩卖业	董之光	100	400	1	1
兴顺炉	胜利区西二道街145号	铁工	铁匠炉业	李明林	100	100	1	2
兴顺炉	东荣区迁安路11号	菜刀	铁匠炉业	毕光明	150	100	1	3
兴顺炉	胜利区永吉街53组		铁匠炉业	曹凤炉	180	70	1	6
兴顺堂	长春区新民街29组		中药贩卖业	冯果真	300	80	1	
兴顺文具店	长春区大马路3-7号		书籍文具贩卖业	方锡智	200	1,000	1	1
兴顺园	胜利区至善路14号		饭店业	苏春荣	60	80	1	1
兴泰药房	长春区新民街20组		中药贩卖业	张凤来	500	500	2	1
兴亚表店	长春区东大桥街43组		钟表修理贩卖业	刘自新	100			1

店铺名称	地址	主要产品	经营类别	经理姓名	固定资金（万元）	流动资金（万元）	职工人数	
							职员	工人
兴亚文具店	胜利区重庆路101号		书籍文具贩卖业	赵光宋	850	5,150	2	1
兴源洋服店	胜利区全安街15组	洋服	被服缝纫业	张进兴	200	30	1	
兴源长	胜利区南大街13号		山海杂货贩卖业	杨惠民	400	8,600	2	3
兴远被服工业	长春区东四马路42号	被服	被服缝纫业	姚殿英	1,300	1,200	1	
兴运长车店	长春区兴运街50组		大车店业	姚国有	350	150	1	1
杏花村	长春区来安东一胡同51号		饭店业	赵信之	1,600	650	1	4
秀清表店	中华区重庆路609号		钟表修理贩卖业	王秀清	70	30	1	
袖珍书铺	长春区大马路3-8号		书籍文具贩卖业	张苏平	100	1,100	1	
旭东洋服店	胜利区南街11组	洋服	被服缝纫业	王日隆	330	20	1	
旭东照相馆	胜利区北街40组		照相业	李旭东	1,400	1,000	1	2
旭光照相馆	中华区桂林街21组		照相业	王忠厚	150	50	1	1
旭明刻字店	中华区兴安大路615号		刻字	杨国藩	220	30	1	

Y

店铺名称	地址	主要产品	经营类别	经理姓名	固定资金（万元）	流动资金（万元）	职工人数	
							职员	工人
鸭绿江像馆	长春区大马路1段45号		照相业	万子良	1,200	400	1	2
亚东饭店	长春区大马路12号		饭店业	赵仁武	12,000	5,500	6	15
亚东商行	长春区西四马路38号		烟卷贩卖业	刘亚东	50	950	1	1
亚洲西药房	头道沟区长江路12号		西药贩卖业	陈庆荣	705	31,095	1	1
延边朝鲜旅馆	头道沟区厦门路南一胡同7号		旅馆业	金松吉	350	150	1	2
延海成	头道沟区宁波路2段22号		旅馆业	李东旭	200	100	1	2
延生大药房	长春区新立街12组		西药贩卖业	冯增庆	500	3,500	2	
岩成号	长春区永春市场97		饭店业	任继成	1,000	500	1	2
颜顺兴	长春区永长路5号		食品杂货贩卖业	颜振标	250	250	1	1
砚田洋服店	长春区东门路57号	洋服	被服缝纫业	李玉林	300	50	1	1
宴乐春	胜利区西二道街62号		饭店业	李宪章	300	200	1	3
耀忠表店	长春区永长路35号		钟表修理贩卖业	孙耀忠	150	100	1	1

店铺名称	地址	主要产品	经营类别	经理姓名	固定资金（万元）	流动资金（万元）	职工人数 职员	职工人数 工人
一本东	长春区永春路市场42号		食肉贩卖业	王顺	500	500	1	1
一大酱园	胜利区西五马路29号	酱类	酱、酱油、醋酿造业	王兆绪	2,000	2,000	1	4
一大鞋店	长春区东三马路157号	皮鞋	皮鞋制造业	杨仲义	400	800	1	3
一分利	长春区东天市场8号		饭店业	崔铁民	250	200	1	3
一合成	长春区东天街43组		饭店业	黄占一	200	100	1	1
一品香	头道沟区南京大街2-1号		食品杂货贩卖业	李文明	2,000	2,000	2	2
一盛东	长春区新春街1组		粮米贩卖业	李宝琏	500	1,000	1	2
一天乐	长春区大马路4段17号		饭店业	纪成林	1,200	1,000	1	6
一兴东	胜利区南大经街24组		粮米贩卖业	李升阁	300	1,200	1	1
一中鞋店	长春区新民街20组	皮鞋	皮鞋制造业	苏纯才	300	700	1	2
伊友表店	中华区重庆路610号		钟表修理贩卖业	赵显文	50	50	1	
依古斋	胜利区西四马路2段20号		刻字	刘效先	100	100	1	
依光书店	胜利区西四马路2-19号		书籍文具贩卖业	刘更新	200	500	1	

续 表

店铺名称	地址	主要产品	经营类别	经理姓名	固定资金（万元）	流动资金（万元）	职工人数 职员	职工人数 工人
怡和长冰果店	长春区东三马路159号	冰果	清凉饮料制造业	李云先	3,000	600	1	3
怡新汽水工厂	头道沟区香港路8-2号	汽水	清凉饮料制造业	赵光远	10,000	5,000	2	4
宜明鞋铺	胜利区北大街18组	便鞋	鞋类制造业	郝宜明	50	50	1	1
彝宝斋	长春区大马路4-31号		书籍文具贩卖业	王秀宸	2,000	4,000	1	2
亿丰鞋店	长春区新春街24组		鞋帽贩卖业	张玉璞	2,000	5,000	2	2
亿进五金行	头道沟区东二条街23组		五金贩卖业	邓济民	1,200	23,752	3	1
亿利洋服店	长春区大马路1段34	洋服	被服缝纫业	刘树民	300	30	1	
义昌号	长春区东三马路10号		靴鞋材料贩卖业	潘子徵	500	3,000	1	2
义昌五金行	头道沟区天津路8号		五金贩卖业	于振远	1,000	1,200	2	2
义昌祥	胜利区南大经街40组		粮米贩卖业	王泽同	500	2,500	2	4
义昌园	胜利区东二马路3段15号		饭店业	魏义昌	600	200	1	1
义长园	胜利区大经路23号		饭店业	张衍马	200	300	1	2
义成福	头道沟区东二条街5组		食品杂货贩卖业	王廷弼	60	24	1	2

店铺名称	地址	主要产品	经营类别	经理姓名	固定资金（万元）	流动资金（万元）	职工人数	
							职员	工人
义成号	头道沟区东四条街4号		山海杂货贩卖业	孙乃环	2,400	9,100	5	6
义诚公	头道沟区胜利大街20号		五金贩卖业	杨亚华	4,590	14,692	2	3
义春馄饨馆	头道沟区胜利大街23号		饭店业	李树田	500	500	1	5
义发号	中华区重庆街28组		食品杂货贩卖业	张守礼	150	300	1	2
义发鱼店	长春区永春路78号		水产贩卖业	张庆义	500	200	1	3
义发园	头道沟区胜利街14号		饭店业	李茂森	350	150	1	4
义发园	胜利区西长春大街2段2号		饭店业	常印兰	1,000	200	1	2
义发长	胜利区西头道街16号	铜制品	铜制品业	赵忠义	20	10	1	
义发长	长春区永春路7组		食肉贩卖业	于恩泰	250	600	1	2
义发长	长春区东六马路8号		食品杂货贩卖业	张炳训	400	400	1	
义发长	长春区东四马路16号		食品杂货贩卖业	李长斌	200	600	1	1
义丰小铺	中华区重庆街14组		食品杂货贩卖业	李杏坞	3,000	4,750	1	3
义丰洋服店	胜利区文庙街48组	洋服	被服缝纫业	张忠卿	250	50	1	

续表

店铺名称	地址	主要产品	经营类别	经理姓名	固定资金（万元）	流动资金（万元）	职工人数	
							职员	工人
义合车店	胜利区全安街14号		大车店业	杨毕氏	800	36	2	2
义合成	头道沟区长江路32号		饭店业	王玉山	50	150	1	2
义合成	宽城区柳影街828号		食品杂货贩卖业	龙泽清	119	500	1	1
义合春	长春区东三马路22号		饭店业	刘荣仁	600	300	1	2
义合发	长春区东天街4号		饭店业	史金生	200	150	1	1
义合发	胜利区大经路23号		食品杂货贩卖业	李春海	300	300	1	2
义合发	胜利区至善路43组	古物	古物贩卖业	王青山	200	800	1	2
义合馆	胜利区东头道街21号		饭店业	韩来滨	200	300	1	5
义合隆小铺	头道沟区呼伦街24组		食品杂货贩卖业	葛去病	500	300	1	2
义合炉	胜利区西头道街91号	农具	铁匠炉业	王清林	300	700	1	3
义合炉	宽城区菜市街13组		铁匠炉业	张金魁	800	120	1	3
义合炉	长春区长通路14号	蹄铁	蹄铁业	郭贵元	50	100	1	1
义合炉	大西区范家街7组	蹄铁	蹄铁业	李云波	300	200	1	1

店铺名称	地址	主要产品	经营类别	经理姓名	固定资金（万元）	流动资金（万元）	职工人数	
							职员	工人
义合盛	长春区永春路2段1号		食肉贩卖业	王金堂	300	1,200	1	2
义合盛	长春区东天市场6号		食肉贩卖业	于盛武	300	300	1	
义合盛	和顺区临河二条28号		食品杂货贩卖业	段墨林	70	100	1	2
义合盛	胜利区至善路1组		古物贩卖业	张喜盛	100	700	3	1
义合盛炉	长春区东四马路122号		铁匠炉业	刘增	1,000	2,000	1	2
义合铁炉	长春区东四马路91号	斧子	铁匠炉业	王福臣	500	1,200	1	
义合小铺	大西区西阳街3组		食品杂货贩卖业	王英岐	50	150	1	2
义合兴	胜利区大经路26号		食品杂货贩卖业	王钟利	300	400	1	
义合兴	胜利区吉林大街508号	古物	古物贩卖业	贾文秀	1,000	800	1	3
义合饮食店	长春区永长路21号		饭店业	田树臣	100	400	1	3
义合园	胜利区大经路9段34号		饭店业	赵贵顺	620	250	1	5
义合园	胜利区文庙街20组		饭店业	张义俊		500	2	3
义合园	和顺区民丰二条街1号		饭店业	王玉武	50	150	1	2

店铺名称	地址	主要产品	经营类别	经理姓名	固定资金（万元）	流动资金（万元）	职工人数	
							职员	工人
义合长	胜利区南大街20号		食品杂货贩卖业	苏云峰	1,200	9,600	3	3
义和昌	长春区大马路3段8号		华洋杂货贩卖业	韩佩贤	600	1,200	1	
义和成	长春区永春路28-3号		食肉贩卖业	韩成功	500	500	1	2
义和成	长春区永春路350号		食品杂货贩卖业	傅万云	150	350	1	
义和成	中华区重庆街6组		食品杂货贩卖业	李文成	200	400	1	1
义和成支店	头道沟区东四条街152号		饭店业	张锡纯	2,000	2,000	2	6
义和大药房	长春区新春街14组		中药贩卖业	徐振东	2,983	39,692	1	6
义和公	和顺区东站街4组		食品杂货贩卖业	郝桐安	100	200	1	
义和号	长春区庆长胡同10之3		食品杂货贩卖业	路继政	250	450	1	1
义和炉	宽城区杨家街2号		铁匠炉业	张宝禄	100	50	2	1
义和炉	胜利区西三道街120号	蹄铁	蹄铁业	王永昌	300	50	1	1
义和谦	长春区新民街17组		中药贩卖业	刘定远	4,800	17,600	2	6
义和商店	长春区大马路8号		华洋杂货贩卖业	张济仁	400	800	1	1

店铺名称	地址	主要产品	经营类别	经理姓名	固定资金（万元）	流动资金（万元）	职工人数	
							职员	工人
义和盛	胜利区南街44号	铜制品	铜制品业	赵忠云	300	200	1	
义和盛	头道沟区珠江路4段18号		饭店业	张喜荣	2,400	2,400	2	11
义和盛	头道沟区长江路1-5号		食品杂货贩卖业	姜叙五	500	800	1	3
义和盛药店	胜利区西长春大街8号		中药贩卖业	魏立民	2,500	3,500	1	1
义和顺	长春区西四马路26组		食肉贩卖业	穆柏林	60	100	1	1
义和五金行	长春区永长路2-6号		五金贩卖业	张竹楼	500	1,500	1	
义和祥药店	宽城区胜利街16组	中药	中药贩卖业	赵宗盛	300	500	1	1
义和小铺	胜利区文庙街11组		食品杂货贩卖业	常连春	400	500	1	1
义和兴	长春区新春街5组		粮米贩卖业	卢品臣	500	3,700	2	3
义和兴	长春区东六马路12号		古物贩卖业	王春和	1,000	5,500	1	1
义和兴镜庄	胜利区北街8号		玻璃镜庄业	何承忠	400	800	2	1
义和兴五金行	长春区大马路3号		五金贩卖业	杨平林	2,000	27,000	1	3
义和药店	头道沟区南京大街5号		中药贩卖业	张春荣	3,360	9,420	1	3

店铺名称	地址	主要产品	经营类别	经理姓名	固定资金（万元）	流动资金（万元）	职工人数 职员	职工人数 工人
义和永	长春区东四马路54号		食品杂货贩卖业	魏殿元	400	500	1	3
义和长	长春区永春路17号		食品杂货贩卖业	刘瑞兰	300	1,200	1	1
义和长酱园	胜利区东三道街24-2号	酱类	酱、酱油、醋酿造业	孙裕民	3,000	7,000	4	1
义华五金行	长春区大马路1-8号		五金贩卖业	李鸣春	100	300	1	
义聚成	和顺区东盛路19号		饭店业	罗文	100	180	1	5
义聚成粉子房	和顺区临河街26号	粉子	淀粉制造业	孙兆春	400	1,600	3	3
义聚东	长春区东三马路34号		食品杂货贩卖业	周麟波	50	3,000	1	4
义聚隆	头道沟区贵阳街29号		食品杂货贩卖业	傅志涛	80	70	1	2
义聚永	胜利区东长春大街59号		食品杂货贩卖业	孙学义	200	400	1	1
义良工厂	长春区新春街3组	男女皮鞋	皮鞋制造业	赵振华	300	1,100	1	3
义隆号	长春区大马路2段10号		食肉贩卖业	张子君	200	500	2	
义升馆	胜利区东头道街20号		饭店业	莘峻峰	200	400	1	2
义生号	胜利区大经路17号		五金贩卖业	刘义庆	1,000	5,000	1	1

店铺名称	地址	主要产品	经营类别	经理姓名	固定资金（万元）	流动资金（万元）	职工人数 职员	职工人数 工人
义生庆	胜利区民康路92号		食品杂货贩卖业	崔义臣	100	200	1	2
义胜药房	长春区长春街31组		中药贩卖业	孙维家	100	100	1	
义盛东	和顺区惠通路6号		饭店业	王义发	180	120	1	2
义盛号	胜利区重庆路127号		饭店业	王祖义	650	250	1	2
义盛炉	长春区东安街4组	铁勺	铁匠炉业	王寿南	100	200	1	
义盛炉	和顺区东盛街39组		铁匠炉业	叶殿武	100	200	1	2
义盛炉	大西区民主街1组		铁匠炉业	赵凤岐	50	100	1	
义盛炉	胜利区民康街27号		铁匠炉业	赵士章	100	100	1	1
义盛炉	头道沟区广南街18组	蹄铁	蹄铁业	王子声	100	50	1	1
义盛炉	宽城区柏沟街3组	蹄铁	蹄铁业	史庆余	100	100	1	1
义盛炉	东荣区远达路1510号	蹄铁	蹄铁业	刘汝金	100	100	1	1
义盛五金行	长春区西五马路20号		五金贩卖业	陈希章	2,000	12,000	3	2
义盛长	头道沟区黄河路20号		食品杂货贩卖业	董兰廷	300	300	1	1

店铺名称	地址	主要产品	经营类别	经理姓名	固定资金（万元）	流动资金（万元）	职工人数	
							职员	工人
义盛长药店	吉林马路49号	中药	中药贩卖业	张仁甫	100	900	1	2
义顺昌	和顺区吉林马路15号		食品杂货贩卖业	舒永荣	300	800	1	1
义顺东	胜利区东大经街41组		粮米贩卖业	李宝贵	400	1,000	1	1
义顺发	中华区重庆街25组		食品杂货贩卖业	张顺海	200	300	1	1
义顺合	胜利区大经路23号		食品杂货贩卖业	杨子清	200	800	1	3
义顺客栈	胜利区北街80组		旅馆业	张渊亭	400		2	1
义顺隆	头道沟区汉口街2段4号	粉子	淀粉制造业	田志轩	1,200	2,300	1	6
义顺炉	东荣区太有路1554号	车瓦	铁匠炉业	高长富	40	360	1	
义顺炉	胜利区东三道街10号	蹄铁	蹄铁业	于长义	200	200	1	1
义顺炉	头道沟区长白路5段2号	蹄铁	蹄铁业	王治荣	100	100		
义顺兴	胜利区重庆路35号		食品杂货贩卖业	刘兰珠	250	550	1	
义顺园	长春区东六马路8号		饭店业	刘绍堂	150	150	1	1
义顺源	和顺区东站北官舍街32		饭店业	张宗舜	400	300	1	2

店铺名称	地址	主要产品	经营类别	经理姓名	固定资金（万元）	流动资金（万元）	职员	工人
义泰祥	胜利区大经街5段1号		鲜货贩卖业	李岁清	150	200	1	1
义香园合记	长春区大马路31号1段		饭店业	范云阁	120	60	1	1
义祥表店	长春区大马路4段7号		钟表修理贩卖业	李义祥	300	200	1	
义新文具店	长春区大马路1-4		书籍文具贩卖业	刘兆桐	500	1,300	1	1
义信昌书局	胜利区南大街16号		书籍文具贩卖业	孔承公	1,000	4,000	1	1
义兴昌	长春区东三马路		食品杂货贩卖业	任东江	200	200	1	1
义兴成	头道沟区长江路25号		饭店业	安玉海	100	200	1	3
义兴成	胜利区重庆路220号		食品杂货贩卖业	林同义	800	700	1	1
义兴成	东荣区新业街4号	古物	古物贩卖业	王文阁	400	500	1	
义兴春饭店	长春区光复市场4号		饭店业	马金璞	200	150	1	2
义兴东	和顺区岭东路18号		食品杂货贩卖业	刘静如	40	250	1	1
义兴发	胜利区民康街39号		古物贩卖业	杨绍湘	1,000	1,000	1	1
义兴合古物商	胜利区自强街10号	古物	古物贩卖业	刘凤枝	200	600	1	

续 表

店铺名称	地址	主要产品	经营类别	经理姓名	固定资金（万元）	流动资金（万元）	职工人数	
							职员	工人
义兴和药局	宽城区菜市街3组	中药	中药贩卖业	马兴发	800	700	1	1
义兴厚酱园	胜利区东三道街55号	酱类	酱、酱油、醋酿造业	袁兴洲	2,250	5,250	2	2
义兴久	长春区福禄街20号		食品杂货贩卖业	才荣久	350	450	1	1
义兴隆铁行	长春区东四马路76号		古物贩卖业	王占峰	300	2,200	1	
义兴炉	和顺区岭东路1-5号	蹄铁	蹄铁业	刘开泉	200	100	1	1
义兴盛大车店	胜利区文庙街63组		大车店业	王作文	500		2	3
义兴洋服店	头道沟区长江路4段28	洋服	被服缝纫业	桑春林	250	30	1	
义兴永	胜利区全安街28号		饭店业	李克聪	400	300	1	1
义兴永	胜利区南大街114号		食品杂货贩卖业	张百川		3,000	1	2
义兴源	长春区光复市场18-1		食品杂货贩卖业	马笠文	150	550	1	
义兴源	宽城区菜市街18号		食品杂货贩卖业	才治文	200	550	1	
义兴长	胜利区南大街4号		华洋杂货贩卖业	葛建修	1,000	6,000	1	3
义兴长	中华区重庆街6组		食品杂货贩卖业	曹文昌	300	400	1	1

店铺名称	地址	主要产品	经营类别	经理姓名	固定资金（万元）	流动资金（万元）	职工人数 职员	职工人数 工人
义永昌	胜利区重庆路122号		食品杂货贩卖业	李锡林	200	500	1	1
义友打字机工业	头道沟区贵阳街39号		文具制造业	王和远	2,500	500	1	3
义增厚	头道沟区黑水路2号		山海杂货贩卖业	李惠群	1,500	4,500	2	3
艺风社	长春区大马路1段23		钟表修理贩卖业	毕书成	300	200	1	3
艺光靴鞋修理店	中华区重庆路8-3号	便鞋	鞋类制造业	梁长敏	50	150	1	1
艺光邮票处	胜利区南大经路11组		商杂业	邓庆余	1,000	500	1	
艺光照相馆	胜利区南大街2段34号		照相业	计海臣	300	100	1	
艺华刻字局	长春区大马路3段9号		刻字	张肇魁	200	300	1	
艺华鞋店	长春区西四马路61号	皮鞋	皮鞋制造业	李克义	300	200	1	2
艺华修表店	胜利区重庆路223号		钟表修理贩卖业	王才升	400	100	1	
艺华洋服店	胜利东二道街67号	洋服	被服缝纫业	孙维礼	700		1	2
艺华照相馆	长春区大马路4号		照相业	徐士贤	1,200	500	1	1
艺华制墨工厂	胜利区北大经街27组	墨汁	文具制造业	李清云	1,000	2,700	1	3

店铺名称	地址	主要产品	经营类别	经理姓名	固定资金（万元）	流动资金（万元）	职工人数 职员	职工人数 工人
艺轮书局	长春区大马路4号		书籍文具贩卖业	梁成富	2,000	13,000	2	1
艺生工业	长春区新春街32组	便鞋	鞋类制造业	宋玺琳	200	400	1	
艺术刻字局	长春区大马路3段5号		刻字	孙维亭	80	120	1	1
艺术钟表店	胜利区北大经街3段3号		钟表修理贩卖业	张毓生	40	20	1	
艺文钟表刻字	头道沟区辽宁路1段1号		钟表修理贩卖业	鲍秉申	200	100	1	
艺影表店	胜利区大经路14号		钟表修理贩卖业	于昌明	100	20	1	
艺影照相馆	胜利区大经路2段3号		照相业	孙捷	500	300	1	1
艺友化学工业	胜利区全安街85号	乒乓球	文具制造业	贾文庆	1,000	2,000	1	2
忆味香	胜利区民康街105组		饭店业	张立相	200	200	1	2
异香居	胜利区北大街1段8号		饭店业	时效仁	500	500	1	1
易兴商店	长春区新民胡同2号之1		烟卷贩卖业	李仲仁	200	2,300	1	3
益昌表店	长春区东四马路1段4号		钟表修理贩卖业	安锦魁	95	189	1	
益昌表店	中华区重庆路202号		钟表修理贩卖业	周安吉	100		1	

店铺名称	地址	主要产品	经营类别	经理姓名	固定资金（万元）	流动资金（万元）	职工人数	
							职员	工人
益昌商行	胜利区长春大街25号		五金贩卖业	张敬一	800	4,700	1	1
益昌栈	胜利区文庙街2组		旅馆业	何富	5,000	500	1	2
益昌钟表刻字店	头道沟区长江路1段9号		钟表修理贩卖业	孙福	300	250	3	
益成表店	中华区兴安大路618号		钟表修理贩卖业	孙纯成	70	30	1	
益成厚	长春区新春路176号		鞋帽贩卖业	白秀山	200	2,000	1	1
益春号	长春区西五马路24号	古物	古物贩卖业	刘勤孝	1,000	3,000	1	3
益发德	胜利区东三马路56号		五金贩卖业	方国柱	500	8,500	3	2
益发东	长春区桃源街12组		中药贩卖业	孙佐贤	3,500	4,000	1	2
益发和	胜利区南大街12号		中药贩卖业	贾占廷	1,250	4,000	1	2
益发酱业同记制造厂	胜利区重庆路1段10号	酱类	酱、酱油、醋酿造业	李树田	3,000	1,825	2	6
益发隆	长春区桃源路46组		食品杂货贩卖业	马贵良	250	200	1	
益发祥肉店	长春区长通路23号		食肉贩卖业	马守义	100	200	1	1
益发兴	中华区重庆路606		食品杂货贩卖业	齐克成	100	300	1	1

续表

店铺名称	地址	主要产品	经营类别	经理姓名	固定资金（万元）	流动资金（万元）	职工人数	
							职员	工人
益发长	和顺区吉林马路55号	中药	中药贩卖业	刘振国	800	700	1	1
益丰长	长春区东天街50组		中药贩卖业	邢荣增	800	1,200	1	
益合公小铺	长春区永长路28号		食品杂货贩卖业	刘志远	75	275	1	1
益合永	和顺区吉林马路5号		食品杂货贩卖业	高天顺	50	150	1	
益华商店	长春区大马路4段8号		华洋杂货贩卖业	杨伯敏	300	1,200	1	2
益华洋服店	头道沟南京大街2段18号	洋服	被服缝纫业	郭锡纯	500	500	1	1
益康商店	长春区西马路	泰商场内	食品杂货贩卖业	董永益	100	500	1	
益隆行工厂	头道沟区广州路3段64号	酱类	酱、酱油、醋酿造业	张有维	1,000	500	1	1
益民文具店	长春区大马路3-8号		书籍文具贩卖业	曲林一	200	700	1	
益民鞋店	长春区东天街408号	便鞋	鞋类制造业	张义山	100	200	1	2
益民洋服店	头道沟区黄河路5-3	洋服	被服缝纫业	所贯州	400	20	1	
益群酱园	长春区东三马路3-2号		食品杂货贩卖业	刘赛程	500	1,500	1	3

店铺名称	地址	主要产品	经营类别	经理姓名	固定资金（万元）	流动资金（万元）	职工人数	
							职员	工人
益群商店	长春区新春街52号		华洋杂货贩卖业	程一智	200	800	1	1
益群书店	胜利区清明街125号		书籍文具贩卖业	常百祥	100	1,400	1	1
益生文具店	胜利区南大经路15号		书籍文具贩卖业	林永堂	1,100	6,500	1	
益生源	长春区新民街16组		粮米贩卖业	裴馨山	1,630	7,250	2	3
益生长	长春区新春街173号	便鞋	鞋类制造业	王慎生	3,500	1,000	1	1
益盛合	中华区重庆街17组		食品杂货贩卖业	陈文轩	800	300	1	1
益盛园	胜利区西三道街65号		饭店业	高广敬	500	200	1	6
益顺成小铺	胜利区重庆路129号		食品杂货贩卖业	刘述富	100	300	1	1
益顺德	大经路13号		食品杂货贩卖业	韩乐春	100	200	1	
益顺公	和顺区吉林马路65号	中药	中药贩卖业	杜尚勤	900	1,200	2	2
益顺酱园	头道沟区吴松路3段24号	酱类	酱、酱油、醋酿造业	田树屏	150	150	1	1
益泰永	长春区西四马路21号		食品杂货贩卖业	胡善品	1,000	3,000	2	6

续 表

店铺名称	地址	主要产品	经营类别	经理姓名	固定资金（万元）	流动资金（万元）	职工人数 职员	职工人数 工人
益文商行	胜利区西四马路 2-7 之 1 号		书籍文具贩卖业	焦增级	200	1,500	2	1
益新商店	胜利区重庆路 125 号		食品杂货贩卖业	翟永烈	500	500	1	1
益新文具店	胜利区大经路 35 号		书籍文具贩卖业	王顺祥	100	2,900	1	
益信隆	胜利区南大街 26 号		食品杂货贩卖业	朱国荣	600	10,000	1	3
益兴昌	长春区大马路 4 段 8 号		华洋杂货贩卖业	郝苹田	300	1,000	1	
益兴成小铺	胜利区大经路 36 号		食品杂货贩卖业	宋凤阿	100	500	2	
益兴达	长春区西四马路 34 号		食品杂货贩卖业	刘魁铺	500	2,000	1	1
益兴东	长春区大马路 6 号		食品杂货贩卖业	张玉海	500	700	1	
益兴号	头道沟区上海路 38 组	古物	古物贩卖业	孙照明	50	350	1	1
益兴炉	宽城区胜利街 1 组	蹄铁	蹄铁业	李咸德	50	100	1	3
益兴商店	头道沟区上海路 39 号		食品杂货贩卖业	杜荫棠	600	400	1	1
益兴堂药房	中华区重庆路 705 号		中药贩卖业	杜凤仪	700	300	1	1
益兴文具店	长春区大马路 38		书籍文具贩卖业	张秉义	400	2,162	1	

店铺名称	地址	主要产品	经营类别	经理姓名	固定资金（万元）	流动资金（万元）	职工人数	
							职员	工人
益兴长药店	胜利区西三马路48号		中药贩卖业	杜仲	1,000	500	1	1
益源长药店	长春区东大桥街6组		中药贩卖业	刘汉生	700	2,370	1	1
益智书店	胜利区北大街1-7号		书籍文具贩卖业	宋毅	1,800	8,200	2	3
意和长洋服店	胜利区南大经街38组	洋服	被服缝纫业	赵干财	320		1	
意盛炉	和顺区东盛路13号	锄板	铁匠炉业	杨凤起	100	150	1	
银波照相馆	头道沟区胜利街3段8号		照相业	宋来贵	1,000	500	1	1
英光西服店	头道沟区广州路1段11号	洋服	被服缝纫业	王条士	200	30	1	1
英华鞋店	胜利区文庙街63组	便鞋	鞋类制造业	刘英魁	300	1,000	1	
英林商店	宽城区菜市街10号		华洋杂货贩卖业	马新德	200	600	2	3
英兴号	胜利区北街37号		山海杂货贩卖业	李荫宽	624	3,366	1	3
迎宾旅馆	头道沟区长白路16号		旅馆业	卜亚东	4,000	1,155	1	2
迎光照相馆	头道沟区长江街1段13号		照相业	屈长江	1,000	500	1	

续 表

店铺名称	地址	主要产品	经营类别	经理姓名	固定资金（万元）	流动资金（万元）	职工人数	
							职员	工人
瀛洲旅馆	长春区西五马路79号		旅馆业	刘蓬岚	2,300	360	2	3
影声照相馆	胜利区西四马路2段32号		照相业	王守先	1,500	1,000	1	2
永安福小铺	头道沟区贵阳街21号		食品杂货贩卖业	刘茂生	600	1,200	1	1
永安刻字局	宽城区仁爱路6段2号		刻字	杨永安	250	50	1	
永昌号	长春区东三马路16426号		服装估衣贩卖业	张泽民	100	300	1	
永昌厚	长春区大马路1-6号		书籍文具贩卖业	姜秉善	100	900	1	
永昌刻字局	长春区长通路1段21号		刻字	邵永昌	50	50	1	
永昌盛	中华区永昌街403号		鲜货贩卖业	李惠英	100	800	1	2
永昌五金行	头道沟区长江路2-19		五金贩卖业	孙裕修	1,300	8,718	1	2
永昌衣帽工厂	长春区东三马路175号	被服	被服缝纫业	于子深	1,000	3,000	1	2
永昌照相馆	中华区永昌路424号		照相业	陈学礼	650	150	1	
永昌钟表刻字店	胜利区重庆路312号		钟表修理贩卖业	徐明德	350	150	1	1

店铺名称	地址	主要产品	经营类别	经理姓名	固定资金（万元）	流动资金（万元）	职工人数	
							职员	工人
永长久	胜利区南大街20号		食品杂货贩卖业	刘汉清	400	3,000	1	3
永长青小铺	胜利区文庙街19组		食品杂货贩卖业	董振南	300	400	1	1
永长顺	胜利区永吉街77组		食品杂货贩卖业	李长廷	50	100	1	1
永长铁炉	长春区新民街9组	蹄铁	蹄铁业	范杰	300	450	1	3
永成炉	和顺区临河二条街5号	鞋钉	铁匠炉业	谢永成	40	80	1	1
永成烟行	长春区新民胡同38号		烟卷贩卖业	郝恩		2,000	1	2
永成长	长春区东四马路93号		食品杂货贩卖业	张祥升	500	1,500	1	1
永成照相材料店	长春区大马路3段8号		照相业	吴大非		600	1	
永春号	长春区大马路15号		食品杂货贩卖业	张永春	50	150	1	
永春号	头道沟区南京大街4－12号		食品杂货贩卖业	杨春山	200	800	1	2
永春合	胜利区永春路33-2号		粮米贩卖业	张输书	300	1,500	3	
永春商场	胜利区南大经街4组		粮米贩卖业	和永东	8,000	17,000	2	

续表

店铺名称	地址	主要产品	经营类别	经理姓名	固定资金（万元）	流动资金（万元）	职工人数	
							职员	工人
永春长	头道沟区东三条街25号		靴鞋材料贩卖业	韦春林	300	4,700	1	3
永春长	胜利区西四马路4-1号		中药贩卖业	冯永吉	700	1,400	2	1
永春长	长春区新民街16组		粮米贩卖业	王文启	1,000	3,000	1	4
永大酱油工厂	长春区永长路1段27号	酱类	酱、酱油、醋酿造业	崔寒友	1,500	5,500	1	4
永大刻字局	长春区大马路1段5号		刻字	王佐麟		100	1	
永大商店	胜利区吉林大路402号		干货贩卖业	刘永正	400	1,200	1	3
永德厚	胜利区南大街9号		食品杂货贩卖业	严毓林	1,280	4,720	1	3
永德长	长春区同乐路3号		食品杂货贩卖业	马昆山	200	200	1	
永德钟表刻字店	长春区大马路4段38号		钟表修理贩卖业	王永德	200	300	1	1
永发昌	宽城区北五条街7号		食肉贩卖业	刘同学	100	500	1	1
永发成	中华区同志路424号		食品杂货贩卖业	张良驰	70	130	1	1
永发成	胜利区西二道街33号		食品杂货贩卖业	王耀廷	50	150	1	1
永发东	长春区柳明路72号		饭店业	杨起有	200	100	1	1

店铺名称	地址	主要产品	经营类别	经理姓名	固定资金（万元）	流动资金（万元）	职工人数	
							职员	工人
永发东	长春区东安街247号		食品杂货贩卖业	史王氏	50	150	1	1
永发合	长春区永春路17号		水产贩卖业	王永存	300	200	2	
永发合	长春区永长路33组		食品杂货贩卖业	王治武	150	300	1	1
永发合	胜利区平治街35组		古物贩卖业	陈合利	500	1,500	1	1
永发合小铺	和顺区临河街32号		食品杂货贩卖业	陈试汉	50	150	1	
永发酱园	头道沟区宁波路5号		食品杂货贩卖业	祝广华	150	250	1	
永发客栈	头道沟区东二条街37组		旅馆业	杨耀有	435	15	1	2
永发魁	长春区东二马路21号		饭店业	郑福堂	500	300	1	
永发炉	和顺区临河四条街46号	鞋钉	铁匠炉业	王永成	50	50	1	
永发肉铺	长春区永春路2段5号		食肉贩卖业	邢树和	300	1,000	1	1
永发盛	胜利区西三马路65号		食品杂货贩卖业	牛景山	50	1,500	1	1
永发盛肉铺	长春区东天街1组		食肉贩卖业	杨子升	150	250	1	
永发祥肉铺	宽城区菜市街14组		食肉贩卖业	杨锡三	50	300	2	

续 表

店铺名称	地址	主要产品	经营类别	经理姓名	固定资金（万元）	流动资金（万元）	职工人数	
							职员	工人
永发兴	长春区新春街8组		粮米贩卖业	赵锦秀	400	2,800	1	4
永发兴代燃木柈厂	长春区新立街49组	薪材	薪柴业	姜佐周	1,200	3,800	1	3
永发兴小铺	胜利区平治街122号		食品杂货贩卖业	李兴仁	100	200	1	1
永发园	和顺区吉林路65号		饭店业	王起	50	100	1	1
永发长	长春区新春街31号		服装估衣贩卖业	李树长	100	2,000	1	
永发长	长春区新春街8组		粮米贩卖业	郭庆长	500	2,500	1	4
永发长	宽城区柏沟路4组		食肉贩卖业	程明远	100	400	1	1
永发长	胜利区永吉街36号		食品杂货贩卖业	张永	200	150	1	
永发长	胜利区重庆路5号		食品杂货贩卖业	于英川	250	100	1	
永丰表店	长春区大马路4段8号		钟表修理贩卖业	马树堂	300	2,500	2	
永丰昌	长春区桃源路201号		食品杂货贩卖业	郝永善	200	600	1	1
永丰酱园	胜利区全安街28号	酱类	酱、酱油、醋酿造业	王仁则	4,400	17,600	4	6
永蚨祥	长春区长通街46组		粮米贩卖业	田金城	400	1,100	1	2

店铺名称	地址	主要产品	经营类别	经理姓名	固定资金（万元）	流动资金（万元）	职工人数	
							职员	工人
永福小铺	胜利区自强街32号		食品杂货贩卖业	陈玉林	150	200	1	4
永合公	中华区重庆街21组		食品杂货贩卖业	于志鹏	300	200	1	2
永合利	头道沟区东二条街30组		食品杂货贩卖业	慕日成	150	500	1	1
永合肉铺	胜利区永春路41号		食肉贩卖业	李得五	100	700	1	2
永合兴	胜利区全安街59组		粮米贩卖业	崔国林	400	1,100	1	1
永合长	中华区永昌东街7组		粮米贩卖业	刘荣福	150	500	1	2
永和酱园	头道沟区珠江路3段3-2号	酱类	酱、酱油、醋酿造业	单江	2,819	4,509	1	4
永和旅馆	头道沟区东二条街39组		旅馆业	潘兆玉	500		2	1
永和肉铺	头道沟区长江市场内		食肉贩卖业	刘录书	50	150	1	
永和商店	胜利区清明街34组		粮米贩卖业	刘慧庭	200	800	1	1
永和生	长春区东六马路23组		靴鞋材料贩卖业	生金林	307	3,693	3	
永和长	宽城区菜市南街14组		食肉贩卖业	张德	100	200	1	1

店铺名称	地址	主要产品	经营类别	经理姓名	固定资金（万元）	流动资金（万元）	职工人数	
							职员	工人
永吉小铺	胜利区东三道街30号		食品杂货贩卖业	刘耀	140	460	1	1
永久鞋店	长春区大马路33号1	皮鞋	皮鞋制造业	马世凯	350	550	1	1
永久鞋店	胜利区重庆路315号	便鞋	鞋类制造业	单德福	400	200	2	3
永聚和	长春区东四马路53号	古物	古物贩卖业	米贵和	400	1,150	1	
永聚炉	胜利区永吉街52组		铁匠炉业	邓常海	180	70	1	5
永聚祥铁炉	长春区东四马路83号	菜刀	铁匠炉业	陈赵氏	1,300	1,300	1	4
永来花店	胜利区文庙街68组		旅馆业	赵玉和	280		1	1
永来旅社	胜利区北大经街63组		旅馆业	车丕英	500	50	1	2
永乐卿	胜利区文庙街19组		饭店业	董布荣	200	300	2	6
永力炉	东荣区新业街7组		铁匠炉业	张岱昆	150	100	1	1
永立号	头道沟区长江路1-4号		食品杂货贩卖业	丁永春	800	1,900	1	4
永利表店	长春区新春街24号		钟表修理贩卖业	胡志良	200	100	2	1
永利东	胜利区西五马路181号		食品杂货贩卖业	刘松亭	150	350	1	1

店铺名称	地址	主要产品	经营类别	经理姓名	固定资金（万元）	流动资金（万元）	职工人数	
							职员	工人
永利兴工厂	长春区新春街31组	便鞋	鞋类制造业	赵永利	2,000	500	1	1
永茂摄影兼修表	胜利区中街8组		照相业	王鸿壁	1,950	1,050	1	1
永茂合资商店	和顺区安乐路35号		食品杂货贩卖业	李永山	500	3,500	1	6
永茂商行	头道沟区黄河路4-16		食品杂货贩卖业	翟凌阁	250	1,750	1	1
永茂盛小铺	头道沟区南大经街4－5号		食品杂货贩卖业	迟文宗	300	400	1	1
永茂兴	胜利区西四道街101号		食品杂货贩卖业	王文兆	100	600	1	1
永茂洋服店	长春区东长春大街119号	洋服	被服缝纫业	王玉修	400	50	1	1
永明文具店	胜利区大经路15号		书籍文具贩卖业	陈子明	100	3,000	1	
永平旅馆	长春区东四马路53号		旅馆业	滕焕章	500		1	2
永清刻字局	胜利区大经路33号		刻字	胡永清	20	60		
永升茂	胜利区北大街25号		食品杂货贩卖业	蒋凤魁	500	400	1	
永升茂	中华区兴安街14组		食品杂货贩卖业	王明阳	150	150	1	

续表

店铺名称	地址	主要产品	经营类别	经理姓名	固定资金（万元）	流动资金（万元）	职工人数	
							职员	工人
永生福	胜利区大经路32号		食品杂货贩卖业	芦有贵	150	900	1	2
永生号	长春区大马路4段8号		华洋杂货贩卖业	李荫繁	300	800	1	
永生西药房	胜利区大经路5号		西药贩卖业	吴琪	500	1,200		1
永生祥	头道沟区长江路市场		食肉贩卖业	吴克谦	50	450	1	1
永生洋服店	东荣区开封街9组	洋服	被服缝纫业	王希义	200	18	1	1
永生药房	东荣区永宁路5号	中药	中药贩卖业	姜兴勃	600	300	1	
永生源	头道沟区珠江路2-5号		食品杂货贩卖业	王永明	100	200	1	
永生长	和顺区东盛路25号		食品杂货贩卖业	范文生	200	500	1	1
永生长小馆	胜利区西三道街70号		饭店业	陈长广	50	150	1	2
永胜电汽石商行	中华区重庆街14组		商杂业	邢光治	300	6,500	2	
永胜洋服店	长春区东天街33组	洋服	被服缝纫业	吴江	400	50	1	
永胜园	和顺区吉林大马路29号		饭店业	张祝三	70	130	1	1
永盛东	头道沟区长江路21号		食品杂货贩卖业	滕永仁	200	400	1	

店铺名称	地址	主要产品	经营类别	经理姓名	固定资金（万元）	流动资金（万元）	职工人数 职员	职工人数 工人
永盛发	长春区新民路3号		食肉贩卖业	谭国和	150	350	1	1
永盛发	胜利区民康街81组		食品杂货贩卖业	宋进德	800	700	1	1
永盛古物商	胜利区全安街63-1号	古物	古物贩卖业	赵清俊	700	2,300	2	1
永盛号	长春区老市场3号		服装估衣贩卖业	李书春		400	1	
永盛客栈	胜利区文庙街3组		旅馆业	施永利	100		1	1
永盛炉	胜利区民康路452号		铁匠炉业	郭长春	50	50	1	
永盛炉	胜利区文庙街6组	蹄铁	蹄铁业	牟芝兰	100	100	1	1
永盛商店	长春区东七马路2号		食品杂货贩卖业	李云清	100	400	1	1
永盛文具店	胜利区重庆路210号之1		书籍文具贩卖业	强宝林	1,000	5,000	1	1
永盛祥	长春区长通路39号		食品杂货贩卖业	陈宪永	100	250	1	
永盛兴	东荣区开封路6号		食品杂货贩卖业	毛鹤春	300	500		4
永盛兴	胜利区民康街34组		食品杂货贩卖业	郑永忠	300	400	1	1
永盛洋服店	长春区东门里街25号	洋服	被服缝纫业	李树芳	600	400	1	2

店铺名称	地址	主要产品	经营类别	经理姓名	固定资金（万元）	流动资金（万元）	职工人数 职员	职工人数 工人
永盛园	头道沟区长白路1段1号		饭店业	苗新同	200	400	1	5
永盛源	长春区西四马路8号		饭店业	金宗林	1,350	300	2	2
永盛源	长春区福禄街19号		食品杂货贩卖业	王永山	50	150	1	1
永盛长	中华区兴安大路425号		书籍文具贩卖业	刘桂春	100	300	1	
永顺	长春区西四马路1号		饭店业	回连俊	300	100	1	2
永顺昌	长春区新春街8组		粮米贩卖业	张富顺	50	450	1	1
永顺德	胜利区民康街20组		粮米贩卖业	王国瑞	100	400	1	1
永顺德	长春区西五马路16号		古物贩卖业	刘永杭	100	3,900	1	1
永顺炉	宽城区柳影街20组	农具	铁匠炉业	朱志	200	150	1	
永顺祥煎饼铺	头道沟区汉口路4号		饭店业	王春祥	150	100	1	1
永顺兴	长春区新民街42组	古物	古物贩卖业	段陶化	100	500	1	
永顺长	和顺区东站街8组	古物	古物贩卖业	张永谦	200	500	1	3
永泰和	长春区西四马路27号		食品杂货贩卖业	崔世坤	100	300	1	1

续 表

店铺名称	地址	主要产品	经营类别	经理姓名	固定资金（万元）	流动资金（万元）	职工人数 职员	职工人数 工人
永泰刻字局	头道沟区宁波路3段54号		刻字	吴成安	20	50	1	
永田洋服店	长春区东门路19号	洋服	被服缝纫业	杨永田	300	50	1	
永祥发	胜利区全安街127组		食品杂货贩卖业	裴善学	300	900	1	1
永祥肉铺	宽城区菜市街20		食肉贩卖业	常万章	50	350	1	1
永新号	中华区兴安街10组		食品杂货贩卖业	王万年	100	100	1	2
永兴表店	胜利区至善路5号		钟表修理贩卖业	杨玉洁	150	50	1	
永兴大车店	和顺区和顺街36号		大车店业	李庆春	200	50	2	1
永兴德	长春区永春路37		食肉贩卖业	张树山	500	1,000	1	1
永兴东	胜利区西四马路2-2号		食品杂货贩卖业	王丕坤	50	8,000	1	
永兴福	长春区长通街45组		鲜货贩卖业	刘铭三	300	1,200	1	4
永兴和	头道沟区黄河路4-2号		食品杂货贩卖业	李殿文	150	350	1	2
永兴花店	胜利区南街29组		旅馆业	赵长又		100	2	
永兴居	长春区新春街21号		饭店业	路永泉	150	150	1	3

店铺名称	地址	主要产品	经营类别	经理姓名	固定资金（万元）	流动资金（万元）	职工人数	
							职员	工人
永兴旅馆	长春区东小五马路34号		旅馆业	韩旭东	6,300	400	2	3
永兴顺	头道沟区长江路1-3号		书籍文具贩卖业	邹常丰	1,000	4,500	1	2
永兴行	头道沟区胜利大街2-12号		书籍文具贩卖业	王英才	300	1,200	1	
永兴义	胜利区三义胡同1号	兼炭柴	食品杂货贩卖业	赵云鹏	100	700	1	1
永兴长	胜利区南街33组		食品杂货贩卖业	潘长柱	100	400	1	1
永义浆子馆	头道沟区胜利大街19号		饭店业	孔春亭	200	600	1	5
永义商店	胜利区吉林马路12号		粮米贩卖业	王永幸	500	700	2	
永有文具店	长春区大马路1-18		书籍文具贩卖业	田新奋	665	7,335	2	1
永元长小铺	胜利区全安街3号		食品杂货贩卖业	宁广哲	300	700	1	1
永源发	胜利区西三道街54号		食品杂货贩卖业	徐义能	100	300	1	1
永远东	和顺区东站街43号		食品杂货贩卖业	杨志	100	200	1	1
永远和	长春区永春路71号		水产贩卖业	孟宪才	200	200	1	2

店铺名称	地址	主要产品	经营类别	经理姓名	固定资金（万元）	流动资金（万元）	职工人数	
							职员	工人
永远旅馆	胜利区北大经街42组		旅馆业	李振远	300		1	1
永远盛	胜利区全安街10组		食品杂货贩卖业	吴焕文	300	400	1	
永远兴	长春区西四马路26号		饭店业	赵锡光	600	200	1	4
永远长	头道沟区南京大街12号		食品杂货贩卖业	李清远	1,500	2,000	1	
永增盛	长春区长通路41号		食肉贩卖业	马顺山	150	150	1	
永增兴	胜利区自强街15号		食品杂货贩卖业	李向阳	300	200	1	1
永增长	胜利区西三道街2号	铜制品	铜制品业	李根才	300	700	1	2
永正号药局	中华区东桂林路417		中药贩卖业	杨永芳	250	350	1	1
涌聚号	胜利区南大街17号		华洋杂货贩卖业	李子安	3,000	12,000	9	2
涌源号	长春区东长春大街205号		食品杂货贩卖业	王高氏	300	500	1	1
友良钟表刻字局	胜利区二马路1段3号		钟表修理贩卖业	苟荫良	350	150	1	2
西山书局	中华区兴安大路1-7号		书籍文具贩卖业	金镜琛	200	1,800	1	1

续 表

店铺名称	地址	主要产品	经营类别	经理姓名	固定资金（万元）	流动资金（万元）	职工人数	
							职员	工人
又新生大车店	和顺区信和街40号		大车店业	侯玉章	5,300	100	2	1
榆秀旅馆	头道沟区宁波路3段5号		旅馆业	金学峰	400	100	1	2
雨时堂	长春区东二道街98组		中药贩卖业	王雨时	100	500	1	
雨田商店	胜利区北大街1段20号		刻字	张承郁	500	4,000	1	
禹久商店	长春区大马路26号		华洋杂货贩卖业	苗绍禹	150	700	2	
玉财洋服店	头道沟区广州路1段19号	洋服	被服缝纫业	刘凡玉	250	50	1	1
玉昌表店	头道沟区长江路2段13号		钟表修理贩卖业	周玉山	500	700	2	
玉昌盛	胜利区全安街48组		食品杂货贩卖业	裴善文	500	300	1	6
玉成德	长春区东三马路164号		陶瓷器贩卖业	刘玉润	300	2,000	1	1
玉成号	头道沟区上海路43号		食品杂货贩卖业	吕璐魁	350	650	1	1
玉成号	胜利区通化路85号		食品杂货贩卖业	石华亭		100	1	
玉成旅社	头道沟区珠江路4段13号		旅馆业	殷振东	1,350		1	3

店铺名称	地址	主要产品	经营类别	经理姓名	固定资金（万元）	流动资金（万元）	职工人数	
							职员	工人
玉成祥	胜利区南大经街2-19号		烟卷贩卖业	杨玉琦	400	8,800	2	2
玉成园	头道沟区贵阳街12号		饭店业	尹纯文	700	150	1	4
玉德兴古铁商	宽城区菜市街1号	古物	古物贩卖业	高玉茂	200	1,000	1	2
玉东鞋店	胜利区北街	皮鞋	皮鞋制造业	黄玉堂	150	50	1	1
玉发东	中华区康平街201-4号	古物	古物贩卖业	刘升	300	100	1	1
玉发盛	长春区东三马路162号		服装估衣贩卖业	郭海峰	500	1,000	1	
玉发盛小馆	中华区兴安大路129号		饭店业	李玉	1,000	500	7	4
玉发祥	长春区桃源街38组		食品杂货贩卖业	陶玉山	500	2,500	1	1
玉丰东	头道沟区松江路18组		食品杂货贩卖业	吕文	100	400	1	
玉丰号	长春区兴运路53号		食品杂货贩卖业	李玉丰	100	250	1	1
玉丰祥	胜利区全安街8组		山海杂货贩卖业	沈玉温	300	1,700	1	1
玉峰刻字店	长春区大马路2段19号		刻字	赵玉峰	200	280	1	1
玉凤翔	长春区桃源路301号		食品杂货贩卖业	杜玉璋	100	400	1	1

店铺名称	地址	主要产品	经营类别	经理姓名	固定资金（万元）	流动资金（万元）	职工人数	
							职员	工人
玉合成	长春区兴运路1组		中药贩卖业	柴俊玉	300	500	1	1
玉合成小铺	头道沟区黑水路226号		食品杂货贩卖业	马占一	150	250	1	1
玉和祥	头道沟区东三条街19号		饭店业	王玉琮	100	150	1	2
玉鸿达	胜利区全安街90组		食品杂货贩卖业	陈鹏久	200	800	1	1
玉华表店	长春区六马路44号		钟表修理贩卖业	张玉琨	150	150	1	
玉华商店	长春区大马路4段8号		华洋杂货贩卖业	赵常清	300	1,100	1	2
玉华鑫鞋店	长春区桃源街52组	皮鞋	皮鞋制造业	张玉棋	500	300	1	1
玉朗笔工厂	和顺区吉林马路33号	毛笔	文具制造业	关玉朗	100	400	1	2
玉良号	头道沟区辽北路5号		食品杂货贩卖业	滕玉良	300	700	1	2
玉美香	长春区西四马路8号		饭店业	杨玉	2,500	500	2	4
玉明春	长春区西四马路35号		饭店业	刘子玉	300	250	1	3
玉泉永	宽城区和平路7号		饭店业	刘发	50	300	1	1
玉山鱼店	头道沟区长江路市场2号		水产贩卖业	刘玉山	50	100	1	

店铺名称	地址	主要产品	经营类别	经理姓名	固定资金（万元）	流动资金（万元）	职工人数 职员	职工人数 工人
玉升成	宽城区菜市街11组		食品杂货贩卖业	都起升	150	650	1	1
玉升东	头道沟区厦门路2-1号		食品杂货贩卖业	张庆有	100	500	1	1
玉升号	和顺区东站街25组		食品杂货贩卖业	刘升邦	200	400	1	1
玉生炉	东荣区迁安街552号	锄头	铁匠炉业	李熙武	150	150	1	2
玉生源	胜利区南岭大路18号		食品杂货贩卖业	赵国君	500	200	1	1
玉盛发	宽城区富丰街3组		食肉贩卖业	杨文志	100	400	1	2
玉盛酱园	长春区东安屯街12号	酱类	酱、酱油、醋酿造业	王玉福	300	300	1	1
玉盛炉	胜利区平治街171号	蹄铁	蹄铁业	周俊卿	200	100	1	2
玉盛茂	长春区东天街16号		食品杂货贩卖业	何庆芳	100	100	1	2
玉盛永	长春区兴运路15之4号		食品杂货贩卖业	李玉通	100	150	1	
玉顺店	长春区东门路52号		旅馆业	田子丰	450	50	1	1
玉顺馆	长春区桃源路5号		饭店业	王广成	150	150	1	1
玉顺和	东荣区开封街3组	中药	中药贩卖业	赵宝成	1,050	1,250	1	1

续表

店铺名称	地址	主要产品	经营类别	经理姓名	固定资金（万元）	流动资金（万元）	职工人数	
							职员	工人
玉顺炉	和顺区吉林大路24组	蹄铁	蹄铁业	王玉泉	200	100	1	2
玉香村	宽城区开封街1段42号		饭店业	刘玉南	200	300	1	4
玉新客栈	长春区桃源路108号		旅馆业	赵玉琦	200	200	2	1
玉兴东	胜利区西四道街148号		食品杂货贩卖业	郭玉玺	500	100	1	1
玉兴东	胜利区北街35号		食品杂货贩卖业	张玉田	100	3,900	1	5
玉兴东	头道沟区胜利大街5-12号		食品杂货贩卖业	张鸿庆	1,000	200	1	1
玉兴魁	长春区东六马路8号	古物	古物贩卖业	孙广富	250	2,000	1	
玉兴炉	宽城区胜利街16组	蹄铁	蹄铁业	李德禄	50	100	1	3
玉源成	胜利区全安街44号		华洋杂货贩卖业	杨国成	70	380	1	1
玉远斋食品店	胜利区永春路37号		食品杂货贩卖业	翟汝田	1,000	1,000	1	
玉长号	中华区西永昌街9组11号		食品杂货贩卖业	杨玉璋	200	200	1	
玉振客店	长春区太平街34号		旅馆业	刘文衡	100	100	1	1

店铺名称	地址	主要产品	经营类别	经理姓名	固定资金（万元）	流动资金（万元）	职工人数 职员	职工人数 工人
育民书店	胜利区西四马路2-7号		书籍文具贩卖业	洛仁培	300	1,700	1	2
遇春诊疗所	胜利区文长街65号		中药贩卖业	李遇春	100	100	1	
裕昌隆	胜利区南大街1-22号		五金贩卖业	颜景茂	2,000	49,199	5	2
裕昌隆	头道沟区东四条街22号		食品杂货贩卖业	王顺古	180	170	1	1
裕昌泰	全安街8组		食品杂货贩卖业	刘宝田	500	3,500	1	2
裕成炉	长春区东天街1段19号	菜刀	铁匠炉业	李万堂	1,000	500	1	2
裕成祥	胜利区西四马路33号		食品杂货贩卖业	马呈瑞	200	300	1	1
裕大被服工厂	胜利区北大经街93号	被服	被服缝纫业	韩梦石	1,200	300	6	8
裕大文具店	长春区大马路4-8号		书籍文具贩卖业	姜仪亭	500	1,500	1	
裕发酱园	长春区东三马路158号	酱类	酱、酱油、醋酿造业	张际盛	20,000	18,500	2	10
裕发盛	头道沟区东一条街36号		食品杂货贩卖业	周永顺	100	200	1	1
裕发祥	胜利区清明街49组		食品杂货贩卖业	彭洪滨	250	500	2	
裕丰大车店	和顺区东盛路2号		大车店业	杜革非	400		1	1

续 表

店铺名称	地址	主要产品	经营类别	经理姓名	固定资金（万元）	流动资金（万元）	职工人数	
							职员	工人
裕丰德化学工业	长春区新春街6组	钢笔水	文具制造业	原玉亭	1,500	2,500	1	3
裕丰东	长春区大马路8号		陶瓷器贩卖业	梁鸿志	100	400	1	1
裕丰工厂	胜利区西四马路154号	被服	被服缝纫业	高仲显	200		3	3
裕丰号	胜利区大经路4号		五金贩卖业	胡维国	1,200	8,800	1	2
裕丰号	长春区大马路5段16号		华洋杂货贩卖业	张业裕		300	1	2
裕丰厚	胜利区自强街20组		食品杂货贩卖业	宋向阳	50	450	1	3
裕丰厚	胜利区南街43组		食品杂货贩卖业	曹克仁	400	300	1	1
裕丰久	长春区永春路43号		食品杂货贩卖业	辛国良	150	1,350	1	2
裕丰祥	宽城区菜市街10组		食品杂货贩卖业	张文敏	500	700	1	
裕和利新记药店	宽城区柳影路817号	中药	中药贩卖业	杨孝先	900	1,600	2	1
裕和利药店	宽城区宋家洼子街22号		中药贩卖业	杨耀忠	1,000	3,000	1	1
裕鸿昌	和顺区安乐路6号		食品杂货贩卖业	王鸿宾	100	50	1	
裕厚长	长春区东三马路		服装估衣贩卖业	赵裕厚	400	800	1	

店铺名称	地址	主要产品	经营类别	经理姓名	固定资金（万元）	流动资金（万元）	职工人数	
							职员	工人
裕华	胜利区北大街16组		古物贩卖业	于子敬	900	300	1	
裕华表店	和顺区和顺路80号		钟表修理贩卖业	陈起云	100	100	1	
裕华废纸厂	长春区东三马路3-2号	古物	古物贩卖业	宫海泉	200	500	3	
裕华号	胜利区至善街66之10		食品杂货贩卖业	赵振志	500	500	1	1
裕华泰	头道沟区珠江路4-7号		食品杂货贩卖业	郑高氏	300	400	1	
裕华鞋店	长春区西四马路33号	皮鞋	皮鞋制造业	高继林	500	500	1	2
裕华鞋店	中华区重庆路606号	便鞋	鞋类制造业	孙吉祥	50		1	
裕华鞋店	长春区新民街33号	便鞋	鞋类制造业	高继林	500	500	1	
裕华斋	胜利区南大街2段39号		钟表修理贩卖业	陈东和	100	500	1	1
裕康五金行	头道沟区胜利大街3-16号		五金贩卖业	姜世德	1,000	4,500	1	1
裕民表店	长春区大马路1段17号		钟表修理贩卖业	陈裕民	200	200	1	1
裕民大车店	宽城区柏沟街51组		大车店业	张凤岐	300	100	1	3
裕民饭馆	长春区燕春胡同8号		饭店业	王立源	100	100	4	

店铺名称	地址	主要产品	经营类别	经理姓名	固定资金（万元）	流动资金（万元）	职工人数	
							职员	工人
裕民粮业	长春区永春路56号		粮米贩卖业	魏裕民	1,500	2,500	2	4
裕民商店	头道沟区长江路18号		华洋杂货贩卖业	商裕强	100	800	2	
裕民小铺	胜利区文庙街47组		食品杂货贩卖业	王维民	100	900	1	3
裕民鞋靰店	长春区大马路4号		鞋帽贩卖业	李少敏	300	1,600	1	
裕民烟行	长春区新民胡同38号		烟卷贩卖业	李叔业		1,000	1	1
裕民洋服店	胜利区重庆路1段6-1号	洋服	被服缝纫业	杜宝余	300	100	1	
裕民纸厂	头道沟区广州路1段14号	古物	古物贩卖业	蔺程九	500	1,000	1	2
裕民制肉厂	胜利区南大街30组		食肉贩卖业	刘相臣	400	200	1	2
裕升栈	胜利区西四道街45号		旅馆业	郭长林	200	100	1	
裕生富	胜利区中街21组		食品杂货贩卖业	孙永富	150	650	1	
裕盛东	胜利区至善街19组		干货贩卖业	谭文海	500	700	1	1
裕盛隆	胜利区文庙街1组		食品杂货贩卖业	张承盛	150	350	1	1
裕顺东盛记	胜利区大经路3段55号		古物贩卖业	泰元山	600	1,400	2	1

店铺名称	地址	主要产品	经营类别	经理姓名	固定资金（万元）	流动资金（万元）	职工人数	
							职员	工人
裕顺铜	胜利区西四道街3号	铜制品	铜制品业	孙万金	200	800	1	
裕顺兴	长春区兴运路62号		食品杂货贩卖业	张宗亭	500	1,000	1	1
裕泰福	长春区长通路127号		食品杂货贩卖业	孙传玉	200	300	1	
裕泰号	长春区东三马路30号		食品杂货贩卖业	郑云峰	50	650	2	
裕泰隆	头道沟区胜利大街13号		华洋杂货贩卖业	李玉麟	350	1,450	1	
裕泰兴	头道沟区南京大街4-13号		食品杂货贩卖业	史业辉	300	400	1	2
裕通酱园	头道沟区长白路2段24号	酱类	酱、酱油、醋酿造业	杨子义	1,000	1,000	2	7
裕祥铜回记	胜利区东天街38号	铜制品	铜制品业	尚选三	100	400	1	2
裕祥铜铺	胜利区东天3段38号	铜制品	铜制品业	刘凤春	200	1,800	1	1
裕兴东	和顺区和顺街1组		粮米贩卖业	康万珍	500	1,500	2	2
裕兴饭店	胜利区全安街吉林马路43组		饭店业	姜希斌	100	120	1	1
裕兴号	长春区大马路5段16号		华洋杂货贩卖业	刘声远		1,000	1	1

续　表

店铺名称	地址	主要产品	经营类别	经理姓名	固定资金（万元）	流动资金（万元）	职员	工人
裕兴和	宽城区菜市街10组		食品杂货贩卖业	王化民	250	350	1	
裕兴厚	头道沟区胜利大街4-22号		食品杂货贩卖业	祁景贤	500	2,500	1	2
裕兴隆	头道沟区北平18号		食品杂货贩卖业	黄凤	100	400	1	1
裕兴炉	和顺区岭东路14号	鞋钉	铁匠炉业	尹佐廷	150	150	1	4
裕兴源	中华区兴安街8组		食品杂货贩卖业	齐清山	500	1,500	1	2
裕元商店	和顺区东盛路15号		书籍文具贩卖业	王子元	150	650	1	
裕源成	长春区长通街45组		鲜货贩卖业	艾西园	200	1,600	1	2
裕源公银楼	长春区大马路6号		金银首饰贩卖业	刘荣久	300	12,000	3	8
裕增大	胜利区南大街9号		中药贩卖业	孙正	300	1,200	1	2
裕增德	长春区东门路190号		食品杂货贩卖业	梁三本	75	225	1	1
裕增长	胜利区西三道街21号		中药贩卖业	王化民	2,500	2,000	2	1
裕哲祥	胜利区至善街19组		粮米贩卖业	计裕绵	500	650	1	2
元合发	永春路3段15号		食肉贩卖业	高绪元		150	1	

店铺名称	地址	主要产品	经营类别	经理姓名	固定资金（万元）	流动资金（万元）	职工人数	
							职员	工人
元亨丰	宽城区柳影街20组	中药	中药贩卖业	贾亨年	350	650	1	
元华牧场	中华区同志街2段44号		商杂业	刘元华	200	100	1	
元级昌	和顺区第三街51号		食品杂货贩卖业	李进三	150	100	1	1
元记鞋铺	宽城开封路50号	便鞋	鞋类制造业	王文用	350	35	1	
元茂兴	长春区新春街7组		食品杂货贩卖业	李殿元	200	700	1	1
元生利	头道沟区东二条街30组		食品杂货贩卖业	戚秉茂	200	800	2	1
元信号	宽城区宋家街20组		食品杂货贩卖业	陈子铃	50	150	1	
元兴银楼	长春区大马路4段1-2		金银首饰贩卖业	朴占元	4,500	8,000	4	4
元增祥	长春区东来北街		食品杂货贩卖业	王殿魁	300	450	1	1
源昌号	长春区东三马路161号		鞋帽贩卖业	王庆元	200	800	1	1
源发盛	和顺区东盛路29号		食品杂货贩卖业	毕国栋	400	1,100	1	2
源发兴	胜利区大经路1-5号	粉子	淀粉制造业	王墨林	6,200	1,800	1	2
源发长	长春区新春23组		服装估衣贩卖业	郭清源	300	1,000	1	1

店铺名称	地址	主要产品	经营类别	经理姓名	固定资金（万元）	流动资金（万元）	职员	工人
源发长	胜利区南大街13号		山海杂货贩卖业	刘泽民	500	6,976	2	1
源丰鞋店	长春区大马路9号		鞋帽贩卖业	孙渭臣	1,900	12,600	2	1
源聚盛	长春区新春街1组		食品杂货贩卖业	刘一安	300	700	2	1
源隆商行	长春区大马路5-7号		家具贩卖业	范文徵	350	10,000	1	4
源茂商店	头道沟区汉口街1组		粮米贩卖业	张芝九	300	600	1	2
源茂五金行	头道沟区长江路1-4号		五金贩卖业	李辅庭	1,150	12,630	2	2
源盛福	长春区长通路129号		食品杂货贩卖业	乔心一	300	300	1	1
源盛鞋铺	长春区大马路17号		鞋帽贩卖业	李汇川	300	1,400	1	
源盛长	胜利区南街36号		山海杂货贩卖业	刘占元	300	1,500	1	1
源盛长	胜利区永春路65号		食肉贩卖业	杨美盛	300	400	1	
源泰成药店	宽城区柳影路814号	中药	中药贩卖业	岳维崇	300	200	1	
源泰商行	头道沟区胜利大街16号		五金贩卖业	潘舒心	600	4,200	1	3
源兴昌	长春区西四马路1号		食品杂货贩卖业	李希古	800	200	1	

店铺名称	地址	主要产品	经营类别	经理姓名	固定资金（万元）	流动资金（万元）	职工人数	
							职员	工人
源兴东	长春区东天市场7号		食肉贩卖业	刘永祥	500	500	1	1
源兴东	长春区向阳路95号		食品杂货贩卖业	方书有	50	350	1	1
源兴东	和顺区东盛六条5号		食品杂货贩卖业	刘文轩	200	500	1	3
源兴号	长春区长通路36号		食品杂货贩卖业	李治平	800	1,000	1	2
源兴商店	长春区大马路3段8号		华洋杂货贩卖业	陈殿杰	300	800	1	1
源兴洋服店	头道沟区香港路33号	洋服	被服缝纫业	李嘉才	500	80	1	3
源兴永	和顺区东站街26组	酱类	酱、酱油、醋酿造业	魏春德	150	250	1	1
源兴长	头道沟区胜利大街4-26号		食品杂货贩卖业	解德耀	1,790	4,210	2	3
源增永	和顺区吉林马路29号		食品杂货贩卖业	王俭	150	150	1	
远东刻字社	胜利区全安街6组		刻字	赵国栋	30	20	1	
远东洋服店	头道沟区胜利大街27号	洋服	被服缝纫业	邢振远	450	50	1	
岳山文具店	长春区大马路3-8号		书籍文具贩卖业	周岳山	500	2,000	1	1
悦来宾	长春区长通路36组		饭店业	邢世义	50	100	1	2

续 表

店铺名称	地址	主要产品	经营类别	经理姓名	固定资金（万元）	流动资金（万元）	职工人数	
							职员	工人
悦来兴栈	头道沟区长白路1段10号		旅馆业	祖兴洲	3,000		3	6
云成祥	胜利区北街2段21号		玻璃镜庄业	王瑞云	400	2,400	1	2
云峰工厂	头道沟区东二条街2-12号	便鞋	鞋类制造业	马福林	300	200	1	3
云龙栈	和顺区东盛路2号		大车店业	程云龙	200	80	1	3
云茂洋服店	头道沟区黄河路24号	洋服	被服缝纫业	朱云岫	300		1	1
云棋洋服店	长春区大马路3段4号	洋服	被服缝纫业	周廷仲	350		1	
云生利	和顺区民丰一条1号		食品杂货贩卖业	和云高	150	100	1	2
运秀钟表刻字局	中华区重庆路613号		钟表修理贩卖业	刘运秀	1,180	20	1	1

Z

店铺名称	地址	主要产品	经营类别	经理姓名	固定资金（万元）	流动资金（万元）	职工人数	
							职员	工人
赞成文具店	宽城区菜市街20组		书籍文具贩卖业	吴赞成	240	410	1	
泽广药房	长春区新民街33组		西药贩卖业	时泽广	700	5,000	1	

店铺名称	地址	主要产品	经营类别	经理姓名	固定资金（万元）	流动资金（万元）	职工人数 职员	职工人数 工人
增发祥	长春区东大桥街1组		粮米贩卖业	宋秉学	140	800	1	1
增和钟表店	长春区大马路1段39号		钟表修理贩卖业	纪寿人	285	100	1	
增利铁匠炉	胜利区永吉街20组		铁匠炉业	宋增贵	200	200	1	
增茂成	胜利区西三道街22号		古物贩卖业	曹兴臣	200	1,050	1	
增升祥	长春区西三马路9号		食品杂货贩卖业	王希贤	100	400	1	
增盛号小铺	头道沟区黑水路7-4号		食品杂货贩卖业	于荃嘉	120	180	1	1
增盛牛肉铺	长春区永春路117号		食肉贩卖业	杨义轩	600	200	1	
增盛商店	头道沟区天津路3-2之2号		食品杂货贩卖业	曲锡三	350	650	1	1
增盛祥	长春区永春市场85号		食肉贩卖业	王秉祥	400	300	1	2
增盛勇	长春区新春街18组		粮米贩卖业	刘裕民	880	2,580	1	4
增顺兴	长春区大马路3段3号		玻璃镜庄业	冯启滋	500	4,000	1	1
增泰成	胜利区南街24号		食品杂货贩卖业	李海廷	1,700	7,950	2	3
增育堂	胜利区东三道街53号		中药贩卖业	王辅臣	2,500	3,500	4	9

店铺名称	地址	主要产品	经营类别	经理姓名	固定资金（万元）	流动资金（万元）	职工人数 职员	职工人数 工人
张祥泰洋服店	头道沟区胜利大街2段13号	洋服	被服缝纫业	张贵献	1,000	100	1	3
肇兴久鱼店	胜利区南关市场68号		水产贩卖业	张景轩	900	500	1	1
真不同饭店	长春区东门路101号		饭店业	胡麟符	300	500	1	3
祯祥西装店	胜利区大经路7段2-6	洋服	被服缝纫业	赵祯	350	50	1	1
臻祥肉铺	头道沟区长江路市场		食肉贩卖业	鲁殿臻	50	250	1	1
振昌大车店	长春区桃源路27号		大车店业	高振声	750	45		
振昌商店	胜利区中街4组		食品杂货贩卖业	杨振远	200	2,300	1	1
振昌五金行	长春区大马路43号		五金贩卖业	刘荫槐	1,000	31,000	2	2
振昌洋服店	头道沟区上海路2段29	洋服	被服缝纫业	丁雨松	400	50	1	1
振大便鞋工厂	长春区东长春大街208号	布鞋	鞋类制造业	杨鹤龄	500	2,500	1	6
振东表店	和顺区东盛路22号		钟表修理贩卖业	袁海臣	200	200	1	1
振东号小铺	头道沟区东一条街19号		食品杂货贩卖业	李璠	100	400	1	2

店铺名称	地址	主要产品	经营类别	经理姓名	固定资金（万元）	流动资金（万元）	职工人数	
							职员	工人
振东号照相馆	头道沟区长江路3段21号		照相业	邹振元	700	500	1	
振东文具店	长春区大马路4-8号		书籍文具贩卖业	王吉庆	500	2,500	1	1
振东鞋帽店	长春区东三马路22号		鞋帽贩卖业	王栋	100	500	1	1
振东鞋铺	长春区长通街29组	布鞋	鞋类制造业	张振东	400	200	1	3
振东洋服店	和顺区吉林马路52号	洋服	被服缝纫业	康旭东	250	50	1	
振光照相馆	长春区新春街15号		照相业	李文华	900	300	1	1
振华洋服店	胜利区永春路95号	洋服	被服缝纫业	王绍忠	400	50	1	1
振华钟表眼镜行	长春区东三马路4段14号		钟表修理贩卖业	彭世华	3,609	9,341	2	4
振山商行	长春区东四马路37号	古物	古物贩卖业	安秀山	140	1,128	1	1
振声工厂	长春区西六马路小胡同12号	便鞋	鞋类制造业	单景凯	30	70	1	
振声炉	东荣区迁安街11号	蹄铁	蹄铁业	戈振声	200	100	1	2
振声元	长春区永春路3号		食品杂货贩卖业	李宝玉	400	2,300	1	2

续表

店铺名称	地址	主要产品	经营类别	经理姓名	固定资金（万元）	流动资金（万元）	职工人数 职员	职工人数 工人
振盛涌	胜利区北街19组	酱类	酱、酱油、醋酿造业	曹兰斋	1,000	500	1	1
振泰恒	头道沟区东四条街31号		山海杂货贩卖业	孙秉钧	1,000	4,000	1	1
振兴表店	和顺区东盛路23号		钟表修理贩卖业	陈凤鸣	100	30	1	
振兴昌皮鞋店	胜利区北街	皮鞋	皮鞋制造业	杨象朱	500	700	1	2
振兴成	和顺区吉林马路61号		食品杂货贩卖业	马功成	60	70	1	1
振兴成	胜利区民康路65号		食品杂货贩卖业	张振起	300	200	1	1
振兴达	胜利区大经路7段19号	古物	古物贩卖业	胡振刚	300		1	1
振兴德	宽城区柳影街南三条	粉子	淀粉制造业	姜国振	300	100	1	1
振兴德	中华区白菊街2组		食品杂货贩卖业	方振来	200	400	1	1
振兴东	和顺区东盛路21号		食品杂货贩卖业	王永兴	200	800	1	2
振兴东	宽城区菜市街10组		食品杂货贩卖业	侯低臣	600	1,400	1	2
振兴福	头道沟区厦门路3-1号		食品杂货贩卖业	张振国	300	300	1	1
振兴工艺社	长春区新春街3组		照相业	郭延平	60		1	1

店铺名称	地址	主要产品	经营类别	经理姓名	固定资金（万元）	流动资金（万元）	职工人数	
							职员	工人
振兴古物商	胜利区大经路4段78号		古物贩卖业	刁复彬	700	2,300	1	3
振兴馆	长春区东天市场75号		饭店业	李振茗	150	150	1	2
振兴号	长春区兴运路4号		食品杂货贩卖业	阴振兴	100	200	2	
振兴号小铺	头道沟区宁波路2-94号		食品杂货贩卖业	隋鸣振	150	150	1	1
振兴花店	长春区东七马路36组		旅馆业	刘万春	360	200	1	
振兴久	长春区永春路37号		水产贩卖业	李兴久	800	300	1	3
振兴隆	胜利区北街28号		玻璃镜庄业	刘玉生	500	2,500	1	1
振兴隆	长春区永春路2段7号		食肉贩卖业	王刘氏	200	700	1	2
振兴隆	长春区东四道街17号		食肉贩卖业	从振财	1,000	1,500	1	2
振兴隆	中华区清和街26组		食品杂货贩卖业	郭智田	250	250	1	2
振兴隆	头道沟区天津路4-1号		食品杂货贩卖业	李士行	150	250	1	1
振兴商场铁笔社	长春区大马路4段8号		刻字	陶福堂	100	300	1	
振兴商场职工餐厅	长春区大马路4段8号		饭店业	王玉臣	400	200	1	3

续 表

店铺名称	地址	主要产品	经营类别	经理姓名	固定资金（万元）	流动资金（万元）	职工人数	
							职员	工人
振兴商店	头道沟区东二条街30组		粮米贩卖业	席方	40	500	1	1
振兴商店	长通街45组		鲜货贩卖业	郭振书	200	3,800	1	2
振兴商店	头道沟区黄河路3-11号		食品杂货贩卖业	陈锡九	300	500	1	1
振兴铁炉	长春区东天街22号		铁匠炉业	刘振才	300	300	1	2
振兴洋服店	中华区重庆路701号	洋服	被服缝纫业	吴鸿钧	700		1	3
振兴永	头道沟区黄河路3-16号		食品杂货贩卖业	王维经	100	100	1	1
振兴勇酱肉铺	长春区长春大街22号		饭店业	荆毓善	300	300	1	2
振兴园	和顺区吉林大马路82号		饭店业	郝殿玉	100	100	1	2
振兴源	头道沟区长江路1-2号		食品杂货贩卖业	刘万才	370	1,830	1	1
振兴钟表刻字局	宽城区菜市街9组		钟表修理贩卖业	宋福荣	60	10	1	
振业洋服店	头道沟区长江路37-1号	洋服	被服缝纫业	萧维芳	400		1	
振远兴	长春区上海路47号		古物贩卖业	曹振远	150	2,270	1	2
振长隆酱园	胜利区清明街209号		食品杂货贩卖业	韩诚	200	500	1	1

店铺名称	地址	主要产品	经营类别	经理姓名	固定资金（万元）	流动资金（万元）	职工人数	
							职员	工人
震中照相馆	头道沟区长江商场内二楼		照相业	王东吉	500	100	1	1
镇兴长	长春区东三马路164号		鞋帽贩卖业	李镇维	50	2,250	2	
镇宗合	头道沟区安东路2-1号		食品杂货贩卖业	杨峰亭	150	350	1	1
正昌号洋服店	头道沟区胜利大街2段5号	洋服	被服缝纫业	赵宏时	300	100	1	
正昌商店	中华区兴安街11组		食品杂货贩卖业	张殿正	200	200	1	1
正大号	头道沟区珠江路29号	兼布业	食品杂货贩卖业	杨玲	400	1,600	1	1
正大镜庄	胜利区西二道街83之1号		玻璃镜庄业	戚芝钧	700		3	2
正大旧书纸商行	头道沟区厦门街5组		古物贩卖业	邵大权	150	1,650	1	
正大书局	头道沟区长江路16号		书籍文具贩卖业	盛百川	1,000	19,000	1	2
正发合	胜利区全安街25号		山海杂货贩卖业	卢向阳	300	1,700	2	2
正光号	长春区大马路8号		华洋杂货贩卖业	葛学堂	300	1,900	1	
正华西服店	中华区康平街3组	洋服	被服缝纫业	冷起芳	450		1	

店铺名称	地址	主要产品	经营类别	经理姓名	固定资金（万元）	流动资金（万元）	职工人数 职员	工人
正化文具店	长春区大马路4-8		书籍文具贩卖业	张安吉	200	800	1	1
正茂号炸糕铺	头道沟区长江路2号		饭店业	朱云青	80	70	1	3
正时钟表行	长春区大马路4段8号		钟表修理贩卖业	吕胜芳	200	1,500	1	2
正文社	头道沟区上海路85号		书籍文具贩卖业	戚亚民	600	1,400	1	1
正祥小铺	头道沟区厦门路20组		食品杂货贩卖业	巨作楫	100	200	1	
正兴号	中华区重庆街6组		食品杂货贩卖业	刘直臣	300	400	1	2
正兴隆炉	长春区东四马路55号	斧子	铁匠炉业	王毓葛	500	1,500	1	1
正兴炉	长春区新民街10组	斧子	铁匠炉业	商来田	400	1,600	1	1
正兴银楼	长春区大马路4段5-2号		金银首饰贩卖业	李纯辅	6,000	4,000	3	4
正阳楼	长春区大马路2段16号		食肉贩卖业	李永泉	500	1,000	1	3
正义商店	中华区重庆路409号		食品杂货贩卖业	王慧	100	400	1	2
正义文具店	长春区大马路4-8		书籍文具贩卖业	孙运连	300	1,200	1	3
正云楼	头道沟区贵阳街26号		食肉贩卖业	黄庆沾	850	1,050	1	3

店铺名称	地址	主要产品	经营类别	经理姓名	固定资金（万元）	流动资金（万元）	职工人数	
							职员	工人
郑发炉	长春区东四马路48号	菜刀	铁匠炉业	郑茂盛	300	300	1	
知味馆	长春区西四马路1段5号		饭店业	秋美章	2,670	2,100	2	4
旨元美术社	长春区新民街23组		照相业	王旨元	200	30	1	
至中商店	胜利区北大街30号		粮米贩卖业	高士先	500	2,500	1	1
志成号	长春区长通路1号		食品杂货贩卖业	曹世清	200	200	1	3
志成铁炉	和顺区东站街		铁匠炉业	阎墨洲	200	200	1	1
志成文具店	长春区大马路4-21		书籍文具贩卖业	杨志厚	500	3,500	1	
志成祥	胜利区西三马路3号		食品杂货贩卖业	王志祥	100	900	1	1
志成永小铺	长春区东三马路116		食品杂货贩卖业	郭介民	200	300	1	1
志诚东	长春区桃源路307号		食品杂货贩卖业	王树堂	150	750	1	1
志诚号	头道沟区胜利街32组		食品杂货贩卖业	邹志诚	100	400	1	
志诚号冰果店	长春区大马路3段2号	冰果	清凉饮料制造业	李国桢	3,500	1,000	1	3
志诚号小铺	胜利区平志街25号		食品杂货贩卖业	魏志成	100	300	1	1

店铺名称	地址	主要产品	经营类别	经理姓名	固定资金（万元）	流动资金（万元）	职工人数	
							职员	工人
志诚兴玻璃店	长春区大马路4段29号		玻璃镜庄业	阎志华	300	2,200	1	
志发号	胜利区重庆路314号		食品杂货贩卖业	张鹏	200	300	1	1
志发炉	和顺区东盛街1组		铁匠炉业	孙义恩	100	100	1	1
志发永小铺	长春区东长春大街1-18号		食品杂货贩卖业	宁玉兰	50	250	1	1
志和昌	胜利区大经路20号		中药贩卖业	张耀彬	600	1,800	1	2
志和永	长春区桃源路241号		食品杂货贩卖业	李魁先	400	300	1	1
志华洋服店	头道沟区珠江路4段15号	洋服	被服缝纫业	曲作珍	350	20	1	1
志明食品店	中华区康平街10组		食品杂货贩卖业	王古家	500	300	1	
志明洋服店	胜利区南街28组	洋服	被服缝纫业	苏显明	300	20	1	
志仁药局	胜利区大经路1号		西药贩卖业	蔡英超	1,000	3,500	1	1
志山成	头道沟区广南街25组		食品杂货贩卖业	李志山	400	350	1	1
志生东	长春区大马路14号		五金贩卖业	于范五	2,000	19,470	2	3

店铺名称	地址	主要产品	经营类别	经理姓名	固定资金（万元）	流动资金（万元）	职工人数	
							职员	工人
志生文具店	长春区大马路3-8号		书籍文具贩卖业	张志超	200	800	1	
志生洋服店	长春区永春路3段15号	洋服	被服缝纫业	王志生	350		1	
志盛兴	胜利区东三道街21号		食品杂货贩卖业	王宗毓	100	400	1	1
志泰盛五金行	头道沟区胜利大街8号		五金贩卖业	王济民	1,943	34,910	3	4
志文合	胜利区平治街160		食品杂货贩卖业	许守海	200	100	1	1
志祥号	胜利区西长春大街201号		食品杂货贩卖业	陈永泰	200	600	1	1
志兴炉	长春区桃源街7组		铁匠炉业	魏学诗	100	100	1	2
志兴永	中华区康平街21组		食品杂货贩卖业	陈志洲	100	200	1	
志英钟表店	胜利区大经路2段2-2		钟表修理贩卖业	刘学融	150	50	1	
志源号	中华区建和街202号		食品杂货贩卖业	张志	100	250	1	1
志源兴	东五条街21号		食品杂货贩卖业	张有林	400	400	1	2
志远诚	胜利区吉林大马路19之2		食品杂货贩卖业	康善绪	200	5,000	1	2
志远洋服店	头道沟区天津路12号	洋服	被服缝纫业	严殿才	250		1	1

店铺名称	地址	主要产品	经营类别	经理姓名	固定资金（万元）	流动资金（万元）	职工人数	
							职员	工人
志远洋服店	胜利区文庙街14组	洋服	被服缝纫业	袁锡金	300	50	1	
志忠盛	胜利区大经路24号		食品杂货贩卖业	关宗荫	130	270	1	1
治兴成	长春区永春路13号		陶瓷器贩卖业	王治富	200	1,000	1	
致诚药房	头道沟区东三条街57号		中药贩卖业	马绍斌	1,200	2,300	2	
致德钢笔水工厂	头道沟区广州路3段2号	钢笔水	文具制造业	张梦九	100	650	1	1
致和祥	胜利区大经路90号		食品杂货贩卖业	乔致和	80	120	1	1
致美居	头道沟区长白路5号		饭店业	柳钟泰	400	200	1	7
致美楼饭店	头道沟区长江路6号		饭店业	王凤云	700	300	2	4
致美斋	长春区西四马路37号		饭店业	高照文	800	400	2	6
致生远	东荣区迁安路502号	中药	中药贩卖业	于志远	550	450	1	
致祥钟表眼镜修理店	中华区重庆路701号		钟表修理贩卖业	范致祥	200	100	1	
智盛祥	胜利区吉顺街9号		食品杂货贩卖业	李维智	300	150	1	2

店铺名称	地址	主要产品	经营类别	经理姓名	固定资金（万元）	流动资金（万元）	职工人数	
							职员	工人
智兴洋服店	头道沟区长江路2段65号	洋服	被服缝纫业	高智	300		1	
智远鞋店	宽城开封路1649号	便鞋	鞋类制造业	张智远	500		1	2
中大茶庄	长春区大马路19号		茶叶贩卖业	王福财	300	3,200	2	
中大刻字钟表店	胜利区北大街1段80号		钟表修理贩卖业	吕永声	200	100	1	1
中大西药房	头道沟区胜利大街6号		西药贩卖业	孟秀媛	300	1,000	1	1
中法药房	长春区新春街2组		西药贩卖业	宋志华	3,018	6,748	1	2
中丰五金电料行	长春区大马路14号		五金贩卖业	刘锡武	750	11,250	2	3
中孚商店	长春区大马路4-8号		书籍文具贩卖业	于玉嘉	200	800		1
中孚五金行	长春区大马路17号		五金贩卖业	贾玉卿	1,500	18,500	3	5
中复钟表店	头道沟区宁波路3段25号		钟表修理贩卖业	金容晟	100		1	
中国茶社	长春区大马路19号		影剧院娱乐场业	孙品卿	1,400	100	1	12
中国军服店	头道沟区新发路205号	被服	被服缝纫业	程连余	450	50	1	

续 表

店铺名称	地址	主要产品	经营类别	经理姓名	固定资金（万元）	流动资金（万元）	职工人数	
							职员	工人
中国西药房	长春区新春街2组		西药贩卖业	马德明	100	2,500	1	1
中合车行	胜利区西二道街16组		大车店业	李芳洲	100	150	1	3
中和居饭铺	胜利区东三道街9号		饭店业	朱永和	200	300	1	3
中和商店	胜利区北大街1号		食品杂货贩卖业	程致和	300	1,200	2	1
中和兴	头道沟区胜利大街3-17号		食品杂货贩卖业	刘俊章	50	250	1	1
中和兴	长春区大马路2-5号		食品杂货贩卖业	王玉峰	1,000	1,000	2	
中和园	胜利区西三马路2段36号		饭店业	刘恩远	500	500	1	4
中华服装工厂	头道沟区广西街7组	被服	被服缝纫业	姜云卿	400	100	1	1
中华军服厂	胜利区北大经街21组	被服	被服缝纫业	修铭启	500	50	1	1
中华客栈	长春区东天街1段13号		旅馆业	刘彦	1,100	30	1	
中华客栈	胜利区全安街5组		旅馆业	李发中		200	1	1
中华旅社	胜利区北大经街30组		旅馆业	马登川	1,200		1	1

店铺名称	地址	主要产品	经营类别	经理姓名	固定资金（万元）	流动资金（万元）	职工人数	
							职员	工人
中华西药房	长春区新立街50组		西药贩卖业	刘文质	2,300	19,700	1	1
中华鞋店	长春区东天街202号	布鞋	鞋类制造业	陈字隆	100	50	1	
中华鞋店	头道沟区长江路9号		鞋帽贩卖业	许子衡	100	2,250	1	1
中华栈	头道沟区长白路37号		旅馆业	张玉林	300	20	2	1
中利鞋店	头道沟区东二条街21组	便鞋	鞋类制造业	朱传福	200	100	1	1
中连车店	胜利区全安街47号		大车店业	吕道忠	500		1	
中联照相馆	头道沟区胜利街4段3号		照相业	林家庆	800	400	1	1
中美商店	头道沟区斯大林大街3-13号		食品杂货贩卖业	李岐山	400	600	1	2
中美西药部	长春区新民街33组		西药贩卖业	张国祯	280	1,220	3	1
中明商行	胜利区西长春大街3-67号		书籍文具贩卖业	苏魁文	2,200	30,000	1	3
中升炉	长春区兴运街59号	菜刀	铁匠炉业	王福五	150	350	1	4
中升栈大车店	和顺区东盛路20号		大车店业	朱殿芳	300	100	1	4

店铺名称	地址	主要产品	经营类别	经理姓名	固定资金（万元）	流动资金（万元）	职工人数	
							职员	工人
中盛号	头道沟区北平大路2-4		食品杂货贩卖业	王执中	150	350	1	
中顺号	长春区东三马路162号		服装估衣贩卖业	刘梦科	100	500	1	
中文书局	中华区重庆大路409号		书籍文具贩卖业	薛烂周	50	250	1	1
中午表店	长春区大马路4段8号		钟表修理贩卖业	霍锦辉	200	300	1	1
中西药房	长春区新春街30组		西药贩卖业	李香萍	1,300	19,700	2	2
中鲜旅馆	长春区西六马路100-8号		旅馆业	张外述	300		1	1
中鲜面屋	头道沟区上海路33号		饭店业	李太旭	400	100	2	4
中祥号	头道沟区东一条街40号		食肉贩卖业	尹中逵	50	300	1	1
中兴表店	胜利区北大街1段39号		钟表修理贩卖业	李清阁	250	100	1	2
中兴东	长春区永长路18-1号		古物贩卖业	张玉琨	300	2,000	1	1
中兴和	头道沟区东二条街30组		食品杂货贩卖业	丁治中	200	800	1	2
中兴酱园	胜利区民康路403号	酱类	酱、酱油、醋酿造业	吴宝祥	2,423	4,577	1	5
中兴客栈	长春区永长路57号		旅馆业	杨奎	250	250	2	3

店铺名称	地址	主要产品	经营类别	经理姓名	固定资金（万元）	流动资金（万元）	职工人数	
							职员	工人
中兴客栈	胜利区中街28组		旅馆业	刘迎贤	300	100	2	1
中兴魁杂货铺	长春区桃源路16号		食品杂货贩卖业	何忠善	300	200	1	1
中兴西药房	胜利区大经路3号		西药贩卖业	杨齐祉	1,200	7,300	1	3
中兴鞋店	长春区桃源街7组	便鞋	鞋类制造业	孙毓文	100	50	1	1
中兴玉	东荣区开封路29号		食品杂货贩卖业	刘子珍	200	500	1	2
中兴长军衣庄	长春区西四马路66号	被服	被服缝纫业	刘玉庆	1,000	500	1	2
中兴庄	胜利区西四道街95	古物	古物贩卖业	曹维荣	300	2,700	2	1
中一鞋店	长春区大马路3号		鞋帽贩卖业	柴宪廷	800	3,700	2	
中义茶庄	长春区东天街41组		茶叶贩卖业	陈执中	200	250	1	1
中原商业	头道沟区长江路2号		华洋杂货贩卖业	翟兴林	2,000	2,700	2	3
中原五金行	长春区大马路1-19		五金贩卖业	王栋臣	1,700	3,300	1	2
中原药房	头道沟区上海路71组		中药贩卖业	责阁臣	200	300	1	
中原茂	头道沟区胜利大街3-17号		食品杂货贩卖业	王俊智	250	550	1	1

| 店铺名称 | 地址 | 主要产品 | 经营类别 | 经理姓名 | 固定资金（万元） | 流动资金（万元） | 职工人数 ||
							职员	工人
忠厚长	长春区桃源路102号		食品杂货贩卖业	李耿明	200	300	1	
忠厚长	胜利区西四马路20号		食品杂货贩卖业	杨柏年	200	300	1	
忠厚长	和顺区吉林马路北56号		食品杂货贩卖业	刘海楼	100	300	1	1
忠立成	长春区东天街1组		食品杂货贩卖业	张玉忠	500	500	1	1
忠良洋服店	头道沟区胜利大街4段20号	洋服	被服缝纫业	刘志银	200	50	1	
忠生铁炉	长春区东大桥街12组		铁匠炉业	徐开顺	150	100	1	
忠恕刻字局	长春区西四马路8号		刻字	刘江	5	6	1	
忠兴号	头道沟区13号		华洋杂货贩卖业	赵其忠	250	750	1	
忠兴厚	头道沟区长白路6-2号		食品杂货贩卖业	孙忠权	5,000	7,000	2	4
忠兴花店	长春区长通路9号		旅馆业	孙忠龄	160	36	1	2
忠兴长	胜利区南大街2号		铜制品贩卖业	申百良	500	4,500	1	2
众发合	胜利区南街42组		食品杂货贩卖业	杨青众	150	550	1	2
众生制鞋工厂	胜利区自强街6组	便鞋	鞋类制造业	赵学文	500	500	2	3

店铺名称	地址	主要产品	经营类别	经理姓名	固定资金（万元）	流动资金（万元）	职工人数	
							职员	工人
竹芳包铺	长春区西四马路37号		饭店业	邱竹芳	1,000	300	1	5
资生堂	中华区东永昌路409号		中药贩卖业	王静山	300	250	1	2
自力号	长春区东天街46号		食品杂货贩卖业	刘景魁	200	200	1	
自利成	胜利区平治街4号		饭店业	成高连	100	50	1	1
自助大车店	胜利区全安街13号		大车店业	臧德义	1,800		1	4
醉仙居	长春区西四马路44号		饭店业	荣民山	60	120	1	
左山鱼店	长春区永春路19号		水产贩卖业	孙左山	800	1,000	1	3

长春市部分街路新旧名称对照表

标准名称	街路历史名称			备注
	1931 年以前	1932 年 –1946 年 7 月 26 日	1946年7月27日– 1949年3月31日	
人民大街	长春大街	中央通	北中山大街	后并入人民大街
人民大街		大同大街	中正大街	1948 年改称斯大林大街，1996 年改称人民大街
长春大街	二马路	东长春大街、西长春大街	东西长春大街、西长春大街	
西安大路		兴安大路	兴安大路	
解放大路		兴仁大路	兴仁大路	
解放大路		吉林大马路	吉林大马路	
新民大街		顺天大街	民权大街	
自由大路		至圣大路	自由大路	
工农大路		安民大路	民生大路	
延安大路		和平大街	民族大街	
南湖大路		盛京大路	南湖大路	
东风大街		承德大街	承德大街	
春城大街		又新街	又新街	
普阳街		赛马街	赛马场东街	

标准名称	街路历史名称		备注
	1931 年以前	1932 年 -1946 年 7 月 26 日	1946年7月27日- 1949 年 3 月 31 日	
北京大街	怀德街	八岛通	北平大街	
西民主大街		西万寿大街	西民主大街	
辽宁路	横一街	和泉町	辽宁路	
凯旋路		军用路	凯旋路	
农安北街		白狗大街	白狗大街	
上海路		朝日通	上海街	
胜利大街	东斜街	日本桥通	胜利大街	
长白路	横一街	日出町	长白路	
铁北四路	春日町	春日町	和平路	
建设街		兴亚街	兴亚街	
红旗街		洪熙街	洪熙街	
正阳街		康德大街	康德大街	
和平大街		西洋大街	西洋大街	
万宝街		天宝街	万宝街	
汉口大街	西斜街	敷岛通	汉口大街	
黑水路	横一街	富士町	黑水路	
珠江路	横五街	祝町	珠江路	
团山街		城山路	城山路	
铁北二路	高砂町	高砂町	仁爱路	
清华路		神泉路	清华路	
皓月大路		普民路	西郊路	
建平路		同德街	同德街	
百合街		樱木町	百合街	今已并入辽宁路

标准名称	街路历史名称		备注
	1931年以前	1932年-1946年7月26日	1946年7月27日-1949年3月31日	
辉南街		洪熙街	洪熙街	原红旗街西段
兴阳街			赛马街西街	
春郊路		延寿路	延寿路	
长治路		吉祥北胡同	吉祥北胡同	
长安路		吉祥路	吉祥路	
长久路		吉祥南胡同	吉祥南胡同	
光明路		熙光路	熙光路	
民安路		天安路	民安路	
建政路		建国路	建国路	
新华路		城后路	城后路	
东中华路		东顺治路	东中华路	
西中华路		西顺治路	西中华路	
桂林路		宝清路	桂林街	
西康路		金辉路	西康路	
青海街		开元街	青海街	
牡丹街		五色街	五强街	
新疆街		龙门路	新疆街	
集安路		新民路	新民路	
南昌路		元寿路	南昌路	
普庆路		天庆路	普庆路	
青云街		卿云街	卿云街	
文化街		明伦路	明伦路	
陕西路	兴运路	兴运路	兴运路	

标准名称	街路历史名称			备注
	1931 年以前	1932 年 –1946 年 7 月 26 日	1946 年 7 月 27 日– 1949 年 3 月 31 日	
原声街	无线电台街	无线电台街	无线电台街	
新风街		春苍街	春巷街	
向阳街		铁岭南北大街	向阳街	
昆明街	天福路	法治前街	昆明街	
全安街	南关大街	南关大街	全安街	
岳阳街		东安街	东安街	
东梅街		盖平街	盖平街	
双阳路		双阳马路	双阳马路	
吉林大路		吉林大马路	吉林大马路	
福安街		信和街	信和街	合并
乐群街		乐土街	乐土街	
农安南街		白狗大街	白狗大街（南段）	
浙江路	横五街	蓬莱町	合江路	
南京大街	农安街	大和通	南京大街	
丹东路	横二街	露月町	安东路	
杭州路	横三街	羽衣町	辽北路	
四平路	横四街	锦町	永吉路	
松江路	横六街	平安町	松江路	
龙江路	横七街	常盘町	龙江路	
嫩江路	横八街	千岛町	嫩江路	
团结路		府后路	呼伦路	
芙蓉路		芙蓉町	芙蓉路	
青松街		樟木町	青松街	

续表

标准名称	街路历史名称			备注
	1931年以前	1932年-1946年7月26日	1946年7月27日-1949年3月31日	
丁香路		水仙町	水仙路	
蔷薇路		山吹町	蔷薇路	
白菊路		白菊町	白菊路	
崇文路		菊水町	崇文路	
振武路		振武町	振武路	
长江路	横四街	吉野町	长江路	
黄河路	横三街	三笠町	黄河路	
天津路	横六街	室町	天津路	
芷江路		浪速通	芷江路	
吴淞路	头道沟	曙町	吴淞路	
宁波路		入船町	宁波路	
厦门路		梅枝町	厦门路	
广州路		永乐町	广州路	
青岛路		弥生町	青岛路	
贵阳街		大亚通	贵阳街	
铁北一路	住吉町	住吉町	忠孝路	
铁北三路	尾上町	尾上町	信义路	
春晖路		千草町	春郊路	
福禄街	二校胡同	二校胡同	福禄街	
松竹梅胡同	花园路	小五马路	小五马路	
爱国胡同	太平胡同	爱国胡同	爱国胡同	
同志街		同治街	同治街	
重庆路		丰乐路	重庆路	
吉顺街		永吉路	吉顺街	

标准名称	街路历史名称		备注
	1931年以前	1932年-1946年7月26日	1946年7月27日-1949年3月31日	
陕西路		兴运街	兴运街	1949年改重光路，1957年改陕西路
银行胡同		中国银行胡同	中国银行胡同	
关帝庙胡同		关帝庙大街	关帝庙大街	
衡阳街		天道街	衡阳街	
开封街		天佑街	开封街	
大马路	北大街	北大街	北大街	并入大马路
大马路	南大街	南大街	南大街	并入大马路
兴业街		北五条通	北五条通	并入兴业街
九台南路		九台路	九台路	
沿河街		沿河马路	沿河马路	
滨河街		临河西胡同	临河西胡同	
怀德街		怀德南胡同	怀德南胡同	
双阳路		安乐路北胡同	安乐路北胡同	并入双阳路
丰满路		安乐路南胡同	安乐路南胡同	
利民路		岭东路北胡同	岭东路北胡同	
东民路		岭东路南胡同	岭东路南胡同	
东发路		兴隆路北胡同	兴隆路北胡同	
菜园路		兴隆路南胡同	兴隆路南胡同	
公园路		吉林马路南胡同	吉林马路南胡同	
四通路		怀德街	怀德街	并入四通路
东平路		公平路北胡同	公平路北胡同	
东顺路		裕民胡同	裕民胡同	

续 表

标准名称	街路历史名称			备注
	1931年以前	1932 年 -1946年7月26日	1946年7月27日-1949年3月31日	
荣光路		共荣路	光荣路	
天光路		天光路	西安路	
		西阳大街	太原大街	
		协和大路	复兴大路	
一匡街	修利街	一匡街	一匡街	修利街为清末民初名称。是俄语的音译
二酉街	八札街	二酉街	二酉街	八札街为清末民初名称。是俄语的音译
三辅街	待考	三辅街	三辅街	
长兴胡同	朝阳北胡同	长兴胡同	长兴胡同	
三义胡同	九圣祠东胡同	三义胡同	三义胡同	
田家大院胡同	长安市场	田家大院胡同	田家大院胡同	
长新街		东明街	东明街	
福寿街	竞城胡同	竞城胡同	福寿街	
人民广场		大同广场	中正广场	
解放广场		兴仁广场	兴仁广场	
西安广场		兴安广场	兴安广场	
新民广场		安民广场	民权广场	
南湖广场		盛京广场	民族广场	
工农广场		建国广场	民生广场	
自由广场		至圣广场	自由广场	

参考文献

［1］泉廉治：《长春事情》，长春：满洲长春日报社，1912年。

［2］"新京"中央电话局：《新京电话番号簿》，自印本，1943年。

［3］清水义隆：《"新京"案内地图》，长春："新京"发展社，1932年。

［4］长春市人民政府工商局：《长春市工商业名录》，内部出版物，1949年。

后 记

　　老商号既是市井记忆更是人文记忆，是城市文化遗产不可或缺的元素。历史上的长春曾经是吉林省最繁华的城市，号称省西门户，市集繁华远近闻名。粮食贸易、马匹交易驰名中外；名贵绸缎、中西药材享誉关左。在老长春相继形成的五块街区内，一时间商贾云集，招幌林立，中外大小买卖商号，国货洋货应有尽有。流传下来的鼎丰真、真不同、老茂生、回宝珍至今让人津津乐道，但是像金发祥、天赐公这些长春历史上曾经存在过的老商号却鲜有人知晓。

　　本书萃取了清末至1949年长春地区的代表性老商号信息5700余条，一一将字号、门市大致地址、经营范围挖掘整理，试图以翔实的资料留存城市的共同记忆。我们在编辑过程中得到城市史专家赵洪、房友良、赵欣先生的鼎力相助，得到长春出版社领导的支持和认可。值此本书付梓之际，深表谢忱！

作者

2024年10月